魅力校园　中等职业学校职业素养系列教材

中职生职业素养能力训练

Zhongzhisheng Zhiye Suyang Nengli Xunlian

（下册）

主编　肖胜阳

高等教育出版社·北京
HIGHER EDUCATION PRESS　BEIJING

内容简介

本教材为"魅力校园·中等职业学校职业素养系列教材"之一。

本教材以企业录用员工的职业素养能力最低标准为基础,遵照企业的"核心能力"或"关键任职要求",以岗位需求为前提,以"能力本位"为出发点,通过大量的案例、情境、活动游戏等,在探究性学习和训练过程中,培养和提升中职生的职业素养能力。

本教材设计了思维能力、解决问题能力、服务能力、创业能力四个项目内容,体现和落实社会、企业对人才提出的基本要求,做到人才与社会需求、人才与企业需要对接。 本教材中培训素材的选择,案例、知识准备、情境体验、能力训练的设置,能力延伸内容的编写、图片以及其他资源的利用,都与所设置的项目内容对接或相关联,有利于学生对训练项目的准确理解和进一步把握,最大限度地调动学生对训练内容的兴趣。

本教材可作为中等职业学校通识教育用书,也可供社会读者使用。

图书在版编目(CIP)数据

中职生职业素养能力训练. 下册/肖胜阳主编. --
北京:高等教育出版社,2013.8 (2021.9重印)
(素质教育系列丛书)
ISBN 978 – 7 – 04 – 038287 – 7

Ⅰ.①中… Ⅱ.①肖… Ⅲ.①职业道德 – 中等专业学校 – 教材 Ⅳ.①B822.9

中国版本图书馆 CIP 数据核字(2013)第 188069 号

策划编辑	高 婷	责任编辑	刘惠军	封面设计	张申申	版式设计	王艳红
插图绘制	尹 莉	责任校对	王 雨	责任印制	田 甜		

出版发行	高等教育出版社	咨询电话	400 – 810 – 0598
社 址	北京市西城区德外大街 4 号	网 址	http://www.hep.edu.cn
邮政编码	100120		http://www.hep.com.cn
印 刷	北京市白帆印务有限公司	网上订购	http://www.landraco.com
开 本	787mm×1092mm 1/16		http://www.landraco.com.cn
印 张	14.5		
字 数	350 千字	版 次	2013年8月第1版
插 页	1	印 次	2021年9月第9次印刷
购书热线	010 – 58581118	定 价	25.00 元

本书如有缺页、倒页、脱页等质量问题,请到所购图书销售部门联系调换
版权所有 侵权必究
物 料 号 38287 – A0

前　言

为贯彻落实党的"十八大"精神和《国家中长期教育改革和发展规划纲要（2010—2020年）》，突出职业教育特色，实现职业教育的培养目标，进一步增强中职学校素质教育的针对性，提高技能型人才培养的质量，我们组织编写了本教材。

本教材以企业录用员工的最低标准为基础，分析企业用工的"核心能力"或"关键任职要求"，以岗位需求为前提，以"能力本位"为出发点，通过大量的案例、情境、活动游戏等，采用探究性学习、指导训练的方式，培养和提升中职生的职业能力，如自我认知能力、时间管理能力、团队合作能力、有效沟通能力、个人良好形象塑造能力等，做到人才培养与社会、与企业需求对接。

本教材遵循学生的认知规律，突出项目一体化特色，图文并茂，体例活泼，语言通俗，内容针对性强。首先，每个项目都突出"训练项目"内容，明确"训练目标"要求。其次，准确地把握"过程目标"和"结果目标"要求的程度。编写相关内容时，一方面把握"识记"、"理解"与"运用"之间程度的差异；另一方面注意设置"案例导入"、"情境探究"、"能力训练"及"能力延伸"内容之间的衔接。把尊重学生、以学生为本的理念，生动而具体地落实在本教材中。学生通过学习，能更好地融入社会、融入企业，顺利地从"学校人"向"准职业人"过渡，并逐步成长为具有现代意识的职业人。

为方便培训与教学，本教材配有示范教案集，并拟开发学科网站，内容包括电子教案、能力延伸、演示文稿等教学资源，为广大师生提供便利。上 http://www.setdg.net 即学习或下载相关资源。

主编肖胜阳是广东省教育厅重点职业学校、示范性中等职业学校评估专家、省职业教育学会德育指导委员会副主任、省电子信息技术教学指导委员会常务理事、东莞市职业教育研究会副会长，现任广东省东莞市电子科技学校党支部书记、校长。副主编彭毓梅、李茂才、吴智华为课程开发骨干教师、学校职业素养教研室核心成员。阳海华、邱爱华、黄莹、邓大辉、饶玉颖参与编写。编者均为2008年至今参与职业素养课程开发的教师。

主审陈少菡是广东省教师专业技术资格评审专家、省中职学校德育指导委员会委员、省职教学会德育工作指导委员会常务理事、广东省石油化工职业技术学校德育高级讲师。

"中职生职业素养能力训练"课程犹如一棵从企业移植到职业教育阵地上的小树，2008年诞生至今，凝聚着广东省东莞市电子科技学校（原东莞市塘厦理工学校）巫云、江学斌等历任校长的心血，沐浴着联想集团教育与培训事业部资深讲师朱胜文先生，北京澜海源创管理咨询有限公司师文静女士，人力资源经济师、职业指导师、咨询培训师张琼文先生,中国首届项目管理专业人士资格认证(PMP)获得者、项目管理资深讲师、PMP及工艺过程管理(MPM)资深咨询师郭威先生,体验式培训总教练、外展培训总监、研发总监、资深顾问尹东升先生等企业人士及社会各界的关爱。本教材承载着职业教育的希望,体现了课程开发团队集体智慧的结晶。其探索勇气与开创精神,使职业素养课程从无到有,逐步完善,创设了职业素养与职业技能并重的课程体系,构建出全新的与企业需求完全对接的培训模式,学生的职业素养和就业能力得到全面的提升,为职教事业的发展勾勒出一道亮丽的风景。

随着经济的发展,企业的用人标准、职场环境也不断变化,本教材应在实践中更好地结合不同行业、不同岗位的人才需求,发挥更直接、更有针对性、实效性和时代感的作用。希望在职业教育同行的共同关注下,本书有机会再版。

由于时间仓促,编者水平有限,书中不妥之处在所难免。敬请读者批评指正,以便再版时修正。如有反馈意见,请发邮件到 zz_dzyj@ pub. hep. cn。

编 者
2013 年 6 月

目录

项目一
思维能力训练

第 1 讲　启 动 引 擎，激 活 思 维

训练课堂　思维改变命运。

训练项目　认知思维，训练右脑。

训练目标　通过训练，使我们了解大脑蕴藏丰富潜能，左右脑都有各自擅长的思维方式；
认识到思维能力对个人发展的重要性；基本掌握相应的思维训练方法，从而提
高思维能力，为今后发展做好准备。

面　试　题

以下 4 条，是很多公司在面试中给应聘者拟定的试题，看看你的答案能否"胜出"。

1. 切金条

工人为你工作 7 天，回报为一根金条，必须每天付给他们一段，且只能截 2 次，你将如何
付费？

2. 三个灯泡

有甲和乙两间屋，甲屋有三个开关，乙屋有三个灯泡，甲屋是看不到乙屋的，而甲屋的每
一个开关控制乙屋的其中一个灯泡，问你怎样可以只停留在甲屋一次，停留在乙屋一次，就
可以知道哪个开关是控制哪个灯泡呢？

3. 下水道盖子

为什么下水道盖是圆的？

4. 猎人的手表

一个住在深山中的猎人，他只有一只机械表挂在手上。这天，表因忘了上发条而停了，

附近又没有地方可以校对时间。他决定下山到集市购买日用品,出门前他先上紧机械表的发条,并看了当时的时间是上午6:35(时间已经是不准了),途中经过电信局,电信局的时钟是很准的,猎人看了钟并记下时间,上午9:00,到市集采购完,又绕原路经过电信局,当时电信局的时钟指在上午10:00,回到家里,手上的表指着上午10:35。猎人如何调校出正确的时间呢? 此时的标准时间应该是多少?

『心动问题』

1. 以上题目中,你能做出多少? 你觉得这些考题是要考查应聘者哪些方面的能力?

2. 从考题中,大家可以得到什么启示? 为什么?

『感悟真谛』

有人说,21世纪是"脑"竞争的世纪。思维能力不仅反映出一个人的智力水平、学习能力、实践能力和发展潜力,而且已成为企业衡量人才的一个重要维度。训练良好的思维品质,是中职生未来准备赢在职场必备的核心竞争力之一。

知识准备

人,从降生开始就不断地进行着思维活动。掌握一种高效的思维方法对每一个人都非常重要和必要。一些同学在学校学习成绩优异,除了刻苦努力外,大家都归结为他(她)"非常聪明"。聪明,实质上指的就是他具有较为突出的思维能力。谁不希望自己是聪明人,有超出一般人的思维能力? 思维能力,是天生的,还是后天训练培养的? 如何培养? 它的奥秘在哪里呢? 本讲内容将一一揭晓。

一、思维与大脑的关系

人类从钻木取火走向今天科技发达的网络时代,重要原因要归功于人类思维的发展。从某种程度上说,一部人类的发展史,就是一部人类思维的进化史。人大部分的思维活动,来自于发达而复杂的大脑。

(一) 思维是大脑的功能

思维是怎么产生的? 它与大脑有什么关系? 它有什么特点? 只有了解这些,才能真正启动脑引擎,激活思维。

1. 思维的内涵

迄今为止,哲学家和其他理论工作者在关于人类的思维活动现象的研究中,分为两大派别:第一种把人类的思维活动现象概括地归结为两种类型或两种层次,即:形象思维和逻辑思维。这是比较悠久的分类法,人们把这称之为古典的分类法。第二种则把人类的思维活动现象概括地归结为三种类型或三个层次:形象思维、逻辑思维和灵顿思维(或称顿悟思维和灵感思维)。这种分类法是由钱学森在二十世纪八十年代初首先提出来的,并在近几年逐渐流行起来。本讲倾向于第二种分法。

2. 思维与大脑的关系

人类的思维来自大脑特有的运作,大脑是思维赖以产生的物质基础。大脑通过对外界事物进行直接或间接加工,"加工"过程就是思维。人类如果没有大脑,思维便无从谈起。

大脑的思维过程可分为:① 信息采集;② 资源整理;③ 数据分析。一般来说,大脑越发达,思维就越灵活,人就显得越"聪明"。

3. 思维的特点

思维的特点很多,其中最重要的是独立性、广阔性、深刻性、灵活性和逻辑性。

(1)思维的独立性。独立性是指思维者自己能够根据掌握的信息找出问题并解决问题。我们表扬一个人有个性就是说他有独立的思考与判断,有自己的独特见解,不人云亦云。

(2)思维的广阔性。广阔性是指面对问题时,人能够进行创造性地发散思考,同时又不忽略与问题有关的重要细节。思维的广阔性是灵感与创造性的来源。

(3)思维的深刻性。深刻性就是指人们对一个问题思考得非常深入,探寻原因,了解来龙去脉,即知其然还要知其所以然。

(4)思维的灵活性。灵活性是指聪明的人总是能根据情况的变化而改变解决问题的方向和方法。人们称赞一个人灵活、会变通,其实就是赞美他思维灵活。所谓的"因时因地制宜"、"到什么山唱什么歌"就是思维灵活性的典型表现。

(5)思维的逻辑性。逻辑性是指人在考虑问题时有前有后、有理有据、有因有果。逻辑思维在辩论赛中体现得最明显,选手们一旦从对手的陈述中发现错误,马上运用逻辑推理穷追不舍,通过证明对手的谬误而取得胜利。

人和人之间并没有多大能力的差别,最大的差别就在于他们的思维方式和思考模式,以及他们采取的行动不同。

——比尔·盖茨

(二)神秘的大脑,潜能丰富

思维能力所以能训练、提高,源于人脑高度发达、蕴藏丰富,是世界上最精密、最灵敏的器官。然而,一般人对脑力的运用还不到 5%,95% 的资源还闲置着,因而,人脑开发前景无限。

(三)各司其职,左右脑分工明确

人脑是思维的载体,高度精密与灵敏的特点决定其思维方式的多样性,归纳起来主要有形象思维、演绎思维、归纳思维、联想思维、逆向思维、聚合思维、目标思维、发散思维等。这些思维各有优势,各自发挥着不同的作用,如形象思维对图形非常敏感,逻辑思维擅长分析与推理,发散思维容易创新。据科学家研究,这些思维分别由大脑的左右脑掌管(图 1-1)。

左脑擅长分析,主管理性,所以在语言、逻辑、数学等方面比较突出。与之相反,右脑的功能最重要的是空间思维,负责想象、创造和图像等思维能力。如果说左脑主要负责处理数字信号,那么右脑负责的就是模拟信号。左脑注重具体的细节,右脑关注抽象的共性与事物的全面性。举一个例子来说,同样面对一片森林,右脑纵观的是整片森林,而不是其中一棵一棵的树;左脑正相反。

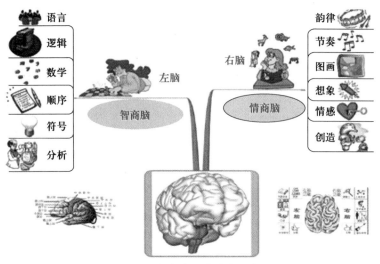

图 1 – 1   左右脑思维功能示意图

（四）最佳拍档,左右脑组合思维:1 + 1 > 2

上述内容说明,左右脑各司其职、分工明确,思维优势互补。遗憾的是,长期以来我们的教育过程与方式都偏重于人的逻辑分析,即有意无意中开发、运用和锻炼了左脑,忽略了右脑,结果使大部分人偏向左脑思维,而较少用到右脑。如果不常使用右脑,人们在宏观上感觉事物的能力、记忆力、和创造力都将逐渐衰退。另一方面,人不管具备了多么优秀的右脑思维能力,如果不知道如何用左脑去表现这些能力,那么右脑产生的各种有创意的灵感就难于付诸实施。而左右脑如果能相互配合,那么大脑的功效将会得到极大优化。如右脑主管记忆,但它主要关注整体;而左脑关注细节与逻辑,因此可以梳理记忆的细节,在杂乱无章的记忆之间建立联系,形成体系,记忆力和唤起记忆的能力都将得到提高。同时,左脑还能在图像的记忆中加入理性的思考元素,把左脑的能力与右脑的能力有机地结合起来。

曾有人做过这样的研究,让实验者将通过训练看到的图像说出来、写出来。这样,右脑的图像与左脑的语言就能有机地结合在一起。这种在大脑中浮现图像,然后将这些图像通过语言表达出来的方法被称为极桥法。通过极桥法练习,右脑生成的图像会变得更加生动、丰富多彩。

综合上述可知,如果一个人的右脑与左脑有效地结合,那么这个人的思维能力就会得到最佳的组合,成为既有良好记忆力又有缜密思维能力,既有艺术感受力又有较强语言表达能力的全面发展的优秀人才。

二、思维的力量

2006 年 12 月,哈佛大学校长拉里·萨默斯访问中国,在接受中央电视台记者采访的时候,被记者问道:"你认为一个优秀的哈佛大学生需要具备的最重要的素质是什么?"萨默斯先生说:"正直、诚信的品格是我们对学生最基本的要求,除此之外,我想最重要的是思路清楚,分析问题的时候有着非常清晰的思考过程。"他的回答,让人们看到了思维力在个人素质中的重要性。中国也有句古话叫"学而不思则罔,思而不学则殆",思维的重要可见一斑。

1. 思维决定命运

很多同学可能都有这样的体会:同时听老师讲课,有的人一听就明白,有的人却不知所云;同时记忆一样东西,有的人很快记住,并且保持很长时间,有的人却要花很长时间才能记住,最糟糕的是到考试时就忘光了……这些都与思维的方向与品质有关。普通人的大脑运转速度和古今中外任何一个天才都是相差无几的,主要的区别在于思维方式的不同。有的同学不明白其中原因,想当然地认为自己学习不好是因为蠢,智商低。殊不知,任何技能都是反复训练、后天打造的结果,思维能力也不例外!有"世界记忆大师"美誉的多米尼克·奥布莱恩就是一个典型的例子。

"世界记忆大师"多米尼克·奥布莱恩

"世界记忆大师"多米尼克·奥布莱恩是世界上最令人赞叹的记忆天才。1991年,多米尼克在首届世界记忆锦标赛获得记忆冠军,并创下新的世界纪录。

此后11年间,多米尼克共8次卫冕成功。他可以用26.8秒记住一副扑克牌的顺序,用30分钟记住2 385个随机产生的数字,用1个小时记住元素周期表上110种元素的原子序数、元素符号、元素类别和精确到4位小数的原子量……记忆训练的鼻祖托尼·博赞称其拥有一颗"人类迄今为止开发得最为深入的大脑"。

许多人可能会以为,多米尼克从小就是记忆天才吧!事实上恰恰相反,多米尼克说,他从小就有阅读困难,阅读的时候感到每一个单词好像都从书本上跳出来一样,必须用手指着单词一个一个地来阅读,否则就很难阅读下去。小时候的他,被老师视为"差生",非常自卑。

1987年的时候,多米尼克偶然在电视上看到一个记忆表演的节目,3分钟之内记住52张扑克牌的神奇记忆力让年轻的多米尼克羡慕不已。

多米尼克立即坐下来,拿出一副扑克牌开始了自己摸索的记忆训练历程。

经过反复训练,1991年,多米尼克参加了由"世界大脑先生"托尼·博赞发起的第一届世界记忆锦标赛,他凭借其独创的"多米尼克记忆系统",一举战胜了所有的竞争对手,获得了第一届记忆锦标赛的冠军。此后,他连续共获得八次冠军、两个亚军,成为人类历史上最令人赞叹的记忆天才。

目前,40多岁的多米尼克积极投身于大脑思维与记忆训练的行列,把他在这些方面的经验传授给越来越多的人,帮助人们开发大脑的潜能、迅速提高记忆力、改善学习与生活质量。

事实证明,本来有记忆和阅读困难的多米尼克·奥布莱恩,通过训练增强了自己的思维能力,彻底改变了自己的人生,由此可见思维能力对人生的影响有多大。现实生活中,除非先天障碍,正常的人大部分都可以通过科学的思维训练方法,增强和提高自己的思维能力。如,一个数学不好的学生,通过有针对性的逻辑与分析思维能力训练,完全可以大幅度提高自己的数学能力;一个记忆力差的人,同样可以通过掌握一定的记忆方法而长久、清晰地记住自己想记住的事物。

2．思维在职场上的正能量

对于一名职场人士,思维能发挥神奇的力量,它引领着问题解决的方向,决定工作成效,关系着职场发展。

（1）思维决定问题解决的方向。某鞋业公司派一名业务员到非洲某地考察市场,该业务员回来后沮丧地汇报说那里没有市场,因为那里的人都不穿鞋。公司领导对这个报告很不满意,又派了另一名业务员去考察,这名业务员回来后兴奋地报告:那里的市场太大了,因为那里一双鞋都还没有。同样的地点,同样的市场现状,因为两个职员的不同思维,导向出完全不同的结论,严重影响着公司的重要决策,从某种程度来讲决定一个公司的发展方向。可以说,思维影响问题解决的方向,进而产生相应的行动,并决定最终的结果。

（2）思维影响工作成效。同一份工作,有的人只是勉强完成,有的人却可以完成得非常出色,除了个人对工作的态度、责任心、把握的规范与标准不同外,还有一个很重要的原因就是,出色完成任务的人一定是对工作思考得比较全面、深入,所以才会有卓越的表现。有些人会感慨某人做什么都做得好,连泡个茶、扫个地都比别人出色。根本原因在于他的思维,因为行为是由思维决定的。

（3）思维关系职场发展。前文中公司为什么会出那么"另类"的面试题,他们想把什么样的人招聘到公司呢? 很显然,就是想考察应试者的思维能力,因为思维能力是一个员工在工作中解决一切问题的基础。企业良好文化的形成,需要积极向上的思维,企业开拓市场需要灵活多样的思维,企业开发新产品需要大胆创新的思维。所以,一个人的思维能力,关系他(她)在职场的发展,如果站在领导者的高度,更是决定组织命运的大事。

不下决心培养思考习惯的人,便失去了生活中最大的乐趣。

——爱迪生

3．青少年常见思维短板

法国作家大仲马有一句名言:"人的脑袋是一所最坏的监狱"。这句话的意思是说,囚禁人类生机的恰恰是经常处于僵化的脑筋。而开启"监狱"大门的钥匙,是正确、明晰的思维目的和方向,良好、合理的思维方式和习惯。由于学校教育、家庭教育及社会环境等外部因素的影响,以及青少年身心特点,决定青少年在思维方面常出现以下局限性。

（1）单一性。因为应试教育的关系,很多同学思考问题习惯于"标准答案",有"唯师论"、"唯答案论"倾向,而不善于寻找多种可能性,不敢对现成结论和答案产生质疑。同时对解决问题的途径也抱有"自古华山一条道"的定式,不追求寻找多种解决问题的方法,在比较评估中选出最佳方案,只满足于结果的标准化,而那种另辟蹊径、独出心裁的精神,在年轻一代中越来越少。所以,中国学生的创新能力与别的国家的孩子相比较弱。

（2）复制性。复制是电脑的一个快捷功能,带给我们不少便利,深受欢迎。但如果在求知、求职路上满足于"复制",那将后患无穷。有不少同学"兢兢业业"地追求复写、复述知识,把能考到高分作为最高奋斗目标,而不去思考这个知识如何学为所用,导致出现"高分低能"现象。

（3）表层性。很多同学满足于表层的"知其然",而不是"知其所以然",在很多问题上满足于浅尝辄止,缺乏"打破砂锅问到底"的穷尽精神。因为缺乏深入的思考,没有对问题全面理解与把握,所以这些同学在学业上难以取得优秀成绩,将来走上社会、进入职场也很难将工作做到卓越。

（4）非逻辑性。由于传统文化的影响,中国人比较重视人与人之间的关系,人们往往凭着感情、关系来代替严密的分析推理和逻辑判断,同时由于教育缺失带来的偏重灌输,同学们被动接受的多,自己主动找答案的少,很多同学分析、综合、推理、抽象、概括等能力欠缺,而这些能力,如果做科学研究是一个也不能少的。

恩格斯说:"一个民族要站在科学的高峰,就一刻也不能没有理论思维。"因此,克服思维模式上的弱点是当代青年人的重要课题。

三、提高思维能力,从注重训练开始

生活中,有的人跑步不够快,就坚持训练不断提高自己的速度;有的人口才不好,便通过反复演练让自己变成演讲高手。一般来说,任何一种能力都可以通过训练提高,思维能力也不例外。那么,可以通过哪些手段与方式对思维能力进行训练呢?

（一）在日常学习中坚持

如面对一道题目,人们可以有意识地尝试用不同的方法去解决,反复进行"一题多解"的训练。通过不断的多变多思,步步深入的过程,来培养思维的广度、深度与灵活度。做作业时,可以在保障正确率的基础上,严格规定完成时间,长期坚持,将会大大提高思维的敏捷性。面对一些需要背诵的知识点时,可以广泛运用联想,在完成学习任务的同时训练自己的形象思维等。

（二）在智力题中模拟

智力题之所以称为智力题,就是专门训练人的思维,具有很强的趣味性,有的非常考验思维的发散性或逻辑性,是进行思维训练的途径之一。我们可以根据自己的需要,选择相应的例题进行有目的、有方向性的训练,使自己在思维品质的某一方面得到迅速强化和优化。像脑筋急转弯,它可以训练思维的敏捷性和灵活性,比如,"9个橙分给13个小朋友,怎么分才公平?""一个推车的,一个挑担的,同时要过独木桥,一个南来,一个北往,有什么办法让他们同时过?""眼镜蛇是一种非常凶猛的毒蛇,但无论如何激怒它,它都不咬人,为什么?"等。

（三）在活动游戏中参与

思维训练不仅限于学习书本知识,活动游戏中也同样可以训练。比如,打一场球赛,需要采取哪些战术;与他人下一盘象棋,需要如何步步为营;组织一个班级活动,可以有哪几个理想方案比较选择等,都涉及应用思维的各种品质,有利于培养与发展自己的思维能力。

（四）在专业实训中强化

实训课是中职生将理论与实践相结合的有效途径,是每个中职生在校学习的重要环节。有句话在中职生中非常流行,"技能改变命运,思维点亮人生"。实训实际上是对未来职场环境的一种工作模拟。所以,中职生可以在实训中锻炼技能的同时,有意识地训练自己的思维。比如一个电脑专业的学生,面对一个有故障的电脑,不是贸然动手,而是先进行检查,预测各种可能性,然后制订多种排除故障的方案,再从中选择最优方案。这样,思维的发散能力、分析能力、综合能力等都会得到培养、训练和强化,实训的效果自然成倍增强。

(五)重视挖掘右脑的潜力

相对于现代人而言,大部分人左脑都比右脑发达。因为不管是家庭教育还是学校教育,都偏重锻炼左脑,除了数理化这些科目因为学科特点本身就偏重左脑,就连语文这一非常讲究想象与创造的学科也偏向字、词、句分析,美术、音乐这些"右脑学科"被学校当成"副科",可有可无。因此,相对左脑而言,现代大部分人的右脑开发与激活,对增强自己的思维能力更为重要。俗话说,金矿不开采,与尘土无异。那么,有哪些训练右脑的有效方法呢?

> 右脑能力的世界里有超记忆力、超计算力、超创造力、超语言力与体贴。
>
> ——七田真

1. 多用图片练习

运用形象直观的图片进行练习,能充分发挥右脑的作用,收到意想不到的效果。如根据一幅画创造一个情节相对完整的故事,或在几张本来毫无关联的图片中建立联系等。

2. 常用左侧运动

因为传统习惯的影响,大部分人都是右撇子,左脑锻炼得比较多,建议惯用右手的人尽可能多用左手做事,比如刷牙、吃饭、拿东西、打球、投篮,甚至翘二郎腿都可以有意识将左腿放在右腿上面。

3. 左右手同时写字

开始可以从比较容易的写起,逐渐过渡写一句话,一段短文等。可以用左右手同时画画,画一些简单的,如横线、竖线、斜线、曲线等。逐渐过渡到可以画一些动植物和花草树木;还可以画一些简单的人物头像。左右手画出的图形,方向必须对应。

4. 左右手同时进行不一样的行为

左手在腹前画竖线,右手同时在胸前画圆,熟练之后就可以尝试左手画方框,右手画圆。这一练习的好处就是随时随地都可以练习。

5. 借助专业的工具

激活右脑,唤醒潜能,已被越来越多的人高度重视。人们就此设计了一系列相关课程,还系统开发了一些效果较好的工具。如黄卡、三色卡、曼陀螺卡等。通过使用这些工具进行持久科学的训练,将大大刺激右脑的功能,为平衡左右脑的发展,充分展示左右脑的优势提供保障。

体验探究

舒尔特表法,注意力竞赛

两人一组,在一张有25个小方格的表中(见下表),甲将1～25的数字打乱顺序,填写在表一里,然后乙以最快的速度从1数到25,要边读出声边用线将数字按顺序连起来,甲同时计时。乙测试后,将 1~25 的数字打乱顺序,填到表二中,换甲测试,乙计时。

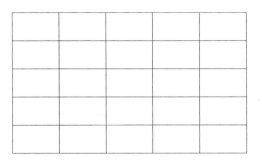 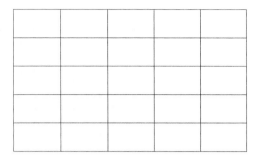

表一

表二

注:正常成年人看一张图表的时间大约是 25—30 秒,有些人可以缩短到十几秒。每天训练一遍,可以培养注意力集中、分配、控制能力及视觉的稳定性、辨别力、定向搜索能力等。

『分享收获』

1. 在以上测试中,你和伙伴的成绩如何? 你觉得自己哪些能力得到了锻炼?

2. 尝试与你的合作伙伴制订训练计划,一个月后再比一比。

『共勉录』

训练思维,人人需要。但训练思维更需要的是,一种信念,一份坚持,运用科学工具,坚持系统训练,明天的我们将变得越来越"聪明"。

『堂上演练』　游戏:手指"算数"

图 1-2 中,五个手指各代表一个数字,请按要求完成练习。

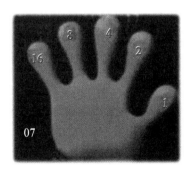

图 1-2　手指"算数"

规则:两人一组,分别为 A 和 B

1. 请看到上图 10 秒后合上书,相互轮流报五个数字,要求报到某个数字时要迅速将相应手指弯曲。如 A 报"4",B 就要将中指在 1 秒内弯曲。

2. 升级版:A 或 B 报出二到五个数字的和,A 或 B 要将相应的手指在 2 秒内弯曲。如

B 报"14",A 要迅速弯曲食指、中指与无名指。

演练目的:训练左右脑相结合的能力。

『课后拓展』 黄卡训练(见书后插页)

训练方法:

1. 将黄卡放在距离眼睛 30~40 厘米的地方,让自己平静下来。

2. 目不转睛看黄卡 30 秒左右(可以自己在心里慢慢数)。

3. 看完后,闭上眼睛,静静的什么也不想。注意看前面(闭眼在心里看),看自己"眼前"出现了什么图像(一般人眼前出现的都是残像)。

4. "残像"彻底消失后,睁开眼睛,继续看黄卡(同步骤2)。

5. 看完后(不闭眼),看白纸或者墙面(浅色的都可以),这时就可以在纸上(墙面上),看到卡片的残像。消失后,重复训练步骤 2~5,要求残像至少保留 15 秒以上。

这五个步骤分别对应黄卡训练的五个阶段:

1. 能够看到黄卡的互补色(也就是中心的蓝色圆点变成黄色,周围的黄色变成蓝色)。

2. 能够看到黄卡的原色。

3. 能够有意识地改变所出现的残像的颜色和形状。

4. 能够自然地产生心像。

5. 能够随心所欲地看到自己希望看到的心像。

温馨提示:

1. 每次可以训练 10~15 次,时间大概 20—30 分钟左右。

2. 训练 30 分钟后,必须休息 20—30 分钟以上,再继续练习。

拓展目的:激发内视觉,活化右脑,使大脑具备照相式阅读的能力。

能力延伸

一、思维训练游戏

给你 6 根游戏棒,要求在不折断游戏棒并且不能借助其他工具的前提下,将 6 根棒组成一个结构,最终目的是,只用手指接触其中一根棒就能将所有 6 根棒都悬空提起,且保持一定时间。

如果再给三根,同样需要组成一个无论什么样的结构,以便可以手握 2 根使全部 9 根都悬空提起。

二、考考你:是"左脑人"还是"右脑人"

(一)动作测试

1. 先通过两手手指交叉相握,看看是左手还是右手大拇指在上面。

2. 双手环抱胸前,看看是左手在上还是右手在上。

3. 做翘腿动作,看是左腿在上还是右腿在上。

(二)试题测试

下面的测试可以帮助你认识自己是偏左半脑的人还是偏右半脑的人,或在两大脑半球之间取得了平衡。该测试还可以帮助你认识偏向一侧大脑的优点和缺点。

1. 你在多大程度上依赖你的直觉?( )

A. 非常强烈

B. 不是很强烈,尽管我有时会跟着感觉走

C. 几乎不会,因为我更相信理性和逻辑

2. 你是否经常担心我们对待地球的方式?( )

A. 经常　　　　　　　　B. 偶尔　　　　　　　　C. 几乎没有过

3. 准时对你很重要吗?( )

A. 不重要　　　　　　　B. 比较重要　　　　　　C. 非常重要

4. 你是否经常做一些自己无法解释的梦?( )

A. 经常　　　　　　　　B. 偶尔　　　　　　　　C. 很少或从不

5. 下面哪一项最可能激怒你?( )

A. 规章制度　　　　　　B. 粗鲁无礼　　　　　　C. 无能

6. 关于退休,你最担心的是哪一项?( )

A. 关于退休,没有什么让我担心的

B. 也许是逐渐变老,身体不再像从前那么好

C. 我会感到无聊,因为在空闲时间没有事情可以做

7. 下面哪一项对你最有吸引力?( )

A. 能够做那些我喜欢做的事情

B. 拥有美满的家庭生活

C. 在我选择的行业中取得成功

8. 你经常信手涂鸦吗?( )

A. 经常　　　　　　　　B. 偶尔　　　　　　　　C. 很少

9. 下面哪一个词是对你的最好描述?( )

A. 复杂　　　　　　　　B. 知足　　　　　　　　C. 精明

10. 下面哪一个词是对你的最好描述?( )

A. 贤明达观　　　　　　B. 平静温和　　　　　　C. 务实

11. 你是否认为有时挑衅行为是解决问题的必要手段?( )

A. 在任何情况下都不正确

B. 也许在非常特殊的情况下是这样

C. 是的

12. 你是否对自己所从事的职业倾注了大部分精力?( )

A. 没有

B. 我的确很重视自己的职业,但是除此之外我还花很多时间在自己感兴趣的事情上

C. 是的,我认为自己是我所从事行业中的专家,而且工作占据了我大部分时间和精力

13. 当需要做重大决定时,你喜欢怎样?(　　)

A. 自己决定

B. 与亲近的人商量并且达成一致意见

C. 向专家咨询

14. 下面哪一个词是对你的最好描述?(　　)

A. 情绪化　　　　　　　B. 果断　　　　　　　C. 有进取心

15. 下面三个选项中,你认为哪一个是学校里最好的课程?(　　)

A. 像艺术或金属工艺实习这样的实践课

B. 体育

C. 数学

16. 下面哪一项是对你最好的描述?(　　)

A. 好奇　　　　　　　B. 很有组织性　　　　　　C. 严肃认真

17. 你是否喜欢给自己定目标并且坚持努力去实现?(　　)

A. 不是,我喜欢在感觉自己状态良好的时候才去工作

B. 我有时候的确喜欢制定并执行计划,但是会按照比较灵活的方式

C. 是的,因为这是做事情的最好方法

18. 你是否经常获得灵感或新想法,甚至让你的大脑无法停下来,直到你将这些想法付诸实践?(　　)

A. 经常　　　　　　　B. 偶尔　　　　　　　C. 很少或从不

19. 假如你现在有大量的空闲时间,下面哪一项活动最能吸引你?(　　)

A. 做一些有创造性的工作,例如绘画或者雕刻

B. 进行一些体育活动,例如打高尔夫球或保龄球

C. 加入一家健康俱乐部以便让自己保持良好身材

20. 下面哪一项最让你惊讶不已?(　　)

A. 诸如大峡谷这样的自然界奇迹

B. 诸如泰姬陵这样的人类杰作

C. 像帕瓦罗蒂或多明戈这样伟大的歌唱家的美妙声音

21. 你最羡慕下列哪一项?(　　)

A. 鸟类的飞翔

B. 豹子奔跑的速度和优雅的身姿

C. 狮子的力量和勇气

22. 当坐下来考试时,你发现下面哪一项最难做到?(　　)

A. 集中精力考试和做完后检查

B. 提前克服紧张情绪

C. 不去担心我是否能取得高分

23. 下面哪一个词是对你的最好总结?(　　)

A. 反传统的　　　　　　B. 明智的　　　　　　C. 耐心的

24．你对谚语"要做的事情太多,而时间太少"的看法是什么?（　　）

A．我同意,而且有时会因此感到十分沮丧

B．我承认的确有很多我想做但没有时间做的事情,但我不会因此而担心或沮丧

C．我没怎么考虑过这个问题

25．对于化妆和发型,你会?（　　）

A．尝试各种造型

B．有时会试着改变

C．几乎从不改变

26．阅读一本人物传记时,你会?（　　）

A．"事实是这样吗?"心存疑问

B．觉得就是如此,偶尔有疑问

C．不抱任何猜疑

27．选择度假地点时,你最注重下面哪一个?（　　）

A．优美的风景

B．阳光、海洋和沙滩

C．令人兴奋的夜生活

28．你认为下面哪一个词最适合你?（　　）

A．空想家　　　　　　　　B．坚定的　　　　　　　　C．有条理的

29．当需要对重要文件进行归档时,你是否很有条理?（　　）

A．压根就没有什么条理

B．相当有条理

C．非常有条理

30．你最喜欢别人怎样描述你?（　　）

A．充满想象力和创新意识

B．和蔼、健康

C．值得信赖、可靠

计分标准:选 A 得 2 分,选 B 得 1 分,选 C 不得分,最后计算得分。

测试结果参考:

30 分以下:与这个世界上的大多数人一样,你是左侧大脑占主导地位的人。

偏重左半脑的人倾向于接受从部分到整体的方式(也就是线性的方式)处理信息。左半脑还倾向于按顺序(而不是任意次序)处理事情,因此偏重左半脑的人可能是出色的会计师或规划者。此外,拼写可能也是偏重左半脑的人的一个强项,因为拼写与顺序有关。偏重左半脑的人更可能在他们从事的行业中成为专家。对于偏重左半脑的人而言,借鉴某些右半脑的思维方式也许会很有益,特别是对于创造性思维能力和直觉的开发。

30～47 分:你在左、右半脑之间有比较好的平衡,没有过分地偏重其中某一侧。尽管这是一种相当好的优点,但这不是让你感到欣喜的理由。

平衡型大脑的一个不足之处在于,你比明显偏重某一侧大脑的人更容易出现内部冲突。

有时,这种冲突是你所思考和所感觉之间的不一致,而且可能涉及你处理问题和解释信息的方式。从积极的方面看,拥有平衡型大脑的优点在于,当你着手解决问题时,你可以同时构想事物的大图景和细枝末节。例如,建筑设计师要想将自己的想法变成可操作的现实,就必须在创造力和逻辑以及细节之间取得平衡。对于拥有平衡型大脑的人而言,由于他们思维的巨大灵活性,他们拥有天然的能力和优势,可以在多个领域中获得成功。当大脑的两半球以平衡的方式工作时,学习和思维过程可以得到强化。

48~60分:你是右侧大脑占主导地位的人。

大脑的右半部分是用来控制空间能力、艺术表达、创造性思维、内部意识以及许多下意识思维和情绪反应的。右半脑是知觉的半脑,它从整体上想象和构想事物。换言之,你倾向于看见大图景,而不是琐碎的细节。同样,右半脑负责将许多单个的碎片重建成一幅整体图像,同时让我们产生梦、想法和概念。

作为一位偏重右半脑的人,你可能会喜欢艺术和音乐。由于你的右半脑占主导地位,你可能倾向于通过下意识或者创造性的方式学习,对情境产生一种情绪化的反应,而不是精确的逻辑分析。在许多情况下,你能够轻松获得问题的正确答案,尽管你不能确定答案是如何取得的,这就是为什么直觉对于偏重右半脑的人如此重要的原因。

心理评析

大脑右半球控制身体的左半部分,相反,大脑左半球控制身体的右半部分。

尽管有些人严重地偏向大脑的某半边,但这并不意味着他们在该大脑半球所支配的所有能力上都占优势,因为没有人是完全利用左半脑或者右半脑的。

对于我们每个人而言,大脑的两个半球都相当重要。例如,为了支持整个大脑的功能,逻辑和直觉是同等重要的。但是,一般而言,特别是自从专业化分工到来之后,西方国家的教育系统比较注重开发左半脑的分析能力,结果却以损失右半脑的创造力作为代价。

第 2 讲 "左右"并用,超级记忆术

训练课堂 思维改变命运。

训练项目 超级记忆术。

训练目标 通过训练,了解记忆力可以通过科学、反复的训练增强;认识提升记忆力的好处;把握记忆规律,能熟练运用"联想记忆"、"串联联想记忆"、"数字编程记忆"等"超级"记忆法;学会运用超级记忆法提升学习与工作效益。

案例故事

赵丽的职场魔法

中职生赵丽毕业后在一个大公司任行政助理一职。因为工作的关系，接触的部门与人比较多。赵丽发现自己记名字的能力比较差，经常张冠李戴，不是叫错姓就是搞错职务，惹得一些同事不高兴。更尴尬的一次是，一个客户第二次来公司，赵丽马上甜甜地喊"李总好"，对方却脸色一沉。后来，赵丽才知自己误将张总当成另一家公司的李总了。

赵丽觉得再这样下去，不但给工作带来不便，弄不好能否在公司待下去都成问题。于是，她报名参加了一个超级记忆术培训班。通过培训，赵丽慢慢发现自己变"聪明"了，不仅能很快将公司人员、职务、部门对号入座，还能在见客户第二面时迅速准确叫出对方，包括客户的一些小爱好。一次，一位姓陈的客户来公司谈业务，赵丽倒茶时轻轻地说："陈经理，这是您爱喝的毛尖茶！"陈经理惊讶地抬头看了她一眼：自己才来过这个公司一次，一个接待员就记住了自己爱喝的茶！据说，那天的业务洽谈格外顺利。

工作上，赵丽类似的表现多了，总经理也看到了她的亮点。一年后，赵丽被破格提升为人力资源部副经理。赵丽自己很清楚这次的升职与超级记忆法的功劳密不可分。接下来，她打算运用自己学到的记忆法，去考取一个人力资源管理师资格证，以助自己将来在职场更好地发展。

『心动问题』

1. 你是否也见过，有的人即使第二次与人会面，还是叫不出对方名字或叫错的情况？可以描述当时的气氛吗？

2. 你觉得记忆有章可循吗？你最自豪的一次记忆是关于什么内容的，在什么时候？说说当时你是如何做到的？

『感悟真谛』

记忆，无处不在，无时不用。无论在学校或是职场，好记性无疑是一个人的有力武器，可以让我们在许多方面脱颖而出，提升效益的同时，还收获上司、同事、客户的认可，从而有机会得到更好的发展。

知识准备

人类文明继往开来，"记忆"在生产、生活中起着决定性的作用。古今中外，大凡在社会各个领域有所建树的人，都具有很强的记忆力。可以说，要想成就一番事业，没有良好的记忆力是很难成功的。第1讲中说过，大脑有无限潜能，思维能力是可以训练的。作为思维能力之一的记忆自然也有章可循。本讲以最普遍、最常用的记名字、待办事和电话号码为例，介绍怎样进行"超级记忆"。

项目一 思维能力训练

一、超级记忆的"超级"之处

所谓超级记忆,是指充分运用左右脑,以有趣的方式将记忆技巧发挥到极致,达到短时间内将内容长期记忆的效果。与一般的记忆相比,它主要有以下三个显著优点。

1. 易学实用

记忆的重要性众所周知,市场上有很多专门教授记忆方法的书,但大部分都有一个局限性,比如某些记忆法只是针对某一类知识的记忆,有些记忆法需要学习者有一定的基础,有些记忆法则是好听不好用。而超级记忆法没有设门槛,不论年龄、学历、性别,下至小学一年级学生,上至老人都可以进行学习。因为超级记忆法的最大特点就是简单易懂,可操作性强,一学就会,学了能用,而且不限"专学专用",学会了可以迁移、应用到其他知识上。

2. 记忆过程"有滋有味"

一提起记忆,很多人感觉都是枯燥乏味。所以古代有"头悬梁,锥刺股"、"书山有路勤为径,学海无涯苦作舟"的说法。超级记忆法给莘莘学子带来了不一样的学习感觉。由于方式方法的特别,学习者能在轻松愉快的状态下不知不觉地就记住了所要记的东西,并能保持很长时间。使用超级记忆法后,学习变成了一个充满乐趣的过程。

3. 让大脑更"聪明"

2005 年 11 月 19 日,中国西北农林科技大学学生吕超以每个数字间隔不到 15 秒钟的速度,连续大声背诵圆周率,奋战近 30 个小时,背诵到小数点后 67 890 位数字,远远超过了世界纪录,震惊了在场众多专家,充分显示了超级记忆术的魅力,也唤起了很多人对超级记忆术的浓厚兴趣。大脑是个蕴藏丰富的宝库,而人们的利用率却不到 5%。因为超级记忆术提倡图像与文字、联想与逻辑并用,发挥了左右脑各自的功能与优势,故而使得学习者在记忆知识的同时,还能充分训练与开发大脑,让大脑变得"超级聪明"。

二、学好"记忆术",处处显优势

英国哲学家培根说"一切知识不过是记忆"。21 世纪,人类进入一个崭新的瞬息万变的时代,生活在快节奏、资讯发达的社会里,学习和掌握高效、快捷的途径与方法是人们与时俱进的标志,也是提高学习和工作效率的先进工具。人们要更快、更多、更牢固地学习和掌握各种知识,就必须借助这些先进工具,可以这么说,谁能在最短的时间内快速、优先掌握先进的工具,就意味着谁掌握了主动权,就会更具竞争力!而缩短学习时间最快捷的方式,就是要结合大脑的特点,学习和创造更多有效的记忆方法。

1. 超级记忆助学业更优秀

同学们经历过无数次大大小小的考试,也许都有这样的体会:大凡考试砸了的,很大原因是出在知识掌握的精确度与熟练程度上。英语成绩好,取决于记住了多少单词,背诵了哪些句子;如果能记住很多名言佳句,作文自然信手拈来;数学、物理、化学无数的定理、公式,无一不考验同学们的记忆力。对学生来说,记忆的重要性不言而喻。

2. 超级记忆助职场更成功

学习上如此,职场亦不例外。一个销售员如果能将所有产品的种类、特点全部了然于胸,面对客户时就能侃侃而谈,显示出过硬的专业素养与敬业精神,那么,赢得客户的信任从而快速建立合作关系的机会就会大大增加;一个商店的服务员如能清楚所有商品的特点、价格、摆放位置,就能为顾客提供超越期待的更优质的服务,客户满意度高,美誉度随之提高,销售额自然会水涨船高;一个餐饮服务员在面对客人的询问时,对所有菜名、材质、价格能对答如流的话,一定会让客人对服务员本人及其所在餐馆刮目相看。生活中常有这些人,记忆力惊人,这使得他(她)们在考试、应聘、工作中占尽优势。

3. 超级记忆助人际关系更和谐

卡耐基曾说过,一个人事业的成功15%靠自身的努力,而85%取决于良好的人际关系。在人际交往中,如果能做到见过一面就能记住对方名字,甚至记住别人的一些小爱好,在别人生日时能及时送上温馨祝福……这些不经意的记忆小窍门,能让别人感觉到自己受到重视而对我们心生好感,从而愿意与我们建立良好、互助、和谐的人际关系。

三、搭上超级记忆的"快车"

据报道,福建青年罗刚5岁被拐,23年后凭着记忆将家乡地图画出来,通过卫星地图比对,竟然找到了自己的家乡,与亲生父母相认。难忘的记忆再次显示了不可思议的神奇魅力。下面让我们抓紧搭上超级记忆的"快车"吧。

(一)第一站:记住对方姓名,做个有心人

众所周知,现代生活的节奏越来越快,人们在纷繁复杂的事务里犹如一部高速运转的机器。无论是生活还是职场,一个能做到好、快、牢记住别人名字的人,绝对会得到更多人的喜欢与认可。虽然我们都知道,见过一个人的第二次就能准确无误叫出名字的重要性,但现实中仍会有这样的尴尬出现:咋一见到对方,完全想不起姓甚名谁,来自何方? 有时,以为能将对方的名字脱口而出,却常常发生"短路"呼唤不出;有时,"急中生智"地将别人的名字张冠李戴到对方头上;甚至于直接将对方改名或换姓等。

那么,要怎样才能深刻记住对方姓名呢?

1. 仔细观察,捕捉特征

世上没有完全相同的两个人,任何人都有属于自己的特征。如发型像贝克汉姆,耳朵有点前倾,眉毛处有一块疤,脸上有些痘痘,穿着很前卫,说话时喜欢将右手摆来摆去等,这都是对方个性化的明显特征。

2. 专注倾听,确认名字

也许是因为对自己名字太熟悉的缘故,很多在人介绍自己名字时都会相对语速过快,同时,因为汉字符号又有同音、别字,导致对方很难听清楚每个字,而大部分听者又常常因为不好意思再问而听任对方名字从自己耳边溜走。其实,我们完全可以从容地跟对方确认一下,如:您是姓阳,阳光的阳,名柳,柳树的柳,阳柳,对吗? 有的人可能会以为这不礼貌,恰恰相反,对方会觉得你非常重视和关注他。更重要的是,你确切地掌握了对方名字这一信息。

特别要注意的是,在捕捉对方特征与进行联想时,因为越夸张越荒诞,右脑就越容易记得住。所以,我们可以在心里默默运用(产生)联想,不需要让第三方知道,以免引起不必要的误会。

3. 名字成画,与人对应

第1讲的内容说过,右脑主控记忆,偏向形象思维,要让右脑牢记的事物,最好将它化为图画。像"阳柳",这个名字,完全可以在脑海中出现一幅画面:清澈的小溪边,一棵杨柳在太阳光的照射下,泛着金光。在杨柳树梢,是阳柳像太阳一样的圆脸,她额头右边那颗黑痣特别显眼。这时一只鸟飞来了,误将黑痣当成食物叼走了,阳柳痛得流出了杨柳汁。通过这样记忆,你下次再见到阳柳,一定会毫不犹豫地叫出她的名字(图2-1)。

阳柳

图2-1 名字成画

锻炼记忆力的良好方法是锻炼自己的注意力。

——爱德华兹

(二) 第二站:记住待办事,告别"健忘症"

在现实中,每个人身上或多或少有这样的"健忘症":满口答应别人的事竟被自己忘得一干二净;本来要办几件事偏偏漏了其中一件;明明记得要办某件事却怎么也想不起来等。有些人为了对付"健忘症",特意备一个"备忘录",将待办事一一列出。这样自然不会忘,除非他将本子忘在家了。但对于大多数人来说,这样未免嫌麻烦,使用超级记忆术,我们可以运用潜力无限的大脑帮我们记住。

1. 对10个数字进行编程

记待办事第一步是需要对数字进行编程。因为人们一天待办事一般不超过10件,所以在此对"1"到"10"的十个数字进行编程,赋予以下特定含义,即:1 = 铅笔;2 = 鸭子;3 = 弹簧;4 = 红旗;5 = 摇椅;6 = 烟斗;7 = 锄头;8 = 麻花;9 = 气球;10 = 棒球。

编程是记住待办事的基础,所以编好程后要将它牢牢记住,才能顺利进行下一步。

2. 将数字编程与事项挂钩

将数字编程与事项进行挂钩。这样,想起10个数字就想起了答案。如下例:

孙响今天的日程有:

(1) 给客户打电话约见面时间;

(2) 上药店给母亲买一盒胃药;

(3) 去电信局买张电话卡;

(4) 去柜员机还信用卡;

(5) 安排同事订阅今年报纸;

(6) 发一个电邮给老同学;

(7) 给电脑装一款新软件;

(8) 取消一个培训;

(9) 上网店买一本书;

(10) 给弟弟寄钱。

孙响可以这样记自己的10件事:

拿铅笔写下与客户见面的时间;鸭子衔着一盒刚买来的药喂给母亲吃;用弹簧秤一张电话卡有多重;红旗图案的信用卡慢慢变小了;坐在摇椅上看报刊订阅单;用网络寄一个烟斗给老同学捎个口信;用锄头将电脑打开,装一款新软件进去;一个培训很恐怖,需要受训者将身子扭成麻花,所以要取消;圆圆的气球下挂着一本书,上写"可以网购";将钱藏在棒球里一棒就击到弟弟手里。

这样,孙响一想到第一件事就想到铅笔,想到铅笔就想到写字,想到写字就想到写下的是与客户见面的时间;想到第二件事就想到鸭子,想到鸭子就想到喂母亲药就想到给母亲买胃药。如此类推,只要记住 10 个编程,10 件事基本上就可以记住了。

记忆是知识的唯一管库人。

—— 菲利普·锡德尼

(三)第三站:牢记对方号,省事不用查

有人经常会碰到这样的情形:打电话时,要临时记录对方报上的一个电话号码而到处找笔和纸,有时找不到纸就写在手掌上;有时误删了某人电话,有事找他时怎么也想不起他的电话号码了;有时有急事急办,却在电话簿里半天才找到对方电话号码,好不容易找到了,拨通电话却被告知"你打错了";有时拿起固定电话想致电给家人,居然都记不起电话号码是多少等。据统计,一般职场人士起码要记住 20 个左右常用电话号码,对外联系多的人甚至要记 100 个以上电话号码。如果大脑有"话",拿起电话就打,那么会给节奏快捷的现代人带来许多便利。记多个电话号码,大脑也能办到。

巧记电话号码,有很多方法,如谐音法、串联法,限于篇幅,这里推荐上文介绍的编程法与串联法相结合的方法。

1. 进行数字编程

电话号码会使用"0"到"9"共 10 个数字,上文已经对"1"到"9"进行了编程,这里只需对 0 进行编程。根据 0 的形状,它可以对应鸡蛋。这样,10 个数字的编程就出来了:0 = 鸡蛋;1 = 铅笔;2 = 鸭子;3 = 弹簧;4 = 红旗;5 = 摇椅;6 = 烟斗;7 = 锄头;8 = 麻花;9 = 气球。

2. 将电话号码串联起来

所谓串连联想法,就是将记忆的若干项内容串起来,连成一大串,形成一个整体。

例 1:0736—78246951

因为正好是 12 位数,可以先将数字分成三组,然后联想:鸡蛋掉到一把沾有泥巴的锄头上碎了(发出腥味),用一个不锈钢弹簧勾起蛋壳挂在一个坚硬的铜烟斗上;烟斗里伸出一把锄头,慢慢扭成了一个泛着油光的麻花,一只头顶有白花的黑色鸭子快速游过来,将它涂上色扛起来变成一面红旗;红旗里冒出一个烟斗,勾在一个黄色的气球上像摇椅一样一摇一摇地快掉下来了,赶快用一支米老鼠牌铅笔将它顶住。

例 2:13932856174

因为手机都是前三位为一个系列,后面跟 8 个数字的,所以也可以分为三组,可以这样进行联想:一支米老鼠牌铅笔穿过一个不锈钢弹簧,吊起一个黄色的汽球;汽球下又吊了另一根弹簧,吸引了一只头顶有白花的黑色鸭子,它衔着一个泛着油光的麻花摇摇摆摆地游过来了;鸭子后面拖着一个坚硬的铜烟斗,立着另一支米老鼠牌铅笔,米老鼠扛着一把沾满了泥巴的锄头,锄头上,一面鲜艳的红旗迎风飘扬。

3．闭上眼睛,充分想象

两脑齐心,其利断金。完成前面两个步骤后,最好闭上眼睛,在头脑里浮现整个画面,这样做的目的是让左右脑的力量统一起来。如例1,记忆者要想象:鸡蛋的形状,质地,掉在锄头上发出什么响声,蛋清蛋黄散落在地是什么形状,你甚至感觉自己能闻到鸡蛋特有的腥味,那个勾起蛋壳的不锈钢弹簧是什么形状,它挂的那个铜烟斗有多长,新旧如何;烟斗里伸出的锄头,扭成的麻花上泛着油光,让饥肠辘辘的你真想舔一口,这时,一只头顶有白花的黑色鸭子快速游过来,将快到口边的麻花夺走,涂上色扛起来变成一面红旗神气地游走了;突然,红旗里冒出一个烟斗,烟斗调皮地勾住一个黄色的汽球,结果一摇一摇地快掉下来了,一只米老鼠赶紧用一支铅笔将它顶住。在想象过程中,赋予画面情节,涉及的要素越具体越好。如"能闻到鸡蛋特有的腥味"、"麻花上泛着油光","一只头顶有白花的黑色鸭子"等,这样的好处是能充分调动各种感觉,充分刺激大脑尤其是主管记忆的右脑,使一串单调的电话号码变成了一个生动可感的故事,也使得记忆电话号码的过程变得妙趣横生,同时还训练了大脑。

有的同学可能会觉得,记个电话号码这么麻烦呀。俗话说,天上不会掉馅饼,万事开头难,但先苦后甜,只要前面基础做扎实了,后面基本可以一劳永逸。

记忆力并不是智慧;但没有记忆力还成什么智慧呢?

——哈·柏

四、超级记忆,需要超级坚持

本讲内容因为篇幅有限,只列举了记人名、电话号码、待办事的超级记忆术。事实上,超级记忆术练习到后面,还可以记表格、文章、诗歌,甚至整本书,包括像吕超那样记到圆周率小数点后 67 890 位数字。可见,超级记忆术对个人的学习、工作帮助非常大。当然,通过前面的例子我们也看到,一开始学习超级记忆术并不容易,但熟能生巧,只要坚持下去,后面就会越来越轻松。

1．正视困难,持续练习

超级记忆术虽然"超级",但同样也要遵循记忆的规律,比如及时复习。掌握超级记忆术最重要的原则就是要持续不断地练习,走路、坐车、晚上躺在床上,都可以充分发挥自己的能动性进行练习。比如迎面看到一个人,马上启动自动反应去发现他(她)的突出特征。每天用数字桩来记住自己的待办事。当然,有的同学在开始一段时间后会有点畏难情绪。这时请记住一句话:超级记忆法没有失败,只有放弃!

2．适当展示,增强自信

必须承认,初始学习超级记忆的,一开始可能会有点畏难。但坚持练习,记忆力一定与众不同,如使用数字桩记住 36 计是很容易的。适当的时候,学习者可以展示自己的成绩,让自己在别人的惊讶与钦佩中威风一把。实践证明者,向别人展示的次数越多,信心就越强,记忆能力提高就越快!但同时需要牢记:演示绝不是炫耀,而是分享,所以要把握好分寸。

3. 自我暗示,激励自己

积极的自我暗示是成功的催进剂,能够坚定人们的信念,"世界大脑先生"托尼·博赞在其著的《超级记忆》一书中鼓励学习者在学习超级记忆法时,可以反复阅读以下激励话语进行自我心理暗示:

(1)我坚信选择超级记忆法是正确的!

(2)我坚信超级记忆法会让我受益终生!

(3)我深信我能掌握超级记忆法!

(4)困难险阻越大,就越是快要到达光辉顶点的前奏!

(5)有多少付出,就有多少收获!

记住你明天的待办事

假如以下事情是你明天要做的——

① 去图书馆还书;② 给家人打电话;③ 去饭堂充饭卡;④ 去小卖部买洗发水;⑤ 下午放学后检查卫生;⑥ 去学生会开会;⑦ 班级篮球赛抽签;⑧ 写周记;⑨ 收英语作业;⑩ 约朋友一块散步。

『分享收获』

1. 请运用数字编程的方法并运用联想记住这10件事。

2. 与组内同学分享自己的编程,展示自己的记忆术。

『共勉录』

俗话说,"工欲善其事,必先利其器"。我们要充公挖掘大脑这座宝藏,通过学习、发明和创造科学的方法,坚持训练,让左右脑发挥合力。我们每个人都可以成为记忆"达人"。

『堂上演练』 小组竞赛:我是记忆王

每组派出一名代表,由老师任意报出一串电话号码,最先记住者为胜。三轮决定胜负。

演练目的:巩固数字编程记忆法和串联记忆法。

『课后拓展』 与陌生人"握手"

请在课后找 10 个陌生人"握手",捕捉他们的特征,问出他们的姓名,并运用记忆术记住他们。为下堂课分享心得做好准备。

拓展目的:锻炼提炼人物特征的能力,巩固联想记忆术。

21

一、艾宾浩斯遗忘规律

艾宾浩斯是德国著名的心理学家,是第一个从心理学上对记忆进行系统实验的人。他对记忆研究的主要贡献之一就是对记忆的保持规律作了重要研究,并绘制出著名的"艾宾浩斯遗忘曲线"。记忆力再好的人遗忘也是不可避免的,但从什么时候开始遗忘的?怎样减少遗忘?何时复习效果最佳?通过遗忘规律可以一目了然(表2-1)。

表 2 - 1 遗 忘 规 律

时间间隔	保持的百分比	遗忘的百分比
20 分钟	58%	42%
1 小时	44%	56%
8 小时	36%	64%
24 小时	34%	66%
2 天	28%	72%
6 天	25%	75%
31 天	21%	79%

通过分析,显而易见,复习的最佳时间是记材料后的1—24小时,最晚不超过2天,在这个区段内稍加复习即可恢复记忆。过了这个区段因已遗忘了材料的72%以上,所以复习起来就"事倍功半"。我们在复习功课时,有时感觉碰到的内容好像是新知识似的,这就是因为复习的间隔太长了的缘故。今后我们要有意识地运用这一规律,切莫以为什么时间复习都一样。

二、魔力之七

美国心理学家约翰·米勒曾对短时记忆的广度进行过比较精确的测定:测定正常成年人一次的记忆广度为7±2项内容。多于7项内容则记忆效果不佳。这个"七"被称为"魔力之七"或"怪数七"。这个"七"即可是7个字符,也可是7个汉字,或7组双音词、7组四字成语,甚至于7句七言诗词。由此可知,短时记忆广度的大小不是取决于被记忆材料的意义,而是取决于被记忆材料的数目!

我们在记忆时可利用这一特点,把需要记忆的内容分配在7组之内,而这7组中的每一组的容量可适当加大。这样每一组相当于一个集成块,加大了集成块的含量,记忆效率应会大大提高。如记忆电话号码 022 - 24120416,一个一个记要记11项,若分成 022 - 2412 - 0416 这样3组,则记忆起来就快多了。古代诗词大多不超过7个字,我们觉得较易背诵,很大程度上是在"魔力之七"范围内的缘故。

三、合理利用人体生物钟,提高记忆力

研究证明,合理利用生物钟,掌握最佳学习时间,能有效提高工作效率和学习效率。

一天中什么时候人的记忆力最好呢? 什么时候才是最佳学习时间呢? 据生理学家研究,人的大脑在一天中有一定的活动规律:

6—8 点:机体休息完毕并进入如兴奋状态,肝已将体内的毒素全部排净,头脑清醒,大脑记忆力强,此时进入第一次最佳记忆期。

8—9 点:神经兴奋性提高,记忆仍保持最佳状态,心脏开足马力工作,精力旺盛,大脑具有严谨、周密的思考能力,可以安排难度大的攻坚内容。

10—11 点:身心处于积极状态,热情将持续到午饭时间,人体处于第一次最佳状态。此时为内向性格者创造力最旺盛时刻,任何工作都能胜任,此时虚度实在可惜。

12 点:人体的全部精力都已调动起来。全身总动员,需进餐。此时对酒精仍敏感。午餐后,对下半天的工作会产生重大影响。

13—14 点:午饭后,精神困倦,白天第一阶段的兴奋期已过,精力消退,此时反应迟缓,有些疲劳,宜适当休息,最好午睡半到一小时。

15—16 点:身体重新改善,感觉器官此时尤其敏感,精神抖擞,试验表明,此时长期记忆效果非常好,可以合理安排一些需"永久记忆"的内容记忆。工作能力逐渐恢复,是外向性格者分析和创造最旺盛的时刻,可以持续数小时。

17—18 点:工作效率更高,体力活动的体力和耐力达一天中的最高峰时期,试验显示,这段时间是完成复杂计算和比较消耗脑力作业的好时期。

19—20 点:体内能量消耗,情绪不稳,应休息。

20—21 点:大脑又开始活跃,反应迅速,记忆力特别好,直到临睡前为一天中最佳的记忆时期(也是最高效的)。

22—24 点:睡意降临,人体准备休息,细胞修复工作开始。

四、复习、温故——古老而又实用的记忆诀窍

"温故而知新","书读百遍,其意自见",这些话语我们都很熟悉,的确,复习是记忆之母,我们巩固所识记过的材料的最好方法就是复习!

巴甫洛夫学说认为,记忆是大脑皮层形成暂时神经联系的过程,建立起来的神经通路如果不畅通,则原来大脑中保留的痕迹就会逐渐消失,而复习就是对大脑中的痕迹进行再刺激,及时复习就是在第一次痕迹未完全消失时,紧接着进行第二次,第三次重复刺激,重复刺激次数越多,痕迹越深;重复越及时,费时越少,费力越小,记忆效果越好。

怎样复习效果好呢?

及时复习 艾宾浩斯遗忘曲线告诉我们,遗忘的规律是先快后慢,特别是识记后 48 小时之内,遗忘率高达到 72%,所以不能认为隔几小时与隔几天复习是一回事,应及时复习,

间隔一般不超过 2 天。

分散复习 有一个实验,让两组学生背诵同一首诗,第一组一遍接一遍直到会背为止;第二组每天背两遍,也是会背为止,结果第一组需要背 18 次才能记住,而第二组仅用了 7 次就记住了。分散复习可减轻大脑疲劳,保持大脑神经兴奋同时间隔的时间能起到巩固的作用。

关于复习间隔 相互间意义联系较少的识记材料在学习后的 1—2 小时内必须抽出 5—10 分钟来复习。

五、测一测:你的记忆力

1. 准备一张纸,用 7 分钟写完 1～300 这一系列数字。

测试要求:

(1)能看出所写的字,不至于潦草。

(2)写错了不许改,也不许做标记,接着写下去。

(3)到规定时间,如写不完,必须停笔。

结果评定:

第一次差错出现在 100 以前注意力较差;出现 101～180 间为注意力一般;出现在 181～240 间是注意力较好的;出现在 181～240 间是注意力较好的;超过 240 出差错或完全是对的注意力优秀。

总的差错在 7 个以上为较差;错 4～7 个为一般;错 2～3 个为较好;只错一个为优秀。如果差错在 100 以前就出现了,但总的差错只有一两个,这种注意力仍是属于较好的。要是到 180 后才出错,但错得较多,说明这个人易于集中注意力,但维持不长。在规定时间内写不完者,说明反应速度慢。

2. 从 300 开始倒数,每次递减 3。如 300、297、294、291、倒数至 0,测定所需时间。

要求:读出声,读错的就原数重读,如"294"错读为 293 时,要重读"294"。

测试前先想想其规律。例如:每数 10 次就会出现一个"0"(270,240,210……),个位数出现周期性的变化。

结果评定:

1 分钟内读完为优秀;2 分钟内读完为较好;3 分钟内读完为一般;超过 3 分钟为较差。这一测验只宜与自己比较,可以把每次测验所需时间进行对比。

3. 测试记忆能力同记忆意图关系。

你要求一位朋友在 5 分钟内把下面一组数字记住。

19、33、81、62、54、76、42、27

在 5 分钟后测得其记忆结果并且记录好。

你再要求同一位朋友在另一个时间内把下面一组数字记住。

23、38、74、56、45、67、12、89

开始告诉他在 3 分钟后要他是否记住,在 3 分钟的时间过去后,告诉他再过两分钟才测试,又过两分钟后把此次测试结果同上次比较,看哪次结果好?

4. 你回忆一下印象最清楚的十件事,并且想想,你喜爱的事情件数是否在五件以上?

参考答案:大多数人回答在这10件事中,令人愉快的在五件以上。

5. 你常见到这样的现象:家长教育孩子的过程中常采用这样的手段:"你尽快把课文背下来,你若今天背下来,明天带你到某公园去"等手段,你能说明原因吗?

答案:家长采用刺激的手段主要是为了加强学生的学习动机。

6. 测试记忆效果与记忆时的兴趣之间关系。

有两个人由山上回来。一位朋友问他们二人山上怎样?有一个人详细地描述了山上的美丽风景,另一个人则热衷于大谈吃吃喝喝。你能回答这两个人各对什么感兴趣吗?

答案:大谈风景的人对风景感兴趣,大谈吃喝的人对吃喝感兴趣。

7. 测试联想与记忆的关系

杰克老师的《现代法语词典》,被熟人汤姆借走了,一直没有还回来。

杰克老师教语文,备课时经常要用《现代法语词典》,而汤姆又住在很远的地方,想用时又不能立即去要,两人又常见面,偶尔见了几次面,杰克老师又想不起来要书……就这样,杰克老师备课很困难。

请你想一想:如果用奇特联想法,怎样联想,杰克老师才能够见到汤姆就想起要书呢?

答案:杰克老师可以事先这样联想一下:

先想象一下熟人汤姆的容貌,并且在脑海中浮现出汤姆头上顶着那本《现代法语词典》的形象。这本《现代法语词典》,可以想象很大很重——比汤姆要大3倍或更多,因此,汤姆顶着这本书很吃力,被书压得汗流浃背,两腿抖得像弹三弦……

想得越具体、越奇特、越好笑,再见到汤姆时,就越不容易忘记要书了。

8. 下面有一组词,你用心看两分钟,目的是尽量记忆

帽子、信封、房屋、纽扣、猫

电话机、钱币、铅笔、袜子、书

仙人掌、鳗鱼、上衣、木夹、车灯

点心、办公桌、花边、米饭、钓钩

如果让你顺次序把他们默写出来,你会发现,许多都忘记了。为什么?方法不对。如果运用联想,问题或许简单得多,你不妨试试。

参考答案:有一顶帽子,它底下放一部电话机;电话机上尽是刺,因为这是仙人掌;拿这个仙人掌听筒的人确实不方便,何况他的嘴里还塞满点心。点心里有一个小信封,拆开里面还有钱。钱上印一条鳗鱼,忽然这条鳗鱼变活,钻到办公桌下。原来这办公桌是所房屋,其烟囱是支巨大的铅笔,它像火一样向上升起,落到上衣上。上衣有花边,中间有纽扣。但上衣口袋是无底的,铅笔漏到地上的袜子里,袜子夹着木夹。忽然铅笔又飞走了,飞到猫吃的米饭碗里。猫正蹲在一本书上。它一受惊就逃出门外,被一盏车灯照射。它向前一扑,恰巧被车前的钓钩钩着了。

9. 测试数字内在联系。

14、39、76、59、24、62、86、92、49、34、96

要在一分钟内记住上面的数字。只要全记住就行了,顺序可以改变。

答案:这组数可以分为四类:

（1）十位数分别是 1、2、3 的,个位数是 4 的——14、24、34。

（2）十位数分别是 3、4、5,个位数都是 9——39、49、59。

（3）十位数分别是 7、8、9,个位数都是 6 的——76、86、96。

（4）十位数分别是 3、6、9,个位数都是 2 的——32、62、92。

第 3 讲　描绘思维,活用导图

训练课堂	思维改变命运。
训练项目	思维导图训练。
训练目标	通过训练,了解思维导图的功能与作用原理;认识思维导图在生活、学习、工作中的重要性;培养对思维导图的兴趣,学会绘制思维导图,能在各方面训练和坚持使用思维导图,为将来走向职场做准备。

案例故事

与众不同的求职信

又是一年一度求职高峰期,某知名企业负责招聘的人力资源部刘经理,面对一大堆求职信,皱起了眉头。因为他要在有限的 2 个小时内,从近 200 份求职信中只挑出 1 名人才,作为新产品研发人员培养。

1 小时过去了,千篇一律、大同小异的求职信让刘经理叹气连连。突然,刘经理眼前一亮,他看到了一份与众不同的求职信!与其他厚厚的求职信不同,这位叫陈奇的求职者仅用 2 张树状图就将自己的学历、特长、专业、荣誉等重要信息与资料表达得清清楚楚,层次分明,一目了然。刘经理很快就把握住了这位求职者的基本特征,不用像看其他求职信时那么费力。刘经理知道,这位求职者画的树状图叫思维导图,是近年来在职场倡导的一种思维工具,他们公司正准备推行呢。

上班一个月后,陈奇鼓起勇气向刘经理提出心中的疑问,为什么在那么多应聘者之中选中了他。刘经理微笑着告诉他:"因为,你有一封与众不同的求职信!从中,我看出了你接受与应用新事物的能力,这正是我们研发人员非常需要的创新品质!"

『心动问题』

1. 陈奇的成功求职经历带给大家什么感悟?

2. 你知道思维导图吗？你将来是否也能使用思维导图制作出让人眼前一亮的作品来？

『感悟真谛』

思维导图，是当今深受职场倡导和推广的一种先进工具，但更让企业刮目相看、深受企业欢迎的还是掌握和灵活运用思维导图的人。在快节奏的现代职场，导图，成了职场名副其实的"流行图"。

知识准备

欧美国家的中小学生从初中开始就普遍使用思维导图来整理课堂笔记、学习、完成作业。近年来，思维导图也步入职场，很多大企业都在普及应用这一先进的思维工具。作为现代社会的中职生，如果不学习使用思维导图，将来可能难以与职场对接。

一、势不可挡的先进工具——思维导图

思维导图到底是个什么东西，它为什么会成为职场"流行图"，它为什么有如此神奇的魅力，奥秘在哪儿？现在，就让我们满怀期待的一步步走近它。

（一）什么是思维导图

思维导图又叫心智图，是一种图像式思维的工具以及一种利用图像式思考辅助工具来表达思维的工具。创始人是托尼·博赞。

19世纪初，英国著名心理学家的托尼·博赞在研究大脑的力量和潜能过程中，发现包括达·芬奇在内的众多伟人都在他们的过程中使用了许多图画、代号和连线（图3-1）。他意识到，这也许正是这些伟人之所以做出重大成果的重要原因。于是，通过广泛的研究与实践，博赞于19世纪60年代发明了思维导图这一风靡世界的思维工具。

（二）思维导图的魅力

思维导图发明后，被众多企业、个人用于生产、工作、学习等多个方面，产生了极大的经济与社会效应。最典型莫过于美国波音公司设计波音747飞机的案例。据说，如果使用普通的方法，设计波音747这样一个大型的项目要花费6年的时间。但是，通过使用思维导图（图3-2），他们的工程师只使用了6个月的时间就完成了波音747的设计！并为波音公司节省了一千万美元。

为什么思维导图有如此神奇的魅力，它的"超能力"原理究竟何在？原来，思维导图独特的构造，使得它就像一份帮助人们了解并掌握大脑工作原理的使用说明书。

1. 思维模式与大脑运作相似

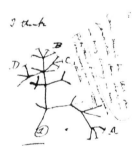

图3-1 思维导图

图 3 - 2　思维导图在波音公司的运用

思维导图模拟人脑的思维模式,由一个中心向四周呈放射性散开,整个画面就像人脑的结构图,分布着许多"沟"与"回",与大脑"同频",是大脑熟悉并感到"亲切"的模式,在中心图上往四周描绘分支,就像大脑通过神经网络发布指令一样,故而有助于大脑更流畅地思考。

2. 重点突出,层次分明

思维导图采用层层分级结构,每一级的线条粗细不同,每一分支的颜色也有区别,一眼望去,主题、分主题、重点和层次都一目了然,非常清晰,加之关键词的提炼,使得思维导图较之文档既容易把握整体,又能关注重点与层次,还节约了宝贵的时间。

3. 创造空间大

思维导图是一种发射性结构,描绘者先在白纸中间写上大主题,然后由大主题延伸出小主题,这种方式可以保证描绘者立足中心(主题),同时又可以发挥无限创意向周边扩展(描绘分支),给了大脑充分的创造空间,也给问题的解决(主题)提供了诸多可能性。

4. 运用全脑思维

思维导图提倡图文并茂,关键词的提炼需要进行分析、综合、逻辑与推理等思维能力,图形的描绘及放射状结构需要右脑的参与。因而思维导图的运用同时调动了左右脑的功能,充分发挥了两脑合力,锻炼了全脑思维力。

5. 利用了右脑的优势

据研究,人脑对图像的加工记忆能力大约是文字的 1 000 倍,对图像加工的能力主要集中在右脑。思维导图提倡以图为主,同时鼓励创意,这些都是右脑的特长。一般人对大脑的运用不到 5%,特别是右脑,而右脑有"潜能爆发区"和"创造力爆发区"的美誉。所以,思维导图能激发主管创意与记忆的右脑参与,因而会有更多灵感涌现,记忆也会更为长久。

千言万语不及一张图。

——(美)哈里

二、思维导图的描绘方法

思维导图经过不断推广,已经在全球范围得到广泛应用,其中包括大量的世界500强企业,如美国航空、微软、可口可乐等公司。可以说,思维导图已经成了职场尤其是大公司常用的一款办公工具。那么,究竟如何绘制思维导图呢?

第一步:准备基本用具

根据任务情况准备一张或多张 A3 或 A4 大小的白纸;一支水笔;至少 3 支以上不同颜色的笔。

第二步:画出中央图——主题

一般人做笔记或写文章时会习惯性地将纸竖放,并把最大的主题写在纸的第一行正中间。而思维导图却不同,它要求将纸横放,在纸正中心写上或画上大主题(图3-3)。

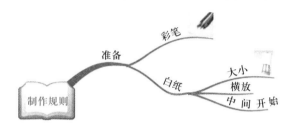

图 3 - 3 绘制思维导图 1 主题

第三步:描绘分支

如果将思维导图的中央图看作是一个钟面的话,第一个子主题分支一般从 1 点钟的方向伸出来。其他几个子主题根据数量、内容均衡分布。

第一级子主题分支下面如果还有第二级子主题分支,那么根据二级子主题的多少,在第一级分支末端伸出 N 条(最好不要超过 7 条)二级分支。如果第二级分支下还有第三级子主题,同样在第二级分支末端伸出 N 条三级分支。四、五……N 级依此类推(图3-4)。

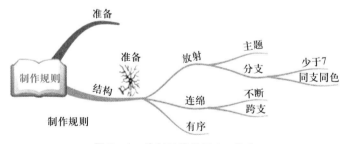

图 3 - 4 绘制思维导图 2 分支

每一级的线条都是由粗到细,每个字(要求提炼关键词)都写在线上,方向朝上,字长与线条等长,如果能辅以图形或直接用图形代替文字最佳。

线条尽量画曲线,这样做的目的是更美观,同时形状因与大脑神经的走向相似,会更有利于大脑进行发散性思维。

如果不同目录下的分支内容有关联,可以用虚线相连(图3-5)。

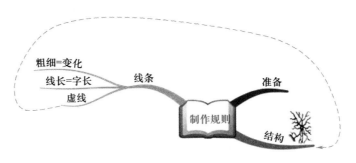

图 3-5 绘制思维导图 3 连接相关分支

第四步:描绘颜色

思维导图要求尽量以图代字,并至少有三种以上的颜色,相邻一级目录间颜色不同,二级以后的子主题颜色与第一级相同。关于思维导图线条的颜色主要有两种做法。一种是一开始都用同一种颜色,等思维导图全部完成后再来涂色。一种是写一条分支(以一级目录计)用一种颜色,写另一条分支换一种颜色。

至于字的颜色,可以根据个人喜好从头至尾只用一种颜色,也可使用与线条一致的颜色(图 3-6)。

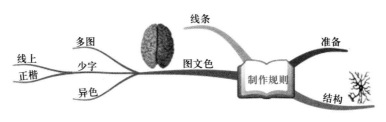

图 3-6 绘制思维导图 4 涂色

三、思维导图"途"在何方

传统的思考与认知方式过多依赖左脑,而思维导图图文并茂的特点充分调动了右脑的参与。可以说,思维导图的应用过程,就是全脑思维的过程,左右脑的分工协作,能大大提高认知、思考、记忆等质量与效率。因而,思维导图的应用十分广泛。

> 思维导图能运用在生活的每一个部分,包括学习、包括清晰的思维、包括如何提高我们的表现能力。
>
> ——托尼·博赞

(一)"图"解学习

李晓鹏,人民大学经济学博士,高中期间借助思维导图这一工具,2000 年成为重庆高考状元,2001 年开始在全国上百所重点中学讲授学习方法,告诉同学们如何使用思维导图进行学习。很多学生也因之发现了思维导图在学习中的作用。

1. 快速高效率地记课堂笔记

众所周知,课堂占据了大部分学习时间,很多学生都有这样的体会,如果上课的效率提不上去,课后要花几倍的时间来弥补,而且不一定能取得理想的效果。使用思维导图做笔记不仅结构清晰,而且图标、色彩的运用将调动右脑发挥潜能,巩固记忆,同时减轻左脑加工文字的负担。同时,思维导图要求以最少的字来表达中心意思,所以,关键词的提炼本身就是对知识的一个整理,是对知识的二次消化。

2. 高效整理各科错题集

错题集可以将平时的作业,考试中做错的题目彻底弄懂,以后遇到类似的题目能轻松解决。使用思维导图将易错、易混淆的题汇集在一起,更容易找出它们之间的共同点与相异点,从而帮自己有的放矢地进行学习。

3. 提高阅读速度

莎士比亚曾说,书籍是全世界的营养品。生活里没有书籍,就好像没有阳光;智慧里没有书籍,就好像鸟儿没有翅膀。阅读是一个人知识的源泉,是发展潜力的保障。从某种程度上来说,一个人要做到博览群书首先要有量的保证。如何做到在掌握书本内容的同时又提高阅读速度呢?

思维导图是一个不错的工具。它通过分级目录来建立书的结构,通过提炼关键词并配合图形来概括书的内容,方便阅读者从整体上把握全书或某一章节的内容与逻辑。如图3-7就是一个学生在学习《春》这篇课文所画的思维导图。

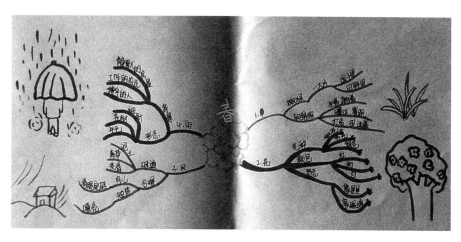

图 3 - 7   课文《春》思维导图

4. 提升记忆力

作为学生,需要记忆的东西很多,如何用最短的时间记住最多的东西,让学习变得有效率,思维导图将是一个好帮手。如热带的、橘子、带尖的、鸡尾酒、樱桃、开花、果核、樱桃园、香蕉、菠萝、黄色、加勒比海、钾、苹果、医生、走开、夏娃、馅饼、果汁、柑橘类、维生素 C 等21个词语,两分钟内人们一般记不住。

但如果使用思维导图(图3-8),2 分钟之内就可能记住。

图 3-8　记忆无关联词语思维导图

（二）"图"谋职场

作为一种有效的思维模式，思维导图经过不断推广，已经在全球范围得到广泛应用，其中包括大量的世界 500 强企业。如福特、可口可乐、思科网络、劳斯莱斯、耐克等。

在职场中，思维导图可用于项目管理、文档起草、需求分析、规划总结、会议组织、头脑风暴、员工培训、创意讨论等方面。

> 思维导图在我们办公室内的重要性越来越明显。它在帮助我们打开思路上的作用是惊人的。我们使用思维导图安排会议议程，做头脑风暴，设计组织结构图，记笔记和写总结报告。这是一个通向未来的必备工具。
>
> —— William L. Maxillae

比尔·盖茨也是思维导图的爱好者，他说思维导图能够将众多的知识和想法连接起来，并有效地加以分析，从而最大限度地实现创新！早在 1997 年他写的《未来之路》里就明确指出："未来的资讯开放之路，将会由了解思维导图和脑力开发的人来引导"，"智能机器人和思维导图将会是下一舞台我们获取信息的主要方法"。目前，《思维导图》被誉为"开启大脑的瑞士军刀"，畅销全球 30 多年，影响全球 2.5 亿人的学习、工作、生活。

图 3-9 是某学校在毕业典礼上为该届毕业生制作的一张思维导图。

熟悉的场景，精准的提炼，丰富多彩的内容，唤起了同学们对在校三年生活与学习的温暖回忆，让该届毕业生们感动不已、激动不止。

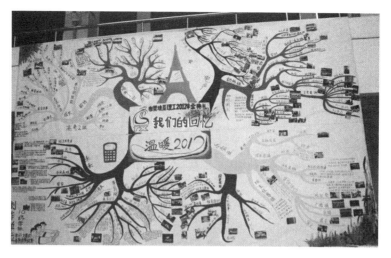

图 3 – 9　回忆导图

（三）"图"化生活

思维导图可用于制订计划、事前准备等,如制定节日旅行(如图 3 – 10)计划,筹备生日宴会、罗列购物详单。图 3 – 11 就是某人一个礼物购买计划的思维导图。通过用思维导图进行规划、分析,他对要给哪些人买礼物,买什么礼物了然于胸,从而避免了到商场面对琳琅满目的商品不知从何入手的困扰以及精心购买的礼物不合收礼人心意的尴尬。

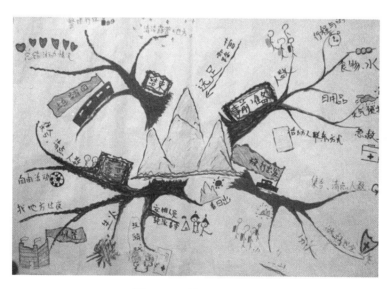

图 3 – 10　旅行计划导图

此外,思维导图还可以用于进行自我分析、人生抉择、一个人的头脑风暴等。总之,思维导图的应用非常广泛(图 3 – 12)。

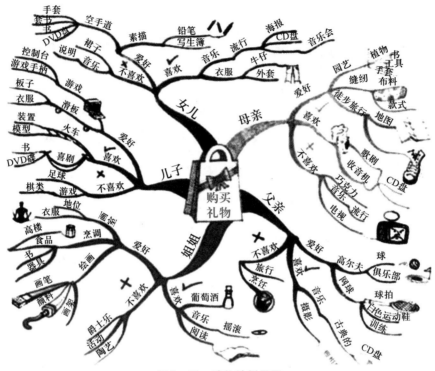

图 3-11　购物计划导图

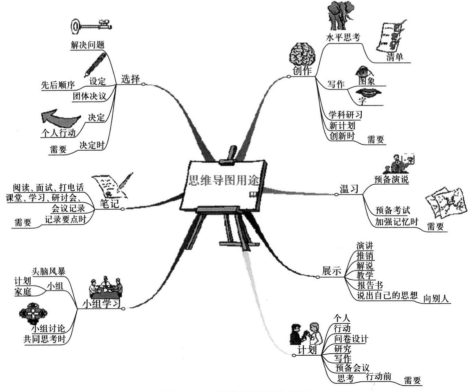

图 3-12　思维导图用途导图

体验探究

难忘我的第一张思维导图

以"我"为主题,绘制一张思维导图,将自己的各方面介绍清楚。

『分享收获』

1. 谈谈绘制第一张思维导图的感觉及体会到的好处。

2. 在绘制导图时存在哪些困难与困惑?请与旁边的同学进行互助交流。

『共勉录』

思考最大的敌人是复杂,最大的障碍是混乱,而思维导图的显著优势就是可以让思维变得清晰与简练。一个人学会并坚持使用思维导图,无异于掌握了一个思维利器,让自己的思维变得越来越有威力。

能力训练

『堂上演练』 班级活动的思维导图

以班级的某个郊游活动为主题,绘制一张详细说明准备工作的思维导图。

演练目的:巩固思维导图的绘制规则,学习绘制导图。

『课后拓展』

1. 使用思维导图做笔记(每天坚持 21 天)。

2. 选取课本某一章节,将其大概内容用思维导图表示出来。

拓展目的:熟练将思维导图应用于学习生活。

能力延伸

一、思维导图的由来

英国心理家托尼·博赞在大学时代,在遇到信息吸收、整理及记忆的等困难,前往图书馆寻求协助,却惊讶地发现没有教导如何正确有效使用大脑的相关书籍资料,于是开始思索和寻找新的思想或方法来解决。

托尼·博赞开始研究心理学、神经生理学等科学,渐渐地发现人类头脑的每一个脑细胞及大脑的各种技巧如果能被和谐巧妙地运用,将比彼此分开工作产生更大的效率。以放射性思考为基础的收放自如方式,比如:渔网、河流、树、树叶、人和动物的神经系统、管理的组织结构等,逐渐地,整个架构慢慢形成,托尼·博赞也开始训练一群被称为"学习障碍

35

者"、"阅读能力丧失"的族群,这些被称为失败者或曾被放弃的学生,很快变成好学生,其中更有一部分成为同年纪中的佼佼者。

托尼·博赞1942年出生于英国伦敦,毕业于英属哥伦比亚大学,先后获得心理学、英语语言学、数学和普通科学等多种学位。他所撰写的二十多种大脑方面的图书已被翻译成几十种语言,在全球五十多个国家出版,并成为世界顶级公司进行高级人员培训的必选教材。另外,他还出任一些政府部门、大学和研究院以及大跨国集团公司的咨询专家,包括国际商用机器公司(IBM)、惠普公司、巴克莱国际公司、数字设备公司等。他主持的大脑知识讲座已成为西方家喻户晓的节目,在广播、电视及录像节目中大受欢迎。业内人士称他为"大脑先生"。

1971年托尼·博赞开始将他的研究成果集结成书,受达·芬奇笔记的启发,慢慢形成了发射性思考(Radiant Thinking)和思维导图法(Mind Mapping)的概念。思维导图是大脑放射性思维的外部表现。依据大脑思维放射性特点,后来成为英国大脑基金会主席、著名教育家的托尼·博赞在思维研究领域取得了令世人瞩目的成就。思维导图利用色彩、图画、代码和多维度等图文并茂的形式来增强记忆效果,使人们关注的焦点清晰地集中在中央图形上。思维导图允许学习者产生无限制的联想,这使思维过程更具创造性。

二、思维导图利用小窍门

上课时可以直接把老师的重点,用心智图的方式直接记录在课本上面,这些小部分重点的整理,可以视为"迷你心智图"。回家复习功课时,再把同一课或同一单元的各个"迷你心智图"整理在另一张空白纸上(图3－13)。

平常做好了这些准备工作,不等于考试前都不用复习了,一定要定期复习,复习间隔可以参考以下方式:

1. 心智图完成后,对心智图进行一次复习,对各个枝干的内容进行沉思,体会各知识点之间的联系,隔天拿出来复习一次。

2. 一个星期后,再把这张心智图拿出来复习一次。

3. 一个月后,再把这张心智图拿出来复习一次。

4. 三个月后,再把这张心智图拿出来复习一次。

图3－13　迷你心智图示意

5. 以后每学期开学前,都把以前整理的心智图重点笔记拿出来复习一次。

第4讲　团队思维,六顶思考帽

训练课堂　思维改变命运。

训练目标　通过训练,了解六顶思考帽的内涵;初步认识六顶思考帽在团队思考中的独特优势;掌握六顶思考帽的使用方法与规则;学会运用六顶思考帽的思考方式,集合团队思考优势,使团队思维的力量达到最大化。

盲人摸象

很久以前,一位名叫"镜面"的国王,发现臣子们常各执己见争执不已,他感到很苦闷,于是想:"我要想出一个办法来教育他们才好!"

有一天,国王突然召集他的臣子说:"你们去把国内所有生下来就瞎了眼睛的人,找到宫里来吧!"于是这些臣子们便奉命分头在国内遍处找寻,隔了不多几天,臣子们都带着寻找到的瞎子回来了。镜面很高兴地说:"好极了,你们再去牵一头象,送到那些盲人那里去吧!"许多臣民听见了这个消息都十分奇怪,不知道国王今天将要做些什么事,因此,大家都争先恐后地赶来参观。

国王心里暗暗欢喜:"真好,今天该是教育他们的机会了。"于是他便叫那些盲人去摸象的身体:有摸着象脚的,有摸着象尾的,有摸着象头的……

国王便问他们:"你们看见了象没有?"盲人们争着说:"我们都看见了!"国王又问:"那么你们所看见的象是怎样的呢?"

摸着象脚的盲人说:"王啊!象好像像漆桶一样。"

摸着象尾的说:"不,它像扫帚!"

摸着象腹的说:"像鼓呀!"

摸着象背的说:"你们都错了! 它像一个高高的茶几才对!"

摸着象耳的盲人争着说:"像簸箕。"

摸着象牙的盲人说:"王啊!象实在和角一样,尖尖的。"

……

『心动问题』

1. 你认为故事中哪一位盲人描述的对? 为什么?

2. 生活中这样的情况多吗? 解决这种问题的最好方法是什么?

『感悟真谛』

"盲人摸象"已成成语,意为由于只了解事物的局面,产生了认识上的片面性。人们在评论一个人、一部电视剧或一种社会现象,往往因为只看到局部而下结论,便造成了片面性。要避免这种现象,唯一的办法是多角度观察后再下结论。

项目一　思维能力训练

知 识 准 备

当一头麋鹿吃草时,只要听到周围有任何风吹草动,它会立即竖起耳朵高度警戒,随时准备一旦发现危险撒腿就跑。这样的敏锐需要大脑保持高效运转,它的好处是能保护麋鹿免遭不测。即使机警至此,麋鹿也并不能每次都那么幸运,因为它没有三头六臂,不可能在同一时间对所有的方向都保持高度的敏锐。人类也是如此,思考问题时,不可能同时对同一个问题的所有方面一方面思考得很深入,一方面又能面面俱到。有什么方法既能发挥人们思维的深度又能扩展人们思维的广度呢?剑桥大学医学博士爱德华·德·博诺先生的平行思维工具——六顶思考帽应运而生。

一、平行思维工具——六顶思考帽

"六顶思考帽"是有"创新思维之父"美称的英国医学博士爱德华·德·博诺先生设计的。六顶思考帽就是把一件事情分成六个角度,每个角度是一项帽子,就像是一面墙一样,一次只能戴一项帽子,从这个角度思考完之后,再换下一项帽子,然后把结论平行放在一起,最后集中分析、形成结论,也就是大家在同一时间往同一个方向思考,劲往一处使。这种思维方式也叫平行思维。

(一)"六顶帽子"是哪六顶

六顶思考帽用假想的六项帽子来代表六个思考的方向,分别是白色、红色、黑色、黄色、绿色和蓝色。

白色思考帽:白色是没有彩色的,象征没有杂质,像一张白纸,它只是客观地呈现事实、信息、数据等,不加任何评价与感情色彩,它要求真实和确定。如"他的数学成绩进步了"、"今天很热"、"他个子高"等并不是白帽思维,规范的"白帽思维"应该是"他的数学成绩提高了 5 分"、"今天气温高达 41℃"、"他个子 1.89 米高"。白帽如实描述事件本身,是不偏不倚的"事实帽"。

红色思考帽:红色,是火焰的颜色,代表一个人的感情,它正好与中立客观的白帽相反,直接表达对问题的态度,喜欢或不喜欢,同意或不同意,而且不需要说明任何理由,只凭直觉表达即可。红帽为参与者表达情绪提供了条件,是一项名副其实的"情感帽"。

黄色思考帽:黄色代表阳光,阳光主要给人带来光明、美好。所以黄帽代表事情积极、有价值的一面。它专门挖掘事物的好处,如"与朋友吵架了,我看到自己在沟通方面有待改善"、"参加演讲可以锻炼我的胆量"、"明天的考试可以检验我这段时间的学习效果"等。黄帽是代表正能量的"阳光帽"。

黑色思考帽:黑色代表严肃、谨慎,它跟黄帽正好相反,像一个毫不留情的法官一样,专门泼冷水,聚焦事情的不足、风险、缺点等负面因素,如"去漂流会导致有人失足落水"、"买班服会增加学生负担"、"开卷考试会导致同学们学习积极性下降"、"降低价格会让消费者对产品有疑虑"等。黑帽是谨慎小心的"风险帽"。

绿色思考帽:绿色,是生命的颜色,代表生机勃勃,万物成长,是希望的象征。绿帽专门提出有建设性和创意性的想法与方案,它与正好黑帽组成"黄金搭档"。黑帽发现风险,绿帽提供解决途径。如"饭堂太挤可以采用错峰吃饭的方式"、"为防止买班服给同学造成负担,可尝试找企业赞助"等。绿帽是充满希望的"创意帽"。

蓝色思考帽:蓝色,是天空的颜色,代表冷静。天空高高在上,有纵观全局的气概。所以,蓝帽主要起主持讨论、防止大家跑题及约束大家遵守六顶帽游戏规则的作用,开场、中间控场、收尾总结是蓝帽的主要工作。它常思考下列问题:"我们今天会议的议题是怎样的"、"我们的决议是什么"等。蓝色思维是控制场面的"主持帽"。

如果用思维导图来表示六顶思考帽的内容与各自承担的职责如图4-1所示。

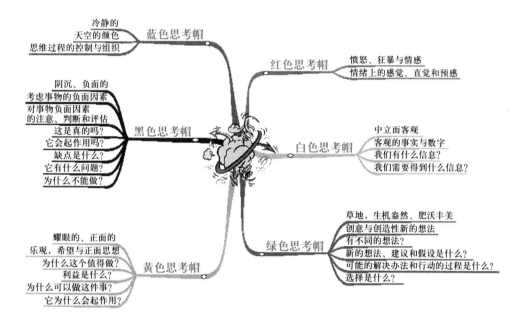

冷静的
天空的颜色
思维过程的控制与组织
蓝色思考帽

红色思考帽
愤怒、狂暴与情感
情绪上的感觉、直觉和预感

阴沉、负面的
考虑事物的负面因素
对事物负面因素的注意、判断和评估
这是真的吗?
它会起作用吗?
缺点是什么?
它有什么问题?
为什么不能做?
黑色思考帽

白色思考帽
中立而客观
客观的事实与数字
我们有什么信息?
我们需要得到什么信息?

草地、生机盎然、肥沃丰美
创意与创造性新的想法
有不同的想法?
新的想法、建议和假设是什么?
可能的解决办法和行动的过程是什么?
选择是什么?
绿色思考帽

耀眼的、正面的
乐观,希望与正面思想
为什么这个值得做?
利益是什么?
为什么可以做这件事?
它为什么会起作用?
黄色思考帽

图4-1　六顶思考帽思维导图

思考是人类最大的乐趣。

——贝尔托·布莱希特

（二）为什么六顶思考帽这么"好用"

六顶思考帽主要被用在职场团队讨论中。英国的施乐公司反映,使用六顶思考帽后,他们仅用不到一天的时间就完成了过去需一周才能完成的工作;芬兰的ABB公司曾就国际项目的讨论花了30天的时间,现在使用六顶思考帽仅用了2天;麦当劳日本公司让员工参加"六顶思考帽"思维训练,取得了显著成效,员工更有激情。为什么六顶思考帽会有如此大的成效呢?

1. 立体看问题,思考更全面

一间房子,分别被刷成了红、白、蓝、绿,四个人分别站在房子的四面。第一个人说,这房子的墙是红色的,第二个人说是白的,第三个人说是蓝色的,第四个人说是绿色的。四个人都坚持自己看到的才是真相,于是就吵了起来,谁也不让步,最后谁也没说服谁……这当然只是一个故事。但在现实生活中,人往往会因为位置、经历、习惯、感情、背景等因素,容易从特定的、片面的角度看问题,思维不免局限,导致不能看到事情的全貌。而六顶思考帽提取了六种最典型的思维方式——从事物的本来面目(白帽)、事物的优点(黄帽)到事物的缺点(黑帽)、事物的解决方案(绿帽)等六个方面立体地看一个问题。这样,人们就能比较全面、完整地观察事物、认识问题,从而更好地解决问题。

2. 避免争执,汇聚群智

一个人再优秀,也会有自己的劣势;一个人再聪明,也会有思维的短板。所以人们深有感触地说"三个臭皮匠,顶个诸葛亮"。然而现实中常有这样的事情:有时一个方案提出来,10个人有9种不同的看法,会议的时间大部分都消耗在争论中了。班级组织一次外出活动,同学们很多时候都在争论不休,甚至最后无法成行;生活中,朋友、亲人之间也常会针对某件事情,公说公有理,婆说婆有理,最后甚至针锋相对,恶语相向,既损了关系又伤了感情。最重要的是,根本没有解决问题。

从某种程度上说,这样的行为是个人的智慧在做相互抵消,集体智慧更无从谈起。使用六顶思考帽能很好地汇聚集体智慧。因为规定同一时段每个人都只能戴同一顶帽子,也就意味在每一个时段大家都往一个方向思考,形成合力。这样的方式避免了与会者无谓的争执,促使大家围绕共同的目标而努力,真正集思广益,解决问题。同时,因为与会者在同一时刻不用考虑多个方面,专心于问题的一个方面,思考也更专注,更有效率。

3. 自由表达,畅所欲言

当人们在发表观点时,每个人都站在自己的立场,每个人认为自己是对的,为了维护自己的观点,常常批判别人的看法。而有的人因为某种顾虑,不敢发表不同意见或不敢表露真实态度,使得会议达到不好的效果。"六顶思考帽"法通过角色扮演的方式将观点和个人的自我分离:不管是谁的观点,不管你愿不愿意,戴上黄帽子,就要对观点进行肯定,戴上红帽子就要对观点进行表决,戴上黑帽子就要对观点进行批判。这样,所有与会者就抛却了所有顾忌,积极参与,让所有的思维火花迸发出来,从而能够做到自由表达,畅所欲言。所以,人们形容六顶思考帽是让人"带上帽子、放下面子、留下脑子、贡献点子"。

4. 讨论游戏化,气氛更轻松

六顶思考帽讨论法使用"戴帽""脱帽""换帽"等生动有趣的方式来进行,改变了一般会议沉闷、古板、单调的气氛,营造了轻松愉快的氛围,减轻了与会者的压力,舒缓了他们情绪,从而将更多的精力放在解决问题而不是相互争执上,产生更多更好的想法,促进思维走向深入。

二、"六顶帽子"如何"戴"

一家世界大型保险公司负责人每次会议都只使用六顶思考帽,因为他发现这样能保证所有经理在会议上注意力最专一。任何一个工具在操作时都有必要的规则和注意事项,那么,在使用六顶思考帽进行讨论过程中,我们应该如何使用它呢?

（一）"六项全用"的使用顺序

六项帽子有不同的功能,没有固定的顺序,但因为有些帽子比较特别,所以还是有一些使用原则需要遵守的。

1. 一般情况,正常顺序

一般来说,一个典型的六项思考帽团队在实际中的应用,步骤主要是:

（1）提出议题(蓝帽);

（2）陈述问题事实(白帽);

（3）提出如何解决问题的建议(绿帽);

（4）评估建议的优缺点:列举优点(黄帽);

（5）列举缺点(黑帽);

（6）对各项选择方案进行直觉判断(红帽);

（7）总结陈述,得出方案(蓝帽)。

下面以"关于戒烟的讨论"为例,具体介绍六项思考帽的用法。

蓝色思考帽（主持）:今天我们的议题主要是"如何成功戒烟"。

白色思考帽（信息）:吸烟者越来越多,今年的数据显示增加了1成。年轻人占其中的80%。

绿色思考帽（创造性）:烟草公司在香烟盒上贴上醒目的戒烟标语。提高烟的价格。对戒烟者进行鼓励。生产香烟替代品。

黄色思考帽（益处）:戒烟能促进健康。帮助人们远离二手烟的危害。戒烟可以磨炼人的意志力,培养成就感。

黑色思考帽（风险）:戒烟会导致国家税收减少。戒烟可能导致更加严重的烟瘾。戒烟可能导致人员情绪失控。

红色思考帽（感情）:吸烟危害太大,年轻人应该戒烟。

蓝色思考帽（主持）:今天关于如何成功戒烟讨论,各位朋友畅所欲言,从不同角度给出了建议,如贴戒烟标语、提高烟价、生产香烟替代品等,但对戒烟人员的情绪失控风险控制和心理支持考虑的还不够,相关问题我们将在下一次的讨论中做进一步探讨。

2. 特殊情况,特殊顺序

当然,在某些特殊情况下,六项帽子的顺序改变一下会更有助于解决问题。

（1）寻找主意时

在寻找一个主意时,思考帽的使用顺序可以如下:

白色:搜集可获得的信息。

绿色:做进一步的考察,并提出各种可能方案。

黄色:逐一评估每个方案的好处和优点。

黑色:逐一评估每个方案的缺陷和危险。

绿色:将最可行的方案做进一步的发展,然后做出选择。

蓝色:总结和评价目前的思考进展。

黑色:对被选择出来的方案做出最后的评判。

红色:表达对最终结果的感觉。

（2）给定的主意做判断

这时,思考帽的使用顺序有所不同,因为主意已经给定,而且其背景信息也通常是已知的。

红色:找出对给定主意的已有感觉。

黄色:努力找出这个主意的好处和优点。

黑色:指出这个主意存在的缺陷、问题和危险。

绿色:看看能不能改进这个主意,从而增强黄色帽子提出的优点,并克服黑色帽子提出的缺点。

白色:看看可获得的信息是否有助于改进主意,使之更容易被接受(如果红色帽子反对这个主意的话)。

绿色:对最后的建议做进一步的发展。

黑色:对最后的建议做最后的评判。

红色:表达对最终结果的感觉。

> 和自己的心进行斗争是很难堪的,但这种胜利则标志着这是深思熟虑的人。
>
> ——德谟克利特

（二）"部分帽子"怎么用:简易组合

在讨论中,并不是每次六顶帽子都要用,有时根据具体情况,可以选择其中几顶即可,亦可以根据情况灵活设立帽子的使用顺序。

（1）对主意做出迅速评估:黄色/黑色/红色

（2）产生创意:白色/绿色

（3）改进既有的主意:黑色/绿色

（4）总结并说出各种可能的选择:蓝色/绿色

（5）看看思考是否已经有成果:蓝色/黄色

三、"六顶帽子"要遵循游戏规则

在使用六顶思考帽进行讨论时,成员遵守规则非常重要。这些规则主要有:

1. 同一时段戴同种帽子

蓝帽控制、主持会议,提示各时段使用何种帽子。规则一旦制定,所有成员都必须遵循某一时刻指定使用某一顶思考帽进行思考,任何一个成员都不可以在这一时段使用别的帽子。如黑帽时段,有成员提出风险,另一成员想戴上绿帽马上给出解决方案是不被允许的,必须到了绿帽时段才可发表。

2. 每顶帽子的使用次数不限

在讨论中,人们轮流戴上不同帽子,每个时段都有机会表达自己的观点,同时,六帽的使用很灵活,如果讨论到某个环节需要再次戴上某顶帽子是被允许的。

3. 使用红色思考帽不需讲理由

运用红色思考帽进行表决时不需要说明理由,这也是六顶思考帽的魅力所在:每个人都可以自由地表达自己的意愿受到尊重,而不用担心受到非议或嘲笑。

4. 最开始不使用黑帽和红帽

不提倡最开始就使用黑帽和红帽。因为人们很难在批判一个事物以后再去积极地看待它。同样,一开始就使用红帽表决了赞成或反对,后面人们就很难对它进行批判或寻找它的好处。

5. 蓝帽不参与讨论

一般来说,组织者(蓝帽)担任主持,主要在开头提出议题,结尾进行总结,不参与讨论。

6. 限制发言时间

六项思考帽有个很大的优点就是高效——用最短的时间达成决议。所以在进行讨论时需要控制时间。一般认为每项思考帽每个人讲 1 分钟。这样做的好处是让成员尽量精讲,减少啰唆。当然如果规定时间过后还有很好的意见没有被发表,主持人蓝帽可适当延长一点时间。当然,红色思考帽是特例,因为表决不需要解释,所以只需要很短的时间。

四、六顶思考帽用在何处

前面讲过,六顶思考帽提倡多方面看待人与事物,能充分发挥人们思维的深度与广度,同时避免走极端、情感用事或看问题片面化,是目前最先进的思维工具之一。如果人们能活用六顶思考帽,它将带来诸多意想不到的好处。

1. 个人头脑风暴的秘密武器

当人们对一个问题有纠结或一个选择犹豫不决时,使用六顶思考帽有助于找到好方向。如有个叫刘群的同学,他就利用六顶思考帽解决了自己一个难题:一位师兄推荐他进学生会。刘群非常感激这位师兄的好意,也知道加入学生会对自己锻炼很大,但他刚刚参加了一个动漫兴趣小组,很想在动漫方面有点发展,他担心两件事相冲突。他用刚学的六顶思考帽进行了分析,加入学生会需要在哪些时间段做哪些事情(白帽);加入学生会有哪些好处(黄帽);有哪些风险(黑帽);针对这些风险有哪些可行性的解决性方案(绿帽);自己到底喜不喜欢进入学生会(红帽)。通过认真分析,刘群发现自己还是愿意接受挑战,而且自己原有的一些顾虑是可以消除的。

有的人经常花很长时间去纠结一个问题,迟迟不能做出决定,常被人讥为“优柔寡断”、“婆婆妈妈”。事实上,除了性格原因,更重要的是他(她)思绪如麻,理不清头绪,或是有很多莫名担心与顾虑。如果使用六顶思考帽进行思考,这些问题都不是“问题”,因为“六帽”可以使问题迅速清晰明了,帮助人们理清思绪,从而快速做出当前最好的决定。

2. 家庭会议的重要法宝

每一个家庭里都会有一些家庭大事,如暑期旅游是旅游还是补课,家务应不应该平均分配,资金是用来投资还是买房等,很多家庭会因之争得不可开交,有的还吵得面红耳赤,结果是事情没办成还伤了感情。如果家庭会议使用六顶思考帽讨论法,让所有成员可以自由表达意见,并且人尽其“思维力”,那么,家就能避免争执与冲突,并真正做到和谐并进,齐心

43

协力。

3.职场讨论的效益大王

因为其汇聚集体智慧、自由表达、全面看问题等显著优势,六项思考帽已在全世界得到广泛应用。如美、日、英、澳等50多个国家政府在学校教育领域内将其设为教学课程。同时也被世界许多著名商业组织采用作为创造组织合力和创造力的通用工具。例如:德国西门子公司有37万人学习德·博诺的思维课程,随之产品开发时间减少了30%。英国Channel 4电视台说,通过接受培训,他们在两天内创造出新点子比过去六个月里想出的还要多。在杜邦公司的创新中心,设立了专门的课题探讨用德·博诺的思维工具改变公司文化,并在公司内广泛运用"六项思考帽"。

六项思考帽,作为团队讨论决策的有力工具,已成为职场必备技。

班级外出活动讨论

假设所在班级在10月中旬要开展外出活动,有两个选择,爬山或海边露营,请组织大家用六项思考帽进行讨论,最后做出符合大家心意的决策。

『分享收获』

1.刚才的讨论中,哪几顶帽子大家把握得比较好?哪几顶出现问题,原因是什么?

2.运用六项思考帽开展班级讨论事件与以往某次事件比较,有哪些不同?原因是什么?

『共勉录』

好的思维工具就是一个加速器。很多看似复杂的事情,通过正确使用先进的思维工具,不仅可以减少对抗,让事情变得简洁高效,还能充分发挥集体智慧。

『堂上演练』 买班服

班服是班级文化的体现,也能营造班级"家"的氛围。所以,某会计6班打算制作一套班服。但到底是做制服还是做个性T恤,班级同学分成了两派,争论不休,有的同学还因此吵了起来。班服的问题也没决议。

请运用六项思考帽进行一个模拟讨论,帮助会计6班解决这一问题。

演练目的:掌握六项思考帽的运用。

『课后拓展』 用六项思考帽分析热点事件

各组在课外时间用六项思考帽讨论某个热门事件,如:闯黄灯该不该罚等。并把讨论过程用下表记录下来。

事件名称:	
帽子序列:	
蓝色思考帽	
红色思考帽	
白色思考帽	
黑色思考帽	
绿色思考帽	
黄色思考帽	

拓展目的:巩固六顶思考帽的使用,体会它在团体讨论中的妙处。

六顶帽子应用案例:能否如期召开 QC 案例大赛

参加会议人员:苏＊＊(主持人)、张＊＊、刘＊＊、张＊＊、时＊＊、王＊＊、李＊＊。

苏＊＊:我安排了这个会议让大家考虑 12 月 20 日能否如期召开集团级第＊＊届 QC 案例大赛,大赛如何成功举办？我将戴上我的蓝色帽子来建议我们如何进行这个会议。首先我将这个课题再定下定义。我们要讨论和将要做决定的课题是否照公司制定的日期正常召开并成功举办。我提议我们先从白色帽子开始。张＊＊,我可否从你那儿得到一些白色帽子的思考？我们能按时、成功召开吗？

张＊＊:今天是 10 月 24 日距离召开日期 12 月 20 日,还有两个月的时间,我们做到充分的准备,能够按时召开。

王＊＊:已经有十一个单位成功举办了这项活动,并且大部分公司比我们公司规模小得多,我们可以借鉴他们的经验,并结合我公司实际现状找到适宜我公司的办法。

李＊＊:我们有可容纳 150 余人的大型会议室,各种功能齐全,完全具备组织集团及会议的硬件条件。

苏＊＊:我提议我们再用黄色帽子思考,举办 QC 能给我们带来哪些收益？

张＊＊:我们可以积累举办集团级案例大赛经验,同时可以培养优秀人才。

刘＊＊:通过举办此次大赛能够充分展示我们华北公司品质管理特色,烘托本公司品质氛围,营造品质意识。

时＊＊:通过大赛能够支撑质量指标的有效达成。

王＊＊:加强集团内各层领导对华北公司的高度认识。

苏＊＊:通过我们运用白色帽子和黄色帽子,我们对于能够按时召开及收益已得出充分的肯定,下面我提议我们试用绿色帽子思考法,考虑如何能够比前期举办的案例大赛更加成功,能否较前期再创新,如何展示华北特色,让领导给予充分肯定？

王＊＊:首先我们应该加强宣传氛围,我们可以利用海报、全员征文形式,带动全员

项目一 思维能力训练

参与。

时＊＊：大赛中增加故障件案例展示，加强参会人员的视觉冲击感。

张＊＊：提前识别重点项目进行攻关，作为参赛案例。同时也可以考虑组织部分专业人员运用三思法，考虑如何做得更好及识别创新点子。

刘＊＊：会议中表演几个关于品质相关的小品或相声。

苏＊＊：刚才我们从各个角度思考了具体可操作方法，下面我们再戴上黑色帽子思考上述情况是否还存在不足及风险点？由我起头，本次大赛投入项目太多，但人力不足。

张＊＊：往期组织的公司级活动，策划不充分，风险识别不全，经常存在有头无尾、领导不重视，造成问题解决缓慢。

张＊＊：主持人口齿不清、口才差、没经验，易造成会场氛围差，达不到预期效果。

刘＊＊：12月20日临近元旦，公司面临盘点、总结、制订计划等项目，与我们会议时间存在冲突，可能人力、时间不足，重视度下降。

苏＊＊：我们与其他公司不同，距离市中心有75千米，而我们大部分兄弟单位都在市内，交通是个问题。

苏＊＊：通过运用黑色帽子我们识别出不少问题，那么让我们再戴上绿色帽子思考如何解决上述风险点？

时＊＊：我们可以成立项目小组，集中办公，实施脱岗作业，这样便可以解决时间不足、问题解决慢及会议冲突。

刘＊＊：关于主持人方面，我们可以聘请主持年终大会的主持人或有集团中级讲师资格人员。

张＊＊：交通问题我们可以安排车辆接送及就餐，可以做两手方案，抽调公司的通勤车或到专业公司租赁。

苏＊＊：我们运用了白色帽子、黄色帽子、黑色帽子和绿色帽子思考法，现在我们再戴上红色帽子谈谈对于此次会议的讨论感觉如何？

张＊＊：这种思考方法很全面，它能从全方位带动你的思考。

刘＊＊：我很赞同这个工作方法。

张＊＊：我喜欢这个工作方法。

时＊＊：我们的大赛一定能够成功。

王＊＊：我们的大赛一定丰富集团各层领导的眼睛。

苏＊＊：我将戴上蓝色帽子了。对于举办集团级大赛，我们列出了很多方法及建议，这些都是我们已经认同的。所以接下来由刘＊＊根据讨论结果，首先制订初步计划方案，我们将在两天后对初稿进行评审决策。

点评：这是一个比较成功的使用六帽讨论问题的案例，主要体现在主持人对整体会议的把控非常得当，尤其是在使用绿帽后，经过黑帽又再次启发大家使用绿帽，使得对这个问题探讨得非常全面和彻底，相信对问题的解决一定会有帮助。

项目二
解决问题能力训练

第 5 讲 描述问题，明确目标

训练课堂 没有问题就是最大的问题。

训练项目 问题描述能力训练。

训练目标 通过训练，了解问题的真正含义，认识解决问题能力的重要性，清楚解决问题的基本环节，理解"问题描述"的要求，掌握问题描述的基本方法和常用工具，提升问题描述能力。

 案例故事

送材料的问题

林小姐毕业于某大学，形象气质很好，很快就找到一份不错的工作。

一天，老板派她到某大学去送材料，要分别送到三个地方，结果她只去了一个地方就回来了。老板问她为什么不能完成任务，她说："大学太大了，我问了好几次门卫，才找到一个地方。"

老板一听十分不悦，"这三个地方都在大学里面，你找了一个下午怎么只找到一个？"

"我真的去了，不信您去问门卫？我对那里不熟悉，要不您派个熟悉路线的人去吧。"她辩解说。

老板更加生气了，"你做每一件事情，难道都要我去核实？你不熟悉路线，别人就熟悉？遇到问题不想办法解决，理由倒不少！"

其他同事好心地帮她出主意：你可以进去问问老师和同学；你可以咨询校内工作人员，或许他们知道；你可以打电话咨询大学的总机，找到那两个部门的电话⋯⋯

谁知这位林小姐嘴角一撇，根本不理会同事的好心，反而气鼓鼓地说："反正我已经尽力了⋯⋯"

试用期还没过,林小姐就被老板辞退了。

『心动问题』

1. 为什么林小姐会被辞退?你从中得到什么启发?

2. 未来职场上,如果你本人遇到这样的问题,你该怎么办?

『感悟真谛』

"问题"总是不断地出现在我们的周围,面对客观存在的"问题",我们只能正视问题,把握规律,想方设法解决问题。推卸责任可能使"问题"更严重。

知识准备

"问题"是人们一生中无法回避,必须面对、必须探究、必须解决的课题。它可能成为人们的朋友,也可能让人吃不下,睡不好。"问题"到底是什么,形形色色的千变万化的问题背后,不变的又是什么?如何与"问题"成为朋友,成为问题解决达人?事实上,有"问题"不可怕,可怕的是逃避问题,不能及时解决问题。只要我们掌握一定的技巧,大部分问题将不再是"问题"。

一、问题、解决问题与解决问题能力

要成为解决问题高手,我们先要弄明白问题、解决问题和解决问题能力三者的含义与关系。

(一)"问题"是什么

关于问题,目前尚无一个确定的定义。美国人凯普纳(Kepner)和特雷高(Tregoe)结合自己的研究在《问题分析与决策:KT式理性思考方法》一书中提出了这样的定义,也是目前较被认可的定义:问题就是目标与现状的差距。即:问题 = 差距 = 目标 - 现状(问题结构见图5-1)。从定义中我们知道,问题包含以下三个基本元素:

(1)目标:我们所希望的状态,事物应有的状态,我们期待的结果。

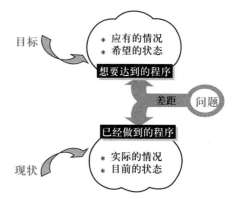

图5-1 "问题"结构示意图

(2)现状:实际的状态、目前的状态。

(3)差距:目标和现状之间的差距。

其中,差距是问题的核心。如有的同学数学成绩从没有及格过,但想期末考到70分;有人想进学生会,但他胆量小,不敢参加学生会面试;有人想成为百万富翁,但目前月薪不到2 000元;那么我们就可以说,他们有了一个问题。

现状是解决问题的基础。如果没有对现状的清醒认识和对现实条件的认真分析,问题解决就如空中楼阁。如数学考试成绩不合格,如果没有认真分析自己错在哪,就不可能真正改正。

　　目标的差异影响问题的存在与否和问题的大小。以"丢东西"为例,在生活中每天都有人"丢东西",但这件事如果没有发生在自己或是身边人身上,一般人都不会觉得有什么问题,因为大多时候人们对陌生人"丢东西"并不在意,也没有太多想法。但如果"丢东西"的是自己或身边人,这时"丢东西"就会成为一个问题。

　　可以说,在学习、生活和工作中,人们遇到的问题千差万别,不尽相同,但每个问题的背后不变的是当事人心中目标与现状的差距。也正是因为目标的不同,同一件事物可能成为问题也可能不是问题。如果心中没有任何目标,没有任何想法和要求,就很难看到问题。所以,从某种程度上说,一个有目标和追求的人会不断遇到新的问题。

　　(二) 解决问题与解决问题能力

　　所谓的解决问题就是要把问题的给定状态转化为目标状态。而解决问题能力,就是一种面对问题的习惯和处理问题的能力。这种能力体现在:一个人在遇到问题时,能主动地谋求解决,能有计划、有方法、有步骤地处理问题,能够准确地把握问题的关键,能根据实际情况提出解决问题的方案并付诸行动,最终能适宜地、合理地、有效地解决问题。

　　概括来说,问题是差距,解决问题就是消除差距,解决问题能力就是消除差距的能力。

　　问题、解决问题、解决问题能力相依相随,相互促进。人们因为目标和追求不断面临新的差距、新的问题,每次差距的消除、问题的解决意味着目标的达成和追求的实现,意味着人生的成功和精彩,而每次精彩的背后收获的不仅是掌声,还有自己内在能力的成长。

　　教育的真正目的就是让人不断提出问题、思考问题。

——哈佛大学

二、"问题"伴我们成长

　　父母面临孩子成长问题,学生面临学业问题,老人面临健康问题,青年人面临创业问题,员工面临工作成效问题,总经理面临公司运营问题……可以说,不论身份,不论地位,不论时间,每个人都会"有问题",旧的问题解决了,新的问题又会产生。一个人只要活着,就会面临各种各样的问题。所以,一个人解决问题的能力至关重要。

　　1. 解决问题能力是个人生存的基础

　　婴儿肚子饿了,用啼哭声提醒妈妈;小孩子外出迷路了,找路上的警察叔叔求助;学生某科成绩不好了,要请教老师同学来帮助提高;信用卡丢了,要赶紧到银行挂失……人生在世,就是不停地面临问题,解决问题:解决温饱问题,解决学业问题,解决人际交往问题,解决就业问题等。问题解决能力是一个人生存的基础。所以,从某种意义上来说,职业素养能力中,最重要的一种能力就是解决问题能力。

　　2. 解决问题能力是职场的核心竞争力

　　天下没有免费的午餐,在现实工作中,企业中每个人的工作都是为了解决问题。如果一个人能协调和处理好一个小组的事务和问题,他会成为组长;如果能协调和处理好一条生产线的事务和问题,他会成为线长;如果能协调和处理好一个工厂的事务和问题,他会成为厂

项目二　解决问题能力训练

长;如果能发现一些别人发现不了的问题,解决别人解决不了的问题,就能从众人中脱颖而出。善于解决问题,是职场人士的核心竞争力所在。

企业非常重视一个人解决实际问题的能力,可以说,"文凭是入门的通行证,解决问题才是生存和晋级的许可证。"在企业,衡量一个人是不是人才,重要的标准就是他解决问题的能力。

3.解决问题能力为良好人际关系护航

人的生存、发展离不开一定人际关系,在家庭中有家庭关系,在学校里有同学关系、师生关系,在企业中有同事关系、客户关系,各种各样的人际关系不仅决定人们的事业发展,还直接影响人们的喜、怒、哀、乐。

沟通是人际交往和互动的纽带,良好人际关系离不开良好的沟通。人们沟通的目的或是应对工作中的困难,或是解决学习中的疑惑,或是联络感情,或是分享收获。沟通总是为了解决某些问题。具有解决问题能力的人能看清问题抓住关键,能有效消除人们的误会,排除沟通中的障碍,使人与人之间的沟通交流更顺畅。

良好的人际关系,离不开相互支持。生活中的朋友之间、职场上的同事之间,美好的情感在享受阳光雨露的同时,也会经受狂风暴雨的洗礼,拥有良好解决问题能力的人,能帮助朋友、同事有效地解决问题,给朋友、同事有力的支持,帮助人们在危机时刻化险为夷,让友谊之舟永远飘荡在心海,使友谊地久天长。

三、"问题"解决,描述先行

一谈到对问题的解决,有人可能就会说:好啊,赶快告诉我解决问题的技巧吧,让我在最短时间内成为一个解决问题的高手,让我方方面面都很出色。急于解决问题是一种很大的诱惑,但是,人们只向着快点解决问题的目标而去,可能会劳而无功。事实上,解决问题虽不像想象的那么难,但也不像想象的那么容易,解决问题一般要经过:描述问题、寻找原因、确定方案、计划实施四个环节(图5-2)。在本讲,先讲问题解决的第一步:描述问题。

图 5 - 2 "问题"解决经过

描述问题就是鉴别与表述期望和现状的差异的过程,是"看到"问题,"想到"问题,"说清问题"的一个过程,是为了解决问题而进行的问题描述。解决问题首先要做的,就是将笼统模糊的问题变成具体、清晰的问题,明确问题的现状和目标,即弄清楚,"现在怎样?","要做到什么?",然后简明扼要地说出来,让自己及同伴明白问题是什么。只有把问题描述清晰了,才知道到底发生了什么问题,只有问题清晰了,解决问题才能有高效率,描述好问题要注意以下三个方面:

(一)"熟悉问题分类"是前提

某一特定问题如同一场"火灾",要经历酝酿、点燃、蔓延的过程。要解决问题,了解问题的类型很重要。根据"问题"发展的不同阶段,人们把问题分成:救火类、改善类、预测类。如果把问题看作海上的冰山,救火类问题是冰山的水面部分,改善类问题、预测类问题是水下部分(图5-3)。

1. 救火类问题

指已经发生了的问题，"看得见的问题"。此类问题通常是突然发生，让人措手不及，人们往往被动地去应付。比如："考试时笔坏了"，"出差忘带身份证"，"起火了"，"发烧了"。针对这类问题人们通常要查找原因，弄清楚"为什么会变成这样"。

2. 改善类问题

也称为"强化"型问题。指现状与目标没出现差距的情况下，人们思考能否提升"目标"，而产生的问题。这类问题主要因人们对现状不满足，主动探索和思考，导致问题浮现出来，比如：思考如何提升自己的人际关系，如何让自己的谈吐更幽默，如何让自己的球技更进一步等。这类问题的目标通常是原来目标的强化和提升。

图 5-3 "问题"分类示意图

3. 预测类问题

又称为假如型问题、设定型问题。这类问题主要考虑未来应该如何，思考现状是否能应付将来的需要，维持现状的话，将来会否出现危机。比如某个同学说："如果我现在努力学习烹饪，以后能成为我梦寐以求的戴高帽子厨师长吗？"，销售经理问："假如有了新产品，销售额会提升吗？"，等等。

（二）"掌握两点"是关键

通过上面的学习可以知道："问题就是目标与现状的差距"，因此"描述问题"首先要理清现状，其次要明确自己的目标，这样才能把握好问题，说清楚问题。

1. 理清现状

在理清现状这一环节，人们最常用的工具就是4W1H。

（1）人物（Who）谁遇到了问题？

（2）时间（When）这个问题在什么时候发生的？——时间线索很重要，不能忽略。

（3）地点（Where）问题发生在什么地方？——问题的发生总有特定的空间，描述问题的时候一定要把问题发生的具体地点讲清楚。

（4）事件（What）到底遇到了什么问题？对事件把握得是否准确，会直接影响问题解决的方向、速度等。

（5）程度（How）问题的严重程度与轻重缓急，决定什么时间解决问题。

结合下面案例来谈谈如何使用4W1H这一工具。

小吃部的问题

某单位旁边有一个早餐小吃部，其位置是大多数年轻员工早上上班需要经过的地方，具有明显的地理优势，卫生条件不错，老板也很注意服务态度。小吃部刚装修过，老板是湖南人，最拿手的是湖南小菜。旁边单位年轻员工大多数住在单身宿舍，早饭都是在外面买来吃。但是这个小吃部开业以来生意一直冷冷清清，只能惨淡经营，原来聘请的钟点工也都被辞退，面临倒闭的困境。相反离这个小吃部不远的另外一家早餐店，生意却很红火，在早上时间比较紧张的状况下，客人宁愿绕远路也要到那里去吃饭。

从上述案例中我们可以提炼出

人物(Who):谁遇到了问题？——小吃部老板。

时间(When):什么时候遇到了问题？——在开业以后就遇到了。

地点(Where):在什么地方遇到了问题？——地理位置相对优越的小吃部。

事件(What):遇到了什么问题？——生意清淡,没有人来吃饭。

程度(How):这个问题严重吗？很急吗？这个问题对小吃部老板来说很重要,他面临着将要倒闭的困境。

综合上述分析,可以用下面的格式来描述:

问题描述	描述内容
现状	地理位置相对优越的小吃部生意很清淡,老板面临即将倒闭的局面
目标	生意红火,实现盈利

2. 找对目标

目标就是问题解决后你希望达到的最终状态。找对目标,有两点要求,一要"准",二要"合适"。

(1) 准。所谓准,就是要瞄准"靶子"。瞄不准靶子,就会无的放矢。靶子找准了,靶心突出了,解决问题就有了基本的保证。

20世纪50年代,为了制造更好的晶体管,全世界都在研究制造晶体管的原料——锗,大家认为最大的问题是如何将锗提炼得更纯。日本的江崎博士和助手黑田百合子也在对此进行探索,但无论采用什么方法,锗里还是会混进一些杂质,而且每次测量都显示了不同的数据。后来他们反思:研究这一问题的目的,无非是要让锗能制造出更好的晶体管。于是,他们去掉原来的前提,而另辟新途,即有意地一点一点添加杂质,看它究竟能制造出怎样的锗晶体来。结果在将锗的纯度降到原来的一半时,一种最理想的晶体产生了。此项发明一举轰动世界,江崎博士因此获得诺贝尔奖。

因为原来将目标错误界定为"将锗提纯",所以不断地在做去除锗里杂质的工作,结果总是不尽如人意。当重新界定"制造出更好的晶体管"这一目标后,着力点就不在去除杂质,而放在了"试验锗含有多少杂质能制造出最理想的晶体"上面。目标找准后,江崎博士和黑田百合子获得了成功。

(2) 合适。生活和工作中还有不少这样的情况:目标不是唯一的,可能面临多个选择。这时选择合适的目标变得很重要。如下例。

小王的问题

家境贫寒的小王大学毕业了。他很希望能到北京工作,因是紧缺专业,在招聘会上他被北京的一家企业看中,来到北京工作。但令人遗憾的是工作单位不能为其提供集体宿舍,这样,小王的住宿就成了问题。在刚到北京的这几天,小王住在一家费用比较低的招待所里,但每天 40 元钱的住宿费长此下去也承担不了,算算自己来京时父母给的 1 000 元一天天在减少,小王感到很焦急,怎么办?

以下是小王的 4 个朋友对"小王的问题"的描述:

(1)小王大学毕业后到北京上班,家里给的钱不够,他面临经济问题。

(2)小王大学毕业后到北京上班,找的单位不好,不提供宿舍。

(3)小王大学毕业后到北京上班,住招待所,每天要花 40 元,他有点承受不了。

(4)小王大学毕业后到北京上班,因为单位不提供宿舍,他要解决住宿问题。

以上 4 种"问题描述"哪个比较恰当?其实只要一比较,答案就一目了然:第四种描述更贴切地反映了小王的问题。为什么呢?原因就在他们的目标上。

四个描述都提到了"小王大学毕业后到北京上班",都描述了人物(小王)、时间(大学毕业后)、地点(北京),但四者的重点又有所不同。

第一种描述的重点是:"家里给的钱不够,他面临经济问题。"这种描述的目标状态是家里给足够的钱。而小王家里比较困难,外出找工作的他刚从家里拿完钱,马上又要向家里要钱,他很难开口。

第二种描述的重点是:"找的单位不好,不提供宿舍。"这种描述的目标状态是有一家好的提供宿舍的单位。这对于刚毕业好不容易找到工作的小王而言也不太现实。

第三种描述的重点是:"住招待所,每天要花 40 元,他有点承受不了。"这种描述的目标状态是小王这几天不要住招待所,比较接近小王的目标。

第四个描述"他面临住宿的问题。"清晰准确地表明小王的目标是要找到合适的住的地方。

综合上述分析,可以用下面的格式来描述:

问题描述	描述内容
现状	小王大学毕业后到北京上班,单位不能提供宿舍,他面临住宿问题
目标	找到合适的住的地方

(三)"必备的素养"是保证

要准确地描述在生活和工作中遇到的各种问题,确保自己和别人能明确"真正的问题之所在",并不是一件轻而易举的事情,因为描述问题不仅是简单的"说出"问题,更是包含"看到"问题,"想到"问题,"说清"问题的一个系统。描述问题是问题解决的开端,也是问题解决的动力。只有说出问题,才能激励和推动人们投入问题解决的思维活动之中。一个好的问题描述者应具备以下素养:

(1)认真负责的态度。人的活动积极性越高,社会责任感越强,态度越认真负责,越容易发现问题。例如,一个工作认真负责的教师,很容易发现学生中出现的学习、心理等问题。而一个没有认真负责态度的人,对周围的一切问题将会熟视无睹。

(2)丰富的知识和经验。一般来说,知识渊博、经验丰富的人,能够提出深刻而有价值的问题;而知识贫乏的人,不容易提出问题,也不容易抓住要害提出深刻的、有价值的问题。

(3)广泛兴趣爱好和强烈求知欲望。兴趣广泛、求知欲望强烈的人,一般不满足于对事物公认的、表面的解释,而是力求探究事物的内部原因,能够究人所未见,想人所未想,发现事物的本质和规律。

（4）活跃的思维。勤于思考、善于钻研的人,才能从细微平凡的事件中发现关键性问题。思想懒惰、因循守旧者难以发现问题。例如,牛顿发现地心引力,瓦特发明蒸汽机,巴甫洛夫发现狗的"生理性唾液分泌"等都是勤于观察、思考的结果。

（5）敏锐的"观察力"。观察力的敏锐程度决定了从一个对象身上得到的信息的多寡。也就是说,只有敏锐的观察力才能有效地、尽可能多地把握住问题的现象和问题现状。

（6）沉着冷静的心理素质。当一个问题发生之后,人首先要做的事情就是"沉着冷静,不要慌乱",慌乱是采取正确行动的大敌。沉着冷静会给自己赢得思考的时间,留有想象的余地,进而能使麻烦的危害性降低,甚至变害为利。否则,遇到麻烦就慌慌张张,会把原本简单的事情搞复杂。

体验探究

阅读以下案例,探讨以下问题:

火警 119

放假了,新星学校（新华路 3 号）的张明正和三位从美国远道而来的朋友 Smith, Marry, Jack（他们是第一次来中国）在 A 栋 504 宿舍（5 楼）聊天。此时意外发生了,不知什么原因宿舍的电线和床烧了起来。小张和朋友们被困在了宿舍的阳台上,他们用手机报警求救。

Marry（拨 911）：Help! Help! Help!

Jack（拨 911）：Fire! Fire! We need help!

小张（拨 119）：A 栋 504 宿舍着火了! 有四个人被困,快来救我们!

『分享收获』
1. 请根据关于问题描述的知识,评点 Marry、Jack、小张三人的报警电话。
2. 请准确描述小张三人所面临的问题。

『共勉录』
不要被各种"问题描述"迷惑,抓住"问题描述"两个关键,用 4W1H 清晰地把握现状,找准属于自己的目标,精准有效地描述自己的问题。

能力训练

『堂上演练』 该扔谁?
英国某报纸巨赏悬奖,举办一项全国智力竞猜,题目是,热气球突然发生故障,气球上有三个人,必须扔下去一个才能保证飞行正常。这三个人分别是核物理学家、生物学家、发明家,都是所在领域的杰出人物,到底该把谁扔下去?

请运用下表将问题描述清楚,并与小组同学分享。

问题描述	描述内容
现状	
目标	

演练目的:把握描述问题的两个关键。

『课后拓展』

找一个同学进行练习,相互盘点自己面临的三大问题,尝试使用4W1H工具进行描述,并互相点评,完成后选取其中之一记录下来,班会课上分享。

拓展目的:巩固4W1H工具的使用,培养描述问题的意识。

一、从"问题猎物"到"问题猎手"

人与问题的关系是猎手与猎物的关系。要么,人是猎手,问题是猎物。要么,人是猎物,问题是猎手。不是你消灭它,就是它消灭你。我们要尽可能将问题消灭在萌芽状态。

一个优秀的人,总能在第一时间察觉问题,并妥善处理。

我们不该放过任何的苗头,应该加以重视,直到把问题产生的根源找到,并将问题解决。

发现问题,比有没有能力解决问题更重要。

那么,我们该如何当一个好的"问题猎手"呢?下面这个故事能给我们一些启发

案例　剑道的启示

日本剑道大师家原卜传有三个儿子,都向他学习剑道。一天,卜传想测试一下三个儿子对剑道掌握的程度,就在自己房门帘上放置了一个小枕头,只要有人进门时碰动门帘,枕头就会正好落在那人头上。

他先叫大儿子进来。大儿子走进房门的时候,就已经发现枕头,于是将之取下,进门之后又放回原处。二儿子接着进来,他碰到了门帘,当他看到枕头落下时,便用手抓住,然后又轻轻放回原处。最后,三儿子急匆匆跑进来了。当他发现枕头向他直奔而来时,情急之下,竟然挥剑砍去,在枕头将要落地之时,将其斩为两截。

卜传对大儿子说道:"你已经完全掌握了剑道。"并给了他一把剑;然后他对二儿子说道:"你还要苦练才行。"最后,他把三儿子狠狠责骂了一通,认为他这样做是他们家族的耻辱。

卜传为什么给三个孩子不同的评价呢?其中的一点,就是对问题的察觉。大儿子能够以最敏锐的思维,觉察到问题,并且将问题消灭在萌芽状态;二儿子发现问题晚,但当问题发

生时,处理得当;三儿子根本没有发现问题,当问题出现时,便采取极端的应急方式进行处理,结果把不应该砍掉的枕头砍掉——自己创造了新的问题。所以,一个优秀的人,总能在第一时间察觉问题,并进行妥善处理。

（一）先找问题,再看能力

先找问题,再看有没有能力解决,这种方法经常用于创造发明,它体现的是这样一个道理:问题的发现,比问题的解决还重要。

关于这一点,爱因斯坦有一个十分重要的观点:

"提出一个问题往往比解决一个问题重要,因为解决一个问题也许只是数学上的或实验上的技能而已。而提出一个新的问题、新的可能性,从新的角度去看旧的问题,却需要有创造性的想象力,而且标志着科学的真正进步。"

贝尔原是语音学教授,他偶然发现,当电流接通或截断时,螺旋线圈会发出噪声。于是他想,是否可以用电来传送语音甚至发明电话?

这一设想一提出,立即遭到许多人的讥笑:"电线能够传递声音? 真是天大的笑话! 你不懂电学,才会有这种不切实际的想法。"贝尔的确一点也不懂电学,但他并没有放弃,于是千里迢迢前往华盛顿,向著名的物理学家、电学专家亨利请教。亨利对他的想法给予了充分肯定。当贝尔说自己最大的困难是不懂电学时,亨利斩钉截铁地说:"掌握它。"

亨利的话对贝尔产生了很大的影响,他辞去了教授职务,专心从事电话研制。他用几个月的时间就掌握了电学知识。2年后,世界上第一部电话,由贝尔试验成功。

为何电话不是由那些懂得电学知识的专家、而是由一个语音学家发明的? 只因为他对问题的察觉,使他比别人更快地找到了"市场的标靶"和可以奋斗的目标。而相关知识,即使一时不具备,也可以去学。

一个人具有某方面的能力是很重要的。但真正要想获得成功,必须具备捕捉问题的能力。我们可以举出一大堆事例:

◇ 参与创立现代物理学的德布罗意,在大学学的是文科。

◇ 揭开星系横移的美国物理学家哈勃,原先是一位律师。

◇ 发明"脉译"、开创量子电力学的汤斯原来专攻语言学。

◇ 度盘式自动电话号码的发明者是一位承包工。

◇ 安全剃须刀的发明人吉列是一位推销员 ……

因此,请记住创造发明的问题导向原则——寻求问题比现在有没有解决问题的才能更重要。有关学识可以在实践中提高完善,发现问题才是智慧的起点。在这里,不仅要有对问题价值的判断,还要有面对这种价值,个人责无旁贷的责任感——只要发现了问题,这就是我的问题! 不管前面是否有权威人物,是否有比自己更有学识和能力的人,这就是解决这一问题的最佳人选!

发现感、机会感与使命感紧紧相连,使他们从一开始就具有了优势。即使在开始时没有知识等方面的优势,但最后最能出成果的,必然是他们!

（二）从五方面去"要问题"

第一,向"关键点"要问题。关键点往往决定全局。因此,请重视:哪些点、哪些环节、哪些岗位、哪些人、哪些时间是关键的?"关键点"抓准了就会"纲举目张"。

第二，向"薄弱点"要问题。一个链条有 10 个链环,其中 9 个链环都能承受 100 千克拉力,唯独有一个链环的承受拉力只有 10 千克。那么这个链条总体能承受的拉力取决于最薄弱的那个环节,只能是 10 千克。"木桶原理"也指出:木桶能盛多少水,不是取决于最长的那些板,而是取决于最短的那块板。

第三，向"盲点"要问题。盲点就是你疏忽而看不到的地方。向盲点要问题,就是要到我们容易忽视的点、岗位、部门、工序、人员、时间等上面,去发现问题,或去防止问题的发生。

第四，向"奇异点"要问题。奇异点,是异乎寻常的点。异常现象可以提供新的机遇,或者引发创新,带来变革,也可以引发破坏,从而带来不可弥补的损失。

第五，向"结合点"要问题。上下级之间、家庭与工作单位之间、前后工序之间、甲乙方之间、单位与外部环境间、计划的两个环节之间等,都属于两个事物的连接部位,即结合点。结合点是最容易出现问题的。为什么?因为结合点部位是信息的集散地,是矛盾的集中地,是人们注意力的关注点。

找准了这五点,不仅容易避免出现引发损失的问题,还能把损失减小到最低程度。而且由于善于探寻问题,很可能还有新的创造与发现。

二、八种解决问题的能力

职业人的主要职责就是解决各种各样的职业问题。

第一种能力是目标关注能力。一个能够解决问题的职业人首先是能够迅速确定解决问题的目标并能够集中精力关注目标的人。有的人一天做很多事情,整天忙得焦头烂额,但效果却极差。为什么?是因为目标分散。有的人则只关注工作本身,常常为了做某件事而做某件事,甚至仅仅是为了完成领导交给的任务,忘记了这个任务的真正目的。因此,在做任何事情的时候要首先想到做这件事的目标究竟是什么,想不明白就不要做。

第二种能力是计划管理能力。职业人的工作效率首先来自出色的计划管理能力。计划就像梯子上的横档,既是你的立足之地,也是你前进的目标。计划阶段就是起步阶段,是成功的真正关键阶段。巴顿将军说过:"要花大量的时间为进攻做准备。一个步兵营进行一次配合很好的进攻,至少需要花两个小时的准备时间,匆忙上阵只会造成无谓的伤亡。在战争中,没有什么不是通过计算实现的,任何缺乏细致、合理计划的行动都不会取得好的结果。"

第三种能力是观察预见能力。良好的观察预见能力让我们能够在竞争日益激烈的社会大环境下,寻找到很好的生存发展机遇,同样也可以预防一些即将或者未来可能发生的对于我们事业有所阻碍的事情。可以说,成功源于拥有一双会观察、会发现的眼睛。

第四种能力是系统思考能力。面对任何问题都要善于从整体上进行考虑,而不仅仅就事论事。只有这样,职业人才能形成大局观。

第五种能力是深度沟通能力。美国著名企业家卡内基先生曾指出,一个人事业的成功因素,只有 15% 是由他的专业技术决定的,另外的 85% 则要靠人际关系。在这个人际关系复杂的社会,要想使自己成功就应该强化自身的沟通能力。企业管理过程的大量问题也是沟通问题,甚至有的企业家称:"企业中 99% 的问题都是沟通造成的。"可谓"管理即沟通"。

具备强大的沟通能力是解决问题的前提。

第六种能力是适应矛盾的能力。企业经营管理过程中有大量相互矛盾的事情,很难找到十分绝对的问题,更是很少存在唯一的最佳答案。如果总是用"非此即彼"的思维方式,问题往往难以解决,甚至可能把问题引向死胡同。因此,职业人要善于适应矛盾,避免绝对化地看问题,拥有开阔的思维,不固守成功经验,既能这样又能那样,追求解决问题方案的开放性,不钻牛角尖。

第七种能力是全神贯注与遗忘的能力。曾国藩曾经说:"未来不迎,既过不恋,当时不杂",这句话的意思就是,那些将来可能发生的事情,还没有到眼前,不要着急处理。那些已经过去的事情,不要过于留恋。现在做的事情要清晰、有条理。这可以说是曾国藩一生的职业总结。职业人要善于选择最重要的事情投入全部精力解决,有些事情则需要快速遗忘。

第八种能力是执行到位能力。就个人而言,执行到位能力就是将事情做到位的能力,这是一切职业人的基本能力。如果不能说到做到,做到不能做到位,职业人也就缺少了立身之本,一切设想就会沦为梦想,一切问题仍然会是问题,甚至成为更加严重的问题。

具备这八种能力,是成功解决问题的前提和基础。我们在平时的工作过程中,应该努力去培养这些能力。当问题来临的时候,我们会泰然处之,灵活地去处理它们。处理问题、求得生存与发展是我们职业人的根本目的。培养能力也是为了解决问题,我们的一切行为都要指向解决问题。

第 6 讲　分 析 原 因 ， 抓 住 关 键

训练课堂　没有问题就是最大的问题。

训练项目　原因分析能力训练。

训练目标　通过训练,意识到原因分析能力的重要性,理解原因分析的要求,掌握原因分析的基本流程,能正确使用逻辑树、5Why法、比较法,提升原因分析能力。

案例故事

袋鼠和笼子

澳洲政府捐赠了两只袋鼠给新西兰的一个动物园。为了好好哺育繁衍更多的袋鼠,园方咨询了动物专家,然后耗资兴建了一个既舒适又宽敞的围场,同时也筑了一个2米高的篱笆,以免袋鼠跳走。奇怪的是第二天早上,动物管理员发现袋鼠们居然在围场外吃青草。

管理员经过仔细研究以后,认为可能是篱笆高度的原因。因为袋鼠的身高是1.5米,而

篱笆只有 2 米高,袋鼠用力一跳就可以跳出篱笆。于是他们决定把篱笆从 2 米加高到 2.5 米。但是,围起来的第二天,袋鼠又都跑出去了。

接着,管理人员打电话询问澳洲的动物学家:袋鼠最高到底能跳多高? 澳洲的动物学家告诉动物园管理员:袋鼠最高只能跳到 2.5 米。所以篱笆应该没有问题,可能是篱笆本身的结构存在问题。管理人员马上将篱笆拍照,迅速传真到澳洲。澳洲的动物学家发现,果然是篱笆本身的结构不对。因为动物园管理人员没有注意到袋鼠的两只前爪很有力,篱笆不是铁栏杆的,而是网做成的,袋鼠就是通过网格爬出去了。

因此,管理员决定在加高篱笆的同时向内弯折。因为一旦折进去,袋鼠爬到最上面时自然就会掉下来。当管理人员完成篱笆改造后,第二天,发现所有的袋鼠又都跑出去了。

管理人员更加奇怪了,百思不得其解,只好将所有的篱笆再加高,并且再加第二道、第三道篱笆。但是,一个月之后,管理人员还是发现袋鼠又全跑到长颈鹿那边去了。

为此,管理员们大为紧张,决定将笼子的高度再加高。

一天,长颈鹿和几只袋鼠闲聊,"你们想,这些人会不会再继续加高你们的笼子?"长颈鹿问。

"很难说。"袋鼠说,"如果他们再继续忘记关门的话!"

『心动问题』

1. 动物园的管理员一而再、再而三地加高篱笆的问题解决了吗? 为什么?

2. 你的生活和学习中,遇到过类似的情况吗? 最后你是如何解决的?

『感悟真谛』

如果没有找到问题发生的真正原因,就盲目采取行动,就会像故事中的管理员那样朝着错误的方向越走越远。大多数时候问题解决并不像我们想象中的那么复杂和困难,只是我们还没有找到、找准问题的关键。

知识准备

在第 1 讲中我们知道,"问题"即是"目标与现状的差距",本讲要学习如何寻找和分析差距产生的原因。是否明白差距产生的原因,以及原因掌握的充分程度,决定着"问题"解决的质量与效果。只有找到真正的原因,才能对"症"(问题)下药——形成解决问题的对策。如果找不到,或者仅找到表面的原因,那么,就会缺乏科学的依据,就不能形成有效解决问题的计划或者是行动的步骤。没有"行动步骤"或者是"解决问题的具体措施",问题要么还是问题,要么带来更多问题。所以,学会分析原因,懂得抓住关键,是提升解决问题能力并真正解决问题的必修课。

一、撬动问题的支点——原因分析

古希腊哲学家、数学家、物理学家"力学之父"阿基米德有一句名言:"给我一个支点,我将撬动整个地球。"生活中、职场里,原因分析就是人们撬动问题的支点。

（一）原因分析的作用

为什么说原因分析能成为撬动问题的支点？因为原因分析有以下三个作用。

1. 有助于提升观察力

原因分析中的"分"就是"分别观察"的意思，即有序地从各个角度，分别观察一个研究对象的各个部分、各个方面。

原因分析中的"分别观察"，是有目的地看，而非茫然地看；是有计划地看，而非随意地看；是非常专注地看，而非心不在焉地看；是满怀期待、不断思考、充满智慧地看，而非盲目地看。这样的"看"，让人们拥有闪亮的双眼，不会被纷繁的表面现象及假象迷惑（图6-1），将人们的视力升级为观察力和洞察力，让人们在解决问题时更快更准。

图6-1 你能看到几匹马？

2. 有助于赋予巧力

俗话说"打蛇打七寸"，原因分析中的"析"就是"析出"的意思，也就是找到真正的原因、关键要素、规律，找到问题的"死穴"。掌握原因分析方法的人们，在解决问题的时候才能像传说中的武林高手一样，用两个指头轻松实现"一招制敌"。扎实的原因分析功力，是人们解决问题时的坚实支点。有了它，人们在杠杆另一端的力量才会产生神奇的效果，使人们解决问题时更省力、更高效。

3. 有助于成就魅力

拥有良好分析能力的人，是洞察力比较强的人，是一个面对问题能给出深刻见解的人。这样的人，不仅能够快捷高效地解决自己的问题，还能给朋友和身边的人提供有分量的建议，知道在何时何地巧妙地"用力、给力"，有效帮助他人解决问题。因此，拥有较强分析能力的人，面对问题时能表现出从容自信，展示沉着淡定的魅力。

> 执著追求和不断的分析是走向成功的双翼。不执著，便容易半途而废；不分析，便容易一条道走到黑。
>
> ——职场

（二）原因分析的三个误区

为什么在解决问题的时候，常常陷入不知所措的"抓狂"状态，或是像"消防员"一样，疲于应付不断重复出现的问题呢？究其原因，在于人们进行原因分析的过程，很容易陷入"三个误区"。它们分别是:用"试错"替代原因分析;用"止痛片"替代根源追究;过分的"专家依赖",变成了权威控。

1. 用"试错"替代原因分析

美国心理学家爱德华·李·桑代克1898年做了著名的迷笼实验(图6-2)。他把饥饿的猫放在一个封闭的笼子里。笼子外摆着一盘可望但不可及的食物。如果笼子里面的一个杠杆被碰到的话,那么笼子的门就能开启。起初猫在笼子里乱窜并用爪子在笼子里乱抓。显然,猫偶尔会碰到那个杠杆,门也就开了。在随后的试验序列中,当猫被重新放回笼子的时候,渐渐地,猫好像领会了门是通过那个杠杆来开启的。最终,当它再被放回笼子里的时候,它就会直接去碰那根杠杆并逃离笼子。人们将实验中猫找到出路的方法称为"试错"。

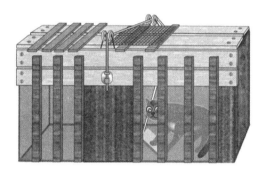

图6-2 迷笼实验

有时,人们在解决问题的过程中对原因分析不够重视,没有做有效的原因分析,或是仅仅从经验和感觉中找原因。这时的问题解决者就如同"迷笼中的猫",对门和杠杆视而不见,只是一味地通过四处"抓挠"来找寻出路,而非系统地有步骤地尝试。

在问题解决和原因分析的过程中,适当的"试错"是必要的,它是人们确定分析是否正确及验证方法是否有效的最直接的手段,但不要用反复的试错代替真正的分析!

比如,本讲开头案例"袋鼠和笼子"中的管理员,没有进行有效的原因分析,只是不断的"试错",改变篱笆高度,改变篱笆结构,再加第二道……,如果管理员不改进分析的方法,这种"试错"可能会一直持续下去。

2. 用"止痛片"替代根源追究

比如,很多人在生病时,面对不适的症状,急于减轻痛苦成了治疗的首要目的之一,在服下止痛片、痛苦缓解之后,有的人认为问题就解决了。这种错误也就是人们常说的"头痛医头,脚痛医脚"。

在分析问题时,人们也常出现相类似的情况。导致问题发生的原因往往有直接原因、间接原因、根本原因,但人们常常只看到问题的表象和直接原因,满足于表面问题的解决,这样的结果是问题总在解决不久再次出现,甚至越来越严重。如下例。

杰弗逊纪念堂

坐落于美国华盛顿的杰弗逊纪念堂,为纪念美国第三任总统托马斯·杰弗逊而建,1938年在罗斯福主持下开工,至1943年落成。落成不久管理人员发现,纪念堂白色的墙壁被大量的鸟粪弄得很脏而且很难清除,于是不得不使用清洁剂对建筑物进行冲洗。大厦墙壁每年清洁的次数大大多于其他建筑,几年后杰弗逊纪念馆大厦出现了新的问题,墙壁出现严重的腐蚀,大厦变得斑驳陈旧。

现实中,如果解决问题时,没有努力找到问题发生的真正原因就贸然采取行动,很可能就像人们所说的"挠痒痒,没有挠到最痒的地方",其结果是使问题变得更复杂。在这则简短的材料里,鸟粪是墙壁变脏的直接原因,管理人员没有分析鸟粪大量出现的真正原因,只是简单地针对墙壁变脏的直接原因——鸟粪采取措施,结果导致了新问题的出现——墙面被腐蚀。

我没有什么特殊的才能,不过是喜欢寻根刨底地追究问题罢了。

——爱因斯坦

3. 权威控,犯"专家依赖"的毛病

古语云,"前车之覆,后车之鉴"。在解决问题时,向有经验的人或向专家请教是分析问题的有效途径,这种方法也被人称为"外脑法"、"专家法"。大多数情况下,专家法能有效减少人们解决问题时"试错"的次数,提高分析问题的效率。但在分析问题时,如果"事必专家,言必专家,无专不行",形成了"专家依赖",就要警惕了。那是因为:

(1)专家不能替代自己。每个将军和主帅都会有自己的"军师"和"高参",每个公司可能都会有这样那样的顾问,但专家不能替代自己的分析判断和决策。正如每个孩子可以在父母的指点和帮助下去克服困难,但总是依赖父母的孩子,能力就很难提升。

(2)请专家的成本较高。"军师"和"高参"是要付工资的,顾问和咨询师的咨询费用是计时收费的,随问题复杂程度及紧急程度的改变,专家级别和背景的不同,请专家的成本会有较大差别。在实际企业商务活动中,因为专家的稀缺性,请专家的成本相对较高。

(3)专家也有局限性。专家只是在选定的领域里,在代表性的任务上有不俗的表现或突出贡献,并非万能或是"十万个为什么"的答案包。

有了问题才会思考,有了思考,才有解决问题的方法,才有找到独立思路的可能。

——陶行知

二、问题分析"高手"并非高不可攀

知道了原因分析的三大误区,那么怎样才能突破误区,实现分析原因的目标——把握根本,抓住关键呢?它的基本流程是怎样的?有哪些方法和工具可以帮助我们呢?

(一)基本流程——了如指掌

原因分析有三个基本环节,如图6-3所示:

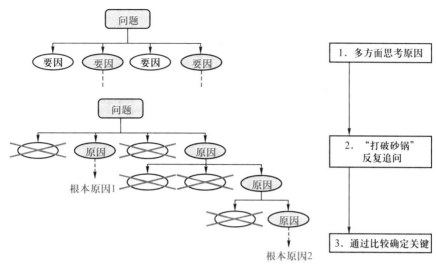

图 6 – 3　原因分析的三个基本环节

1. 抛弃先入为主的思考习惯,多方面查找原因

这一阶段的主要任务,是尽可能看清原因的结构性。以"袋鼠和笼子"为例,管理员找不到袋鼠出笼的真正原因,就是因为他带着固有的、不能放弃的、主观"认定"的原因,这种"一叶障目不见泰山"的习惯,导致管理员走了不少弯路。如果他一开始能对原因进行结构性分析,将袋鼠出笼的原因列出(图 6 – 4),那么,管理员可能就不会那么执著于"笼子"的问题。

原因分析,就好比外出旅游时要携带的"地图",汽车行驶中的"导航仪",它可帮助人们确定要分析的框架。有了分析的框架,接着就是验证:到底哪些才是真正的原因。

原因分析的常用工具有逻辑树、鱼骨图、系统图等,袋鼠出笼选用的是逻辑树(图 6 – 4)。

2. "打破砂锅",反复追问

这一阶段的主要工具就是 5Why 法,即反复追问"为什么",直到找到致使问题发生的根本原因,而不是停留在表面。在追问过程中,可用逻辑树一一推理原因。

首先,要充分利用事实来排除无关项,对不符合逻辑关系及事实确认因果关系的"原因",要及时停止追问"为什么"。在"袋鼠和笼子"案例中,袋鼠不会有特异功能,经历篱笆的高度、强度、结构几次改变后也可以确定笼子没有问题。对袋鼠出笼的逻辑树修剪结果,如图 6 – 5 所示。

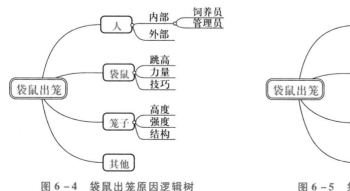

图 6 – 4　袋鼠出笼原因逻辑树　　　　图 6 – 5　袋鼠出笼逻辑树修剪

— 63 —

接下来,在确认问题的原因后,要不断追问"为什么"? 以杰弗逊纪念堂为例,不断追问"为什么"后,会有如下发现(图6-6):

图6-6　杰弗逊纪念堂逻辑树

通过这样的分析,很容易得出问题的解决方案:天未黑前拉上窗帘。从此,杰弗逊纪念堂的外墙,再也没有大量的鸟粪,完好至今。

3. 通过比较,确定关键原因

在不断追问过程中,可能会出多个真因,由于人们的时间和精力有限,如果每一个原因都要分析到底,或者每个根本原因都去应对,有时会出现无法应对,或是成本过高的局面。

比较法,是一种帮助人们高效排除非要素,快速找到关键原因的方法。在分析的过程中,人们要不断地比较不同原因的作用和影响的大小,对于作用和影响不大的暂不应对,以便集中精力和资源,最有效地解决问题。

> 常常问题是提出了,但还不能解决,就是因为还没有暴露事物的内部联系。
>
> ——毛泽东

(二)逻辑树升级——熟练运用

学习原因分析基本流程时,大家看到了逻辑树如何清楚地显示"袋鼠出笼"的原因,那么什么是逻辑树? 在使用过程中要遵循什么原则呢?

1. 什么是逻辑树

逻辑树也被称为问题树、演绎树或分解树,是目前全球最大的咨询公司麦肯锡公司分析问题最常使用的工具。逻辑树将问题的相关因素分层罗列,从最高层开始,并逐步向下扩展,帮助解决问题者看清问题的结构。逻辑树能帮助人们理清自己的思路,不进行重复和无关的思考。逻辑树的本质就是分类。

2. 什么是好的逻辑树

图6-7所示的四种分析哪种较好?

第一种:是对工作日的分析,只想到星期一、星期二,缺了星期三、四、五。

第二种:是对实数集的分析,认为实数集包括:正数、负数、偶数、正偶数,其中正数实际上已包含了正偶数。

第三种:是对汽车的分析,认为汽车由四驱车、中型车、一般居民用轿车组成。

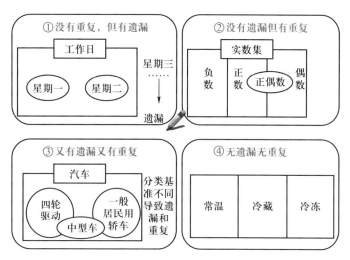

图 6-7　熟练运用逻辑树练习图

第四种：是对低温保鲜方法的分析，分为常温保存、冷藏保存、冷冻保存。

通过这四种分析方式的对比，发现好的逻辑树具有不重复、无遗漏的特点。只有不重复、无遗漏的逻辑树，才能全面周密、条理清晰、一目了然。

3. 常用的逻辑树

在长期的解决问题过程中，人们形成了许多的问题分析的框架（图 6-8）。这些分析的框架就是逻辑树，我们要学习使用这些逻辑图，善于借鉴这些逻辑图，以此提升原因分析的速度和效率。

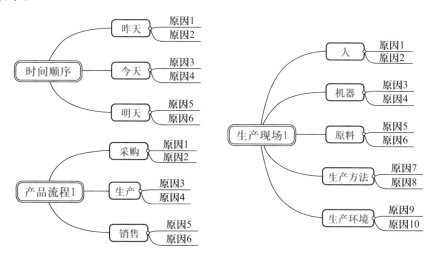

图 6-8　常用逻辑树示意

（三）5Why 法升级——分享秘诀

1. 什么是 5Why 法

5Why 法又称"5 问法"，也就是对一个问题点连续以 5 个"为什么"来自问，以追究其真正原因。虽为 5 个为什么，但使用时不限定只做 5 次"为什么"的探讨，主要是以必须找到真正原因为目的,有时可能只要 3 次,有时也许要 10 次。

2. 5Why 法的由来

5Why 法,最初是由丰田佐吉提出的;丰田生产系统的设计师大野耐一,曾经将五问法描述为"丰田科学方法的基础……重复五次,问题的本质及其解决办法随即显而易见"。后来,丰田汽车公司在发展完善其制造方法学的过程中,也采用了这一方法。作为丰田生产系统的入门课程的组成部分,这种方法成为问题求解培训的一项关键性重点内容。当有人问丰田公司的总裁,丰田成功的秘诀时,总裁就说了这么一句话:碰到问题至少问五个为什么。此后,5Why 法在日本流行开来,随着丰田公司的成功,5Why 法也流行到世界各地。

3. 5Why 法注意事项

5Why 法应用时,要注意以下几点:

(1) 5Why 法分析时要验证。5Why 法分析时,不能仅凭想象来考虑现象所产生的主要原因,而是要有规则、有顺序、毫无遗漏地来分析,用原理和原则及现场的核实来同时验证和查明。

(2) 最后的"Why"是现象产生的根本原因,控制它就能切实、有效地阻止问题发生。找原因要找可控的原因,基于组织内部的原因,而不应去找不可控的(比如顾客的、别人的原因)。必须是朝解决问题的方向进行分析,如果脱离了这个方向,5why 法就可能会走上死胡同。如下例:

一个人摔了跤,分析原因:

a. 为什么滑倒了? 　　　　　　　　因为没看到地上有水。

b. 为什么没看到地上有水? 　　　　仰头走路,没有防范意识。

c. 为什么仰头走路,没有防范意识? ……

(3) 若问题有一个以上的原因,则应分别找出每个原因的根源,如上文杰弗逊纪念堂的例子。

(四) 比较法——高效实用

比较法是一种帮助我们高效排除正常要素、快速找到关键原因的方法。下面来学习运用比较法要注意哪些细节。

1. 明确比较的标准

大多数比较都是为了做出判断和选择,原因分析的目的就是为了找到关键原因,因此第一步要确定的,就是比较的标准,没有按统一标准做比较,其结果是没有说服力的。在原因分析时,比较的标准是原因对问题的影响程度。

2. 灵活运用比较

在原因分析的基本流程中,比较法出现在第三步,在逻辑树和 5Why 完成了之后。在实际应用中,比较法这个工具比较灵活,可能会出现在问题原因分析的每一个环节。请看下面的例子。

小王生病的原因

小明和同学小王搭档参加学校乒乓球双打,表现出色。赛后他俩决定去一家小餐馆吃午餐。他们吃得很愉快,但是后来小王病了,不能来学校。然而,小明却一点儿问题也没有。

小明想搞清楚,小王为什么得病,于是小明回想各自都吃了什么菜。小明想起来,他俩都吃了炸土豆片和甜食,都喝了加了冰的水,都喝了柠檬水,小明和小王各吃了一半米饭和蚕豆菜,还吃了嫩玉米。

但是,小王还吃了牛肉串,小明则吃了羊肉串。现在明白了! 牛肉串和羊肉串是小明和小王的菜单中唯一的区别,可见牛肉串很可能是导致小王突然生病的原因。这里使用的就是比较法。

3. 比较对象的选择

用比较法确定关键原因时的比较对象的选择并不难,因为只要对最后的原因作比较。如果比较法是在问题分析的其他环节中使用,比如一开始就使用比较法来找原因,比较对象的选择会直接影响问题分析的效率,要掌握一定的技巧。

首先,要选择具有相似性的事件来比较。比较的目的是发现差异,做出判断,如果差异太多就很难做判断。小王生病的案例中,小明就是通过对比自己和小王所吃的食物之间的差异来推断小王病的原因。如果小王是将小明吃的食物与其他客人餐厅吃的食物相比较,就会因差异太多而无法判断。

其二,比较的对象除了外部的,也可以是内部的或是自己。比如同学们比较自己两次考试复习时的差异。

前面介绍的逻辑树和5Why,能很好地实现"全面,深刻"的分析,但并不是所有的问题都要做全面的分析,比如小王生病的案例,通过比较小明和小王吃了什么,快速找到关键原因即可。

三、分析能人的三大特征

由于人们在分析问题时,常出现以盲目"试错"代替分析,满足于表面分析的"止痛片"式或"专家依赖"等问题分析的习惯,导致有时会陷入误区。要真正成为分析问题的高手,就要努力实现三个大转变,也可以说是突破原因分析的三大误区:

1. 像从容潇洒的"解牛郎"庖丁

庖丁解牛的故事告诉我们,"解牛"时,要清楚牛的骨架(规律),顺着牛的骨架用刀,这样"解牛"才能从容潇洒又快又轻松。同样,如果"迷笼中的猫"能分辨迷笼中有哪些开关,有的放矢地进行"试错",它离开迷笼的速度就要快许多。分析原因的第一个目标,就是能够快速明确问题相关原因的构成,将模糊的主观猜测变成一个个清晰具体的小问题,也就是有效分解,使问题解决者能有效降低试错的次数,也就是分析原因时要有系统性。

2. 做"打破砂锅问到底"的探究者

问题分析高手,必然会是一个"打破砂锅"的探究者。"他"从不浅尝辄止,总是力究问题的根本原因,细致深入如福尔摩斯,能沿着蛛丝马迹找到隐藏幕后的真正主谋。他决不会轻率用药,头痛医头、脚痛医脚,而是望闻问切,辨证施治,药到病除如神医华佗。

3. 成为独立自信的"结构化"思考者

学会分析问题,就是学会从不同的角度观察和思考,能分辨片面和全面、假象和真相、现象和本质,学会梳理问题。通过细致的寻找和考察,找到能够解决问题的主线,并据此解决问题。

　　分析问题的本质就是逻辑,它所追求的是对问题的思考更完整、更有条理,将问题结构化。一个问题分析达人会不断学习和积累,拥有自己的判断能力、判断方法,最终成为能结构化思考的思考者。

绘制逻辑树

　　家里的电灯不亮了。

　　分析原因:

　　首先,灯不亮相关的因素有:电灯、电线、电源、开关四方面的原因。

　　接下来分析:

　　灯泡如果坏了的话,电灯是不是不亮? 如果灯泡接口松动、用旧了、接触不良也会不亮。为什么会松动呢? 因为没拧紧……按照这个思路展开,一步一步深化下去:为什么没拧紧? 可能装的时候我没拧紧? 还是灯泡用的时间长了,坏了。

　　再从电源上考虑,也可能是停电。还有一种情况,总开关有问题,总开关为什么没打开呢? 可能是管这个开关的人忘了,或许是保险丝坏了。

　　如果电源有电了,但是引过来这盏电灯的电线中间断了。怎么断的? 可能是搬家的时候不小心压坏了,也可能是老鼠咬坏了。还有什么其他原因没有? 可能一个功率比较大的电器使电线内部烧掉了。还有没有别的原因呢?

　　再看开关。开关实际上没打开,因为开关不灵,为什么不灵了? 开关磨损?

　　『分享收获』

　　1. 根据材料画出逻辑树。

　　2. 比较思维导图与逻辑树的关系。

　　『共勉录』

　　"有两种人是在白白地劳动和无谓地努力:一种是积累了财富而不去使用的人;另一种是学会了科学而不去应用的人。"——(伊朗)萨迪

　　『堂上演练』　孙先生的烦恼

　　孙先生有两个孩子,一家四口目前住在某花园的公寓中。最近有件事令他很烦恼,就是一个人生活在湖南老家的母亲多次说"想来与他同住"。自从性格开朗的父亲去世后,母亲与他人的交往便少了很多,明显地日渐苍老。考虑到这些,孙先生不是不想与母亲同住,但现在自己住的公寓很小,而且夫人不太同意与婆婆同住。那么应该怎么办才好呢?

请运用本讲知识,帮助孙先生分析母亲"想来同住"的真正原因。

演练目的:应用原因分析的基本流程找出真正原因。

『课后拓展』 琉璃门事件

李明是酒店的主管,昨天上午在酒店的门口发生了一个意外。酒店的大门由两扇较大的透明玻璃门组成,一个小男孩蹦蹦跳跳地跑进酒店,没有注意到玻璃门,狠狠地撞在玻璃门上。孩子的母亲很生气,骂了门童一顿,还要求酒店赔偿,门童觉得很委屈。当时那位母亲叫他去搬行李了。李明决定和门童一起用5Why法分析这起意外,找出原因,防止这样的问题再次发生。

门童认为:

你认为这样的分析,能够起到防止这样的问题再次发生的作用吗? 为什么?

_____

如果你来做分析,你认为应怎样正确分析?

_____

李明认为:

你认为哪个分析,能够起到防止这样的问题再次发生? 还有更好的分析吗?

_____

拓展目的:巩固5Why法的应用

鱼骨图

1. 什么是鱼骨图

鱼骨图又名特性因素图(图6-9),是由日本管理大师石川馨先生发展出来的,故又名石川图。鱼骨图是一种发现问题"根本原因"的方法,它也可以称之为"因果图"。鱼骨图原本用于质量管理。因其形状如鱼骨,所以叫鱼骨图,它是一种透过现象看本质的分析方法,又叫因果分析图。

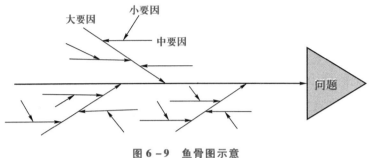

图 6-9 鱼骨图示意

鱼骨分析图就是列出一个问题的主要因素,再把一个整体问题分为几个层次的问题或局部问题,或者把一个复合系统问题分成若干个子系统问题,然后分别予以考察。使用鱼骨图的目的是确认和解释某个问题,判断有关问题的原因,确定问题发生过程中变化的原因。

2. 具体使用步骤

(1) 取一张大纸,画一条直线象征脊椎。以一端的空白框(鱼头)为顶点,写上你要分析的问题,如生产线的低生产率。

(2) 对引发问题的原因进行分类,并将它们写入鱼骨末梢的框中。你可以采用"5M 因素分析法"进行分类。5M 因素包括人、机、料、法、环五个方面,"人"指的是造成问题产生的人为因素;"机"通俗说就像战斗的武器,指软、硬件条件对于事件的影响;"料"就如武器所用的子弹,指基础的准备以及物料;"法"是指与事件相关的方式与方法;"环"指的是内外部环境因素的影响。这五个方面就像鱼的"主刺"一样,每个主刺上还有很多小刺。

(3) 分析有哪些原因引发了此类问题,并把它们用箭头像鱼骨一样连接到图上。以如何做出可口的饭菜为例,就可以了解到其中关联着很多原因:大的原因里有人、设备、材料、方法等,里面还会有大大小小的其他原因存在,根据这些原因我们可以绘出图 6-10:

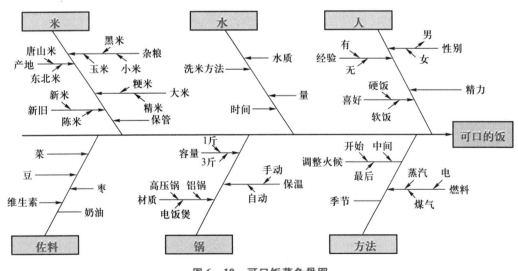

图 6-10 可口饭菜鱼骨图

第7讲 评估方案，抉出最优

训练课堂 没有问题就是最大的问题。

训练项目 决策能力训练。

训练目标 通过训练，了解决策的含义，明确多种方案对解决问题的利弊；识记基本的决策流程；正确理解什么是最优，掌握从多种方案中择出最优方法；有效提升决策能力。

卷烟厂的自动除尘装置

卷烟厂的技术革新小组最近面临一个如何利用滚筒滤芯的问题。原来，卷烟厂里有一排排的滚筒滤芯，是一种将烟叶碎末粉碎切成烟丝的过程中，吸附灰尘和杂质的装置。滤芯在使用过程中容易堵塞，如果灰尘满了，这个滤芯就没有用了。一个滤芯 2 000 元，就这样扔掉太可惜了。能否再利用呢？以前工人们会拿棒子敲，把灰尘敲掉，结果有很多滤芯成了棍棒下的牺牲品。这样做显然不行。于是，革新小组提出制作机械化自动除尘装置的课题。在确定方案时，大家提了五种方案：

方案一：用一个电机带动皮带轮，放到一个旋转的轴上，把滤芯套上去，使其飞速旋转。由于离心力的作用，经过一段时间，这些灰尘都被甩掉了。

方案二：用同样一部电机带动三个轴，同时可以对三个滤芯进行除尘。

方案三：在滚筒外加一个大罩子，这样灰尘就飞不出去，保护了环境。

方案四：把所有这些东西装到一个密闭的容器里，然后用一个吸尘过滤装置来进行除尘，再用水过滤之后，使之流入下水道。

方案五：把滤芯单独用一个罩子罩起来，然后用除尘装置和过滤交换装置，将其排到空气中去，统一处理排出去的脏东西。

下面就来一项一项地做比较和评估。

方案一：一个电机带一个旋转滤芯这种装置的缺点是：只能装一个滤芯，效率太低了。

方案二：一部电机带动三个滤芯进行除尘，效率提升了，但三个一齐转时，尘土飞扬会造成重复污染。就好像洗衣服似的，在一个脸盆里洗，脏水不倒掉不还是脏的吗？

方案三：有大罩子灰尘飞不出去，时间一长，这些电机皮带轮上也会沾灰，而且这些灰既然飞不出去，还是会回到原来的地方的。

方案四：显然，这个方案比前三个方案好多了，但它始终把电机和皮带轮及滤芯安装在一起，时间一长，电机、皮带轮上也都是灰，会影响电机的正常转动。

如何比较其优劣并确定最优方案呢？大家争执不下,最后革新小组决定制作一个表格(表7-1)让大家从有效性、效率、经济性、不利影响(风险)四个方面打分(5,3,1)

表7-1 卷烟厂自动除尘装置最佳方案评定表

方案	有效性	效率	经济性	不利影响	计分
方案1	3	1	5	-5	4
方案2	3	3	5	-5	6
方案3	3	5	3	-3	8
方案4	3	5	3	-1	10
方案5	5	5	3	0	13

显然方案五是最佳方案。

『心动问题』

1. 最佳与最有效、效率最高、最经济、不利影响之间是什么关系?

2. 最佳方案的出台要经过哪些环节?

『感悟真谛』

"最佳"并不意味着逻辑上或者理论上的最好,而是意味着在现实应用中是最恰当、最有效的。决策中需要充分了解所选择的方案存在的各种风险及成本,才能找到真正的"最佳"。

 知 识 准 备

通过收集信息,分析相关原因,接下来就是如何制订解决问题的方案了。俗话说"条条大路通罗马",但究竟哪条路最近最便捷呢? 同样,面对一个问题,也会有多个解决方案? 那么,如何才能提出更多的解决问题方案? 面对多个解决问题的方案时,如何才能选出最佳方案呢?

当你只有一个主意时,这个主意就太危险了。

——查提尔

一、方案是否多多益善

针对如何解决问题,提供的方案是否多多益善呢?方案众多对解决问题的正面作用有多大? 它同时又会带来哪些不利因素呢?

(一)方案多多利也多

大多数女生买衣服时,喜欢"扫视"街上所有的店面之后做出选择,而相当多的男生在买电脑前,会收集不同品牌、不同配置电脑的相关信息进行比较后购买。同样,在面对问题

做了认真的分析,并找出根本原因之后,要尽可能多的提出解决方案和对策,以增加选择机会。

1. 多一个方案,少一份片面

受个人知识背景、人生经历、所处位置、思考角度的限制,如果眼前只有一个方案,解决问题时难免会出现考虑不周、观点片面的情况。如果要求有两个或以上的方案,意味着更多的角度、更多的方法。事实上,每个方案的背后都是作者一次独特的思考和努力,饱含作者的智慧和辛劳。多个方案的提出,不仅是多一个选择项,更重要的是可以让选择者的视野更开阔、思考更全面、选择更合理。

2. 多一个方案,少一份风险

在方案没有行动之前,它只是一个方案,谁也不能 100% 保证它一定能成功,只有当它被事实证明后,我们才能说它是成功的。每个方案都存在这样哪样的风险,多个方案的提供,可以让人们在面临风险时,有更多的选择。

3. 多一个方案 ,多一分希望

方案是为了解决问题而提出的建设性意见,主观上建设性意见越多,人们信心就越足,客观上建设性意见越多,人们解决问题的方法和途径越丰富,成功的可能性就越大。

(二)方案多带来的困扰

用一分为二的观点看问题。方案多了,当然会增加选择的困难。人们要面对更多的选项,要找出评价的标准,要了解不同方案的优劣长短,选择时的工作量自然要增加,选择所需时间要增加,选择的过程变得复杂。有些时候根本就没时间去掌握全部信息而作出选择。

从上面的分析中可看出:方案多会给选择带来困扰,但凡事总有从量变到质变的过程,足够多的方案是选出最优方案的有力保障,相应的困扰是选出最优方案必须付出的劳动(在后文中会有相应的内容介绍如何选出最优方案)。

二、开发方案,讲方法

为了保证最佳的解决效果,需要花大量的精力和时间去寻找可能的选择方案。如何获得尽可能多的解决方案呢?除了个人思考、向同事请教、咨询专业人士外,还需要充分激发个人和团队的创造力。下面介绍两种有效激发创造力的常用方法:

(一)信息交合法

信息交合法,又称为"要素标的发明法",或称为"信息反应场法",是许国泰于 1983 年首创。信息交合法是一种在信息交合中进行创新的思维技巧,即把物体的总体信息分解成若干个要素,然后把这个物体与人类各种实践活动相关的用途进行要素分解,把两种信息要素用坐标连成信息标 x 轴与 y 轴,两轴垂直相交,构成"信息反应场",每个轴上各点的信息可以依次与另一轴上的信息交合,从而产生新的信息。

1. 信息交合法实施步骤

(1)把物体的总体信息分解成若干属性要素,标 x 轴。

(2)把这个物体与人类各种实践活动相关的应用领域分解,标 y 轴。

(3)两轴垂直相交,构成"信息反应场",每个轴上各点的信息依次与另一轴上的信息交合,从而产生新的信息。

以别针的用途为例(图7-1):

第一,将别针的属性要素如:材质、体积等列成 x 轴。

第二,将别针应用领域如:数学、物理等列出来成为 y 轴。

第三,信息交合从而产生新的信息。

图7-1 "别针"用途信息交合法

比如:

将 y 轴"数学"与 x 轴上"材质"相结合,可以想到以曲别针为材料,做成数字 1、2、3、4、5、6⋯⋯,符号 +、−、×、÷ 等形状,还可变成英、俄、法、德、日等各国文字。

将 y 轴上的"电"与 x 轴上的材质相交,曲别针就可以变身为电路传输的相关原料,导线、开关等。

早在 1983 年 7 月,在南宁召开的中国创造学第一届学术讨论会上,日本专家村上幸雄演示了"曲别针有 300 种用途",我国的许国泰先生则当场用信息交合法进行图示,证明曲别针可以有"3 千种、3 万种用途",让与会者折服。

2. 信息交合法的原则

信息交合法作为一种科学实用的思考与发明方法,需要遵循一定的原则。

(1) 整体分解原则。先把对象及其相关条件整体加以分解,按序列得出要素。

(2) 信息交合原则。各轴的每个要素逐一与另一轴的各个标的相交。

(3) 结晶筛选原则。通过对方案的筛选,找出更好的方案。如果研究的是新产品开发问题,那么,在筛选时应注意新产品的实用性、经济性、易生产性、市场可接受性等。

(二) 头脑风暴法

对团队而言,头脑风暴法是充分激活每个队员的思路、调动发散思维的常用方法,是众多企业在开发方案时青睐的一种方法。那么,它应该如何进行呢?

1. 头脑风暴法的过程

(1) 准备阶段。策划与设计的负责人,应事先对所议问题进行研究,弄清问题的实质,找到问题的关键,确定解决问题所要达到的目标。同时,选定参加会议人员,一般以 5～10 人为宜(不宜太多)。然后将会议的时间、地点、所要解决的问题、可供参考的资料和设想、需要达到的目标等事宜,一并提前通知与会人员,让大家做好充分准备。

(2) 热身阶段。这一阶段的目的,是创造一种自由、宽松、祥和的氛围,使大家得以放松,进入一种无拘无束的状态。主持人宣布开会后,先说明会议的规则,然后艺术性地谈点有趣的话题或问题,让大家的思维处于轻松与活跃的状态。如果所提问题与会议主题有着某种联系,人们便会轻松自然地"导入"会议议题,效果自然更好。

(3)明确问题。主持人扼要地介绍有待解决的问题。介绍时,须简洁、明确,不可过分周全,否则,过多的信息会限制人的想象力。

(4)重新表述问题。经过一段讨论后,大家对问题已经有了较深刻的理解。这时,为了使大家对问题的表述能够具有新角度、新思维,主持人或书记员要纪录大家的发言,并对发言纪录进行整理。通过纪录的整理和归纳,找出富有创意的见解,以及具有启发性的表述,供下一步畅谈时参考。

(5)畅谈阶段。畅谈,是头脑风暴法的创意阶段。为了使大家能够畅所欲言,需要制订的规则是:第一,不要私下交谈,以免分散注意力。第二,不妨碍他人发言,不去评论他人发言,每人只谈自己的想法。第三,发表见解时要简单明了,一次发言只谈一种想法。主持人首先要向大家宣布这些规则,随后引导大家自由发言、自由想象、自由发挥,使彼此相互启发、相互补充,真正做到知无不言、言无不尽、畅所欲言,然后将会议发言纪录进行整理。

(6)筛选阶段。会议结束后的一两天内,主持人应了解大家会后的新想法和新思路,以此补充会议记录。然后将大家的想法整理成若干方案,再根据一般标准,诸如可识别性、创新性、可实施性等标准进行筛选。经过多次反复比较和优中择优,最后确定1~3个最佳方案。这些最佳方案往往是多种创意的优势组合,是大家的集体智慧、综合作用的结果。

2. 头脑风暴法应遵循的原则

(1)自由讨论原则。要让参与者不受任何条件的束缚,自由讨论。要注意保持会议的活跃、热情、自由,但同时要注意控制主题,避免由于跑题而浪费时间。

(2)延迟评价原则。讨论期间,不对任何设想进行肯定或者否定的评价,避免"这根本行不通"、"真是异想天开"的消极评价。

(3)综合改善原则。鼓励参与者综合、补充、改善新设想。

(4)参与者多样化。不仅需要参与者有不同的认识、不同的能力,而且可以吸收行业领域差别较大的人员参与,从不同的角度提出问题,启发大家的思考。

头脑风暴法的正确运用,可以有效地发挥集体的智慧,比一个人的设想更富创意。除此之外,同类的方法还有美国人卡尔·格雷高里创立的7×7法,日本人川田喜的KJ法,兰德公司创立的德尔菲法。

你可以不同意别人的观点,但一定要誓死捍卫别人说话的权利。

——**伏尔泰**

三、"决"出最优,靠策略

如果只有一个方案,那么只要选择做还是不做就可以了。比如:到某餐厅聚餐,菜单上只有一道菜"烤鸭",人们只要选择吃还是不吃即可。但如果到一家有几十种菜品的餐厅就餐,是要吃素还是吃荤;是要吃甜还是吃辣;还是吃这里的特色…这时,要选出一个最满意的套餐,可能就要多花一点时间。这个过程就涉及决策了。

（一）决策的含义

所谓决策,就是组织或个人为了解决某个问题或实现某种目标,在掌握一定量的信息和对有关情况进行深入分析的基础上,评估两个以上的备选方案,从中选择较为满意的方案,并加以实施的过程。在上面聚餐的例子中,人们只面对"一道菜",只选择做还是不做的这种情况称为做出决定。而面对"多个菜品"时,要思考自己的目标:为了吃饱、还是为了吃得有面子、还是尝试餐厅的特色,要分析不同菜品的特点,并从中选出最满意的,这一过程称为决策。

正确理解决策概念,应把握以下几层意思:

（1）决策要有明确的目标。决策是为了解决某一问题,或是为了达到一定目标。确定目标是决策过程第一步。决策所要解决的问题必须十分明确,所要达到的目标必须十分具体。没有明确的目标,就难以开发方案,就没有评价和比较的标准,决策将是盲目的;同样的问题,由于目标不同,可采用的决策方案也会大不相同。

（2）决策要有两个以上备选方案。决策实质上是选择行动方案的过程。如果只有一个备选方案,就不存在决策的问题。因而,至少要有两个或两个以上方案,各方案在资源需求、可能结果及风险程度上有所不同,人们才能从中进行比较,最后选择一个各方比较满意的方案作为行动方案。事实上,决策目标和方案都是"选择"而确定的。

（3）决策要的是满意而不是最优。由于个人处理能力局限,以及环境、时间的约束,决策者大多数情况下无法收集所有信息,只能利用已收集的有限信息来预测未来结果,根据个人的主观判断,做出符合自己期望的选择。大多数情况下,这个选择并不意味着逻辑上或者理论上的最好,只是意味着在现实应用中是最恰当、最有效的。

（4）选择后的行动方案必须能够付诸实施。如果选择的方案,不能付诸实施,只能束之高阁,这样的"决策"叫想法。决策不仅是一个认识过程,更是一个行动的过程。因此,决策必须考虑外部环境的影响和人、物、财、技术等条件的制约,考虑方案的可行性。决策就是在寻求目标与外部环境、内部条件之间动态平衡基础上进行的。

（二）四种常见的决策法

由于决策者的阅历、经历、能力的不同,对信息及相关情况掌握的程度不一样,还有允许决策时间长短的差异,致使决策者在选择时,决策方式与速度快慢会有所不同,概括起来有以下四种:

1. 抓阄法

抓阄法也称为随机法,是人们不知该如何应对时最常用的方法。这种方法的优点是简单、迅速。缺点是没有分析,没有任何思考,甚至可说"没有选择"。

2. 直觉法

这种方法的特点是跟着感觉走,主要借助个人的内在感情和感觉,运用想象力,辅之以过去的知识和背景来做决定,是一种潜意识的决策过程,不需要系统性的、详尽的问题分析。

直觉法的优点是简单、迅速,缺点是主观、武断,缺乏科学依据,比较感性,易受情绪影响。一方面,当情绪高涨时,人们可能会倾向于比较乐观或是激进的方案;当情绪低落时,人们可能会倾向于比较稳妥和保守的方案。另一方面,随着时间期限的来临和信息不完全的情况下,人们的情绪也会发生波动和变化。在选择初期,通常人们会收集相关信息,此时情绪比较稳定;当时间期限临近时若还没有找到适合的方案,此时人的情绪会变得焦虑,容易在冲动中贸然做出选择。

3. 经验法

这种方法的特点是跟着过去走,主要依靠自己或他人的经验来决策。成年人在经历了漫长的职业生涯后,往往有许多经验,经验是人们过往生活的积累和沉淀,是工作和学习的宝贵财富。经验,一方面为我们现在的工作提供参考方案,有效提升工作效率。另一方面,经验可能老化或与事实不符。这时经验也常成为人们做出合理选择的敌人,以下例子可见一斑。

一扇推不开的门

有一位男青年连续数十夜梦到拼命推一扇无论如何也推不开的门,日间则精神不振。后到心理专家处咨询,专家建议:下一次暂且停下来,看一看周围的情况。后来果然又梦到此情形,他便暂停下来看,只见门侧有一标牌,写着"拉"。他轻轻拉门而入。

启示:生活中房门通常是推开的,但并不是所有的房门都是推开的。人们常因固守经验形成思维定势。

4. 比较法

这一方法的特点是按照程序来,这是最为理性的方法,它运用推理、比较和数据资料,综合考虑多方面的利弊得失,找出正面预期多、负面影响少的方案。这种方法比较科学,但也比较复杂,需要的技术和资源较多,选择过程比较长。

以上四种决策方法各有利弊,可以互为补充,没有绝对的好坏之分,只是在不同场合、条件下,要选出适合的决策方法。下面做个试验:

『小测试』你会带走谁?

时间:2018 年某一天

地点:航海图上没标示的一座岛屿

情况:一架飞机坠毁在岛屿上,侥幸存活的旅客只有下列八位,他们是一位诺贝尔和平奖获得者、一位医生、一位牧师、一位社会学家、一位怀孕八个月的妇女、一位诗人、一位政治家、一位核物理学家。

如果你是一架小飞机的驾驶员,正好发现了这些幸存者,但是你的小飞机只能搭救一位乘客,此时只有几秒钟让你做出决定,你要选择哪一位?

现在,再来解读一次情况:你的任务是将你认为社会最需要的人,载离这座岛屿,这次你有 30 分钟时间思考,你会载走谁?

第一次,在短短几秒钟内,绝大多数人会选择孕妇。因为快速决策时情感起作用,情绪速度远远快于理性的速度。

第二次,在时间允许的情况下,理性思考往往会占据上风,这时,人们会充分搜集各种信息,包括情境、条件、对象、结果等,最后综合做出自己认为最佳的选择。

综上所述,四种决策方法各有利弊,但在正式的工作场合,面对重要的问题事件,没有人愿意让自己的决策是随意草率跟着感觉走的,人们总希望自己的决策有理有依,切实可行,真正"决"出名副其实的最满意方案。

> 最有用的知识是关于方法的知识。

——笛卡儿

（三）标准的决策步骤

"一着不慎,满盘皆输;一着占先,全盘皆活"。有什么样的选择,就有什么样的人生。无论做什么事情,成功与失败取决于选择的正确与否。选择的正确与否,往往与选择方法有很大的关系,不同情况下人们会选择不同的决策方法。但人们面对重要、正式的选择,要选择最优方案时,一般会不约而同地采用比较法。一个标准的、理性的比较过程,应具备如下步骤:

1. 明确决策的目的

如果人们不清楚决策的目的,选择的过程就会漫无目的甚至是错误的。在开始进行决策以前,我们必须弄懂以下几个问题,以便明确进行决策的最终目的。

（1）你要做出的决策是什么?

如果一个生产线的组长,一个同事提出辞职,那么他马上想到的问题就是,谁来接替这个同事的工作? 但是问题也许应该是:一定要找人替换他吗? 有谁能兼管他的工作呢? 或者是能否将他的工作与别的工作合并在一起? 这些质疑是决策的前提。

（2）该决策的必要性是什么?

比如说,某人决定购买一台新的复印机,因为旧复印机不能正常工作。但是,他也可以考虑租赁或对旧复印机进行一次大修。所有决策的前提是他必须确保自己的问题能够得到解决。

不同的决策目的,会导向不同的方向。如下例:

拥挤的电梯

某22层大楼内有4部电梯,大楼里有数十家公司,上班时间都在9点,每天从8点40分开始是上班高峰,楼里的电梯就会异常拥挤,运行速度也很慢。由于电梯门口的人较多,出现推推攘攘还经常发生争吵,有不少人向物业管理处提建议。以下是对建议的汇总:

A. 电梯门口安排保安维持秩序。

B. 电梯运行提速30%,或更换速度更快的电梯。

C. 公司错开上班时间。

大楼物业管理员应如何选择?

如果目的是消除电梯门口的混乱,维持大楼的秩序,他可能会选择 A;如果目的是改变电梯运行慢的现状,他很可能会选择 B;

如果目的是解决导致拥挤的原因,同时上班,他很可能会选择 C。

由此可见,实现自己的目标,先要看清自己的目标。

2. 制定决策的标准

做决策之前,人们要搞清楚解决方案需要满足的要求是什么,这些要求将成为人们选择的标准,标准从哪来? 有哪些? 这些标准之间有什么关系?

(1)标准的来源。标准的来源主要有两方面:一是主观上的目标。如:人们想要的、衡量目标成功的标准是什么? 人们的期望有哪些? 哪些是一定要实现的? 哪些是能达到最好、达不到也可以接受的? 二是客观上要尊重和考虑的条件。如:时间、地点、天气、法律法规、器械参数、精度、极限值等。

(2)标准的分类。根据标准所起作用的不同可分为两类:一是必须达到的,被称为限制性标准。它包括:衡量成功的底线,一定要实现的目标,方案执行中必须达到和满足的各种情况和客观条件。二是希望达到的,被称为期望性标准、非限制性标准。期望性标准,是指人们视情况权衡后应该达到的要求,能达到最好,达不到降低标准也可以接受。

比如:购买药治病的限制性标准就是要能治病,而药品的口味、服用方式、价格等则是期望标准。只有能治好自己病的药,人们才会购买,才会进一步考虑口味、服用方式、价格等,如果没有疗效,无论口味多好、服用多方便、价格多便宜,人们都不会考虑。

(3)标准的关系。所谓决策标准,是人们在充分掌握信息的基础上,加以归纳和提炼出来的。决策标准的数量可能会很多,不同类别起的作用不同,优先级别自然不同。比如限制性标准是不可违反,在选择时它一般是最先检查的。即便是非限制性标准,因为重要程度不尽相同,也存在轻重之分,这些关系在评估时可通过赋予不同的分值和权重来区分。

3. 比较备选方案

在理顺了标准之间的关系,分别赋予相应的权重之后,比较备选方案就变得相对轻松了。最实用、最简洁的方法,就是给每个标准打分,比如最重要的为 10 分,其余标准与之比较打分。然后统计总分,看哪个方案分值最高。

在比较方案时,有三个基本原则:

(1)一定要用每个备选方案与决策标准进行比较,而不是方案间相互进行比较。决不能用一个办法与另一个办法进行比较,这样失去了统一的标准,比较的结果无法确定。

(2)考虑所有的解决方案。在大多数情况下,人们犯的严重错误,往往是过分强调了决策在解决问题过程中的重要性,似乎忘了收集信息和进行积极思维与决策具有同样重要的作用。所以,现实中人们最常见的错误,不是因为选择了一个错误的方案,而是没能把那些值得考虑的方案都找出来。

(3)不要进行"过分分析"。也就是说,将收集可选方案的资料当成最终的目的,要等所有的资料都找到以后才进行决策。其实,这样做只会使决策变得更加困难。好的决策方法,意味着从现有的事实中做出最好的选择,人们不可能掌握所有的事实,而且现有的事实也并非都有用。最好的办法是,将备选方案与决策的标准结合起来,这样有助于把注意力集中在关键性的信息上。

如果过分担心找不到一个完美的方案,反而会增加解决问题的难度。人们寻求的是能解决问题的方案,它们不一定非常完美,只要这些方案可行,能解决问题,易于管理就可以了。

4. 评估风险

好的决策都应该进行风险评估。也许人们经常会遇到这样的问题:假设准备用降价的方式来吸引顾客,如果竞争对手也降价,那时候应该怎么办？在开始时忽略的某些问题,到后来发现它们至关重要;或者在研究备选方案的时候又有新的情况出现等。因此,应该分析几个备选方案,并预测有可能出现的情况。

例如下面这个问题:

张广按上司指令到火车站接一个刚到本城的客户,事先说好在车站出口相见。张广并不认识要接的客户,因此打算用手机联系。但是,在火车到站前20分钟,张广发现自己的手机被偷了。

张广应该怎么办？他可以选择在出站口举牌子接人,但是他和客户并不认识,车站出来的人很多,对方可能会漏看。更重要的是,对方并不知道张广丢失了手机,可能会打丢失的手机。如果小偷恰好是一个诈骗犯,可能会利用这个机会进行诈骗。如果张广选择到公用电话亭去打电话查对方的电话号,则不知道需要多长时间,可能会错过火车进站。所以,对于每一个选择,张广都必须考虑潜在的风险。

评估风险一般考虑两个因素:可能性与严重性。可能性,就是事件发生的机会,严重性则是事件发生可能产生的影响。例如,张广认为自己身材高大,举牌在出站口非常显眼,因此对方漏看的可能性非常小,而且小偷一般偷到手机会马上关机,因此对方打电话被小偷利用的可能性也非常小。但是张广也要考虑:如果对方漏过他,然后给他打电话,却被小偷利用,这个后果对于张广来说可能非常严重。

在这种情况下,人们可以用高、中、低几个不同的水平,来对严重性和可能性进行评估,当方案的风险较高、损失较大时,这个方案要么调整,要么放弃。

标准的决策过程不是简单的比较,而是明确自己想要的,建立多维比较标准,结合风险评估,给出一个相对客观的比较,最终做出相对理性的选择。

体验探究

德国客人生病了

早晨9点,深圳某饭店8楼的一个客房里,从德国来的一支团队的几名主要负责人在商量一件事。这支团队共有40人,大多数是退休教师,是应我国有关单位邀请来中国旅游考察的。两天前到达深圳,参观了深圳的学校。准备今天上午10点离开酒店乘机前往北京。不巧的是团里一名叫罗杰斯的客人发高烧,急坏了带队的林芳。

她该怎么办呢？

冷静下来的林芳想了三个方案:

(1)整个团队留下,等罗杰斯先生康复后一起去北京。

(2)团队按原计划去北京,罗杰斯先生随团带病前往。

（3）罗杰斯先生留在深圳接受治疗,其余成员前往北京。

林芳画出了决策分析表(表7-2),讨论并完成下表,选出最佳方案。

表7-2 决策分析表

方案	效果	可行性	成本	风险	合计
方案1					
方案2					
方案3					

『分享收获』

1. 说明自己选择的最佳方案。

2. 为自己的决策给出一个合理的解释。

『共勉录』

每一个好的决策,总是意味着对各种关系的调和与平衡,是在各方面的要求和利益得到充分尊重和评估之后才产生的。

『堂上演练』 她如何减肥

16岁的小倩,身高1.6米,体重却达到了75千克,她想减肥,请同学们帮她出出主意。

（1）请同学们应用头脑风暴法,提出方案。

（2）用决策分析表对不同的方案进行比较。

演练目的:正确运用头脑风暴法和标准决策流程。

『课后拓展』 班级问题解决方案

确定一个班级问题,两人一组探讨解决方案。

提示:

1. 同学们可运用头脑风暴法提出方案。

2. 用决策分析表对不同的方案进行比较。

拓展目的:运用头脑风暴法和标准决策流程解决实际问题。

材料1 选择与机会

古希腊哲学家苏格拉底的三个弟子曾求教老师,怎样才能找到理想的伴侣。苏格拉底没有直接回答,却让他们走麦田埂,只许前进,且仅给一次机会选摘一支最大的麦穗。

第一个弟子没走几步就看见一支又大又漂亮的麦穗,高兴地摘下了。但是他继续前进时,发现前面有许多比他摘的那支大,只得遗憾地走完了全程。

第二个弟子吸取了教训。每当他要摘时,总是提醒自己,后面还有更好的。当他快到终点时才发现,机会全错过了。

第三个弟子吸取了前两位的教训。当他走到三分之一时,即分出大、中、小三类,再走三分之一时验证是否正确,等到最后三分之一时,他选择了大类中的一支美丽的麦穗。

材料2 测一测你的决策风格类型

对于如何做决定,每个人都有自己的独特方式,或者说独特的决策风格。那么让我们来测一下自己属于哪一种决策风格吧!

下面题目中的句子(表7-3),是一般人在处理日常事务及生涯决定时的态度、习惯及行为方式。请阅读这些句子并填写右边的选项,注意每一个选项无所谓对错,只要符合你的真实情况就可以。当你完成下面的选择之后,将得分计算出来,看看你属于哪一类决策风格。

表7-3 生涯决策风格类型测试表

序号	情景陈述	符合	不符
1	我常仓促做草率的判断		
2	我常凭一时冲动做事		
3	我经常改变我所做的决定		
4	做决定之前,我从未做任何准备,也未分析可能的结果		
5	我常不经慎重思考就做决定		
6	我喜欢凭直觉做事		
7	我做事时不喜欢自己出主意		
8	做事时我喜欢有人在旁边,以便随时商量		
9	发现别人的看法与我不同,我便不知该怎么办		
10	我很容易受别人意见的影响		
11	在父母、师长或亲友催促我做决定之前,我并不打算做任何决定		
12	我常让父母、师长或亲友来为我做决定		
13	碰到难做决定的事情,我就把它放在一边		
14	遇到需要做决定时,我就紧张不安		
15	我做事总是东想西想,下不了决心		
16	我觉得做决定是件痛苦的事情		
17	为了避免做决定的痛苦,我现在并不想做决定		
18	我处理事情经常犹豫不决		
19	我会多方收集做决定所必需的个人及环境的资料		
20	我会将收集到的资料加以比较分析,列出选择的方案		
21	我会衡量各项可行方案的利益得失,判断出此时此地最好的选择		

序号	情景陈述	符合	不符
22	我会参考其他人的意见,再揣酌自己的情况来做出最适合的判断		
23	经过深思熟虑之后,我会确定一项最佳方案		
24	当已经确定所选择的方案,我会展开必要的准备行动并全力以赴做好		

计分方法:选择符合的记 1 分,不符合的不计分。

生涯决策风格类型测试结果如表 7-4 所示。

表 7-4　生涯决策风格类型测试结果

题号组	★1~6 题组	●7~12 组	▲13~18 题组	●19~24 题组
得分				
决策类型	冲动直觉型	依赖型	逃避犹豫型	理性型

得分最高一组代表主要决策风格。

决策风格类型分析

根据学者 Harren(1979)的观察,大部分人的生涯决定方式可以归纳为直觉型、依赖型、理智型三种,另外还有犹豫不决型等。

(1)直觉型。直觉型以自己在特定情境中的感受或情绪反应做出决定。这种类型的人做决定时全凭感觉,较为冲动,较少会系统地收集其他的相关信息,但他们能为自己的抉择负责。

例如,小萍是一个美丽聪慧的女孩,她在为自己做各种决定时,常常凭借自己的感觉或情感。当初在高三时她毅然放弃保送大学的名额,辛苦复习,参加高考,就是为了圆自己和家人的一个"重点大学梦"。在她如愿以偿考入某重点大学经济学专业后,在大学三年级,她又开始准备考研究生,想跨专业考本校法理学的研究生,原因是她对法律产生了兴趣。在考研失败后,酷爱旅行的她,凭着冲劲与直觉到一家旅行社上班,现在正在埋头考导游证。她常以很快的速度,在生涯抉择路口走自己的路。同时,她又勇于为自己的决定负责,从不后悔。

(2)依赖型。依赖型是指等待或依赖他人为自己收集信息并替自己做决定,有的甚至到处求神问卜。决策时不去有系统地收集信息,决策较为被动与顺从,十分关注他人的意见和期望。此类人,社会赞许、社会评价、社会规范是他们决定的标准,他们的口头禅是:"爸妈叫我去……"、"我的男朋友/女朋希望……"、"他们认为我很合适"、"他们认为我可以,……可是……"。

(3)理性型。理性型决策合乎逻辑,系统地收集充分的生涯相关信息,且分析各个选项的利弊得失,按部就班,以做出最佳决定。

例如:小丽准备投入保险业,在转行的前一年,她就和保险从业人员有很多的接触。为了能在短时间内与陌生人建立良好关系,她还报名参加了人际关系训练课程。经过多方的利弊分析与筹划,最后在家人的支持下,她正式投入保险业。

（4）犹豫不决型。此类型的人虽然收集很多的相关信息,问东问西,却常常处在挣扎、难以下决定的状态中。

例如有位研究生在互联网上发布求助"电业局和设计院我该怎样选择":"我本科读的建筑学,侧重于建筑设计,而研究生读的是规划,侧重于规划设计,现在面临毕业,进入电业局,设计些变电站、机站之类的,为正式编制,好处是福利不错,安稳,相对轻松,年薪最多10万元。还有就是去设计院,市场竞争激烈,做得好则超过电业局的收入,做得不好则低于电业局的收入,但是接触到的群体可能会更广泛一些。但以后的事情也很难说,在电业局或许还有精力做些其他事情,而设计院则没有。大家帮我看看,在电业局和设计院中我该如何选择?"这是比较典型的犹豫不决型决策风格。

经过前面的测验显示你是属于哪一类型?喜欢这样的自己吗?你认为如何做可以使自己更完美?

第 8 讲　做 好 计 划, 高 效 执 行

训练课堂　没有问题就是最大的问题。

训练项目　执行能力训练。

训练目标　通过训练,了解计划的含义与分类;认识"执行力"在工作中的重要性,认识"计划"对高效执行任务的意义;掌握制订计划的基本步骤;学会如何协调关系,落实计划,逐步提高执行能力。

 案例故事

九段秘书长

文秘专业的王明和周成是好朋友,在大学毕业后都做了秘书工作。两年后的一天,朋友相聚,聊起了各自工作情况,王明工资不变还经常被骂,而周成不但工资不断上调,还成了老总离不开的"九段秘书长"。以下是他俩不同的工作方式:

老总安排王明通知销售经理参加会议。王明打电话挨个通知,但开会时几个重点区域的销售经理没有来,于是老总问王明怎么回事,王明说:我打电话通知他们了,不知道为什么没来?最后一查才知道,有的销售经理临时出差了,有的把开会的事情忘了……

老总安排周成通知销售经理参加紧急会议。周成认真考虑"会前、会中、会后"的各种情况,制订了"九段会议法":

一段:发通知。发电子邮件通知,再准备会议用品,然后等待开会时间。

二段:抓落实。发通知后再打电话给参会人员确认参会时间。

三段:重检查。会前30分钟提醒参会人员,特殊情况及时汇报。

四段:勤准备。提前测试投影、电脑、音响,并在门口贴上会议时间。

五段:细准备。提前了解会议性质和议题,准备相关资料给参会人员。

六段:做记录。会议过程中做详细的会议记录,在得到允许后做录音备份。

七段:发记录。会后整理会议记录给总经理,并请示是否发给参会人。

八段:定责任。将会议确定相关事项一对一落实责任人,经当事人确认后形成书面备忘录,并定期跟踪各事项完成情况,及时向总经理汇报。

九段:做流程。把上述过程做出标准化会议流程,让所有秘书都可以通过标准化流程把会议做到九段,通过机制打造组织执行力,不断地复制和超越自己。

最终会议取得了圆满成功。

『心动问题』

1. 为什么同一专业的王明和周成,工作两年后会有较大的差别?

2. 你认为自己会是几段?"九段秘书长"周成有哪些值得学习的方面?

『感悟真谛』

职场上,执行力决定一个人的晋级机会;团队里,高效执行力是合作精神的体现;高效执行的背后,是周密的计划、精心的准备,更是脚踏实地、步调一致的高效行动。

在历经问题描述、原因分析、方案选择之后,终于有了解决问题的方案,但方案还不是结果,只有将确定的目标、选定的方案变成行动、变成结果,才能最终解决问题。问题的最终解决是一个实施行动的过程,再伟大的目标与构想,再完美的方案,如果不能强有力地执行,最终只能是纸上谈兵。方案要转化成行动,要做什么准备?方案实施的过程中会遇到哪些困难?如何克服?是本讲要解决的问题。

一、"高效执行"是职业素养的核心能力

无论组织还是个人的任何目标和方案,最终都要通过"执行"来实现它的价值,展示它的精彩,离开了"执行",一切都是空谈。

(一)"执行"的三个层次、二个环节

执行是成功的关键,但究竟什么是执行?执行有哪些层次?高效执行要经过哪些关键环节?

1. "执行"的含义

所谓执行,指的是组织或个人有效利用资源,保质保量达成目标的过程。简单地说,就是组织或个人将目标变成结果的过程。

2. "执行"的层次

依据"执行"涉及的内容及其难度的不同,可由低到高分为三个层次:第一个层次,是按照命令和规则做事;第二个层次,是按照预定的计划行动;第三个层次,是将想法变成现实的过程。

第一层次:就是听话照做无需思考。这是最简单的执行,其优点是简单,缺点是只能应用于一些例行操作,效率相对较低。

第二层次:要制订行动计划,并按计划行动。要统筹规划,比第一层次的听话照做复杂,其优点是可以用于相对较新的和复杂的问题,效率提升;缺点是出现变化时不知如何应对。

第三层次:将想法变成现实。不仅要制订计划,实施计划,还能根据现实情况进行各种协调,改变及调整计划,是高效和灵活的执行,缺点是对执行者要求较高。

实际工作中的解决问题者,有了问题解决方案后,实施问题解决方案的过程,要根据实际情况制订实施计划,并不断调整,属于第三层次。

3. 高效执行的两个环节

高效执行,包含计划制订及协调应变两个基本环节。高效执行是知与行的有机结合,是事与情的和谐统一。制订计划,更多的是对事的静态规划和设计,而协调关系,更多的是对事与情的动态维护和实时管理。计划制订是协调应变的基础,协调应变是为了保证计划的顺利实施,这两者相辅相成。

(二)高效执行的重要性

如果说解决问题能力是职业素养的核心能力,是职场的核心竞争力,那么,"高效执行"则是解决问题能力的核心,是核心能力中的核心。

1. 高效执行是快速解决问题的最佳途径

首先,高效执行是有计划、有步骤、有准备的执行,而不是匆忙、随便、混乱的执行;其次,高效执行是不断协调、不断调整的执行,而不是机械呆板的执行。

如果把解决问题的最后一个环节比喻成去一个陌生的城市"送快递"。一个快递员充分准备后看着导航(计划)、观察周围环境,在不断调整的情况下前进"送快递",另一个快递员拿着快递件直接冲上街头,走一步看一步,显然前者才能真正快速送达。

高效执行做到了充分计划和不断协调,用"低"投入的时间,做出"高"效率的工作,使之成为快速解决问题的最佳途径。

2. 高效执行是确保问题顺利解决的有力措施

首先,高效执行充分考虑解决问题过程中的各种困难,提前配置资源,做好准备,为问题的顺利解决提供物质保证。其次,高效执行注重协同,充分激发相关参与各方的积极性,使解决问题各方形成合力。所有这些都为问题顺利解决提供了有力的支持。

任何能力的提升都离不开应用过程的"学中做、做中学","高效执行"过程既是理论联系实际的过程,也是人们不断学习、提升能力、和谐关系的实践舞台,一个最真实、最感性、最具挑战性的舞台,是为解决问题提供各种方法,提供克服困难、迎接挑战的最有力的工具。

3. 高效执行是检验团队合作精神的重要依据

高效执行是一个周密计划、密切协同的过程,这意味着高效执行的过程如一台精密仪器。要实现真正的高效执行,离不开团队成员的团队合作精神,离不开团队成员的默契和配合。一个缺乏团队意识的组织或企业,在执行过程中无论计划如何周密,总会因为这样那样的原因而出现一些问题。一个有团队合作精神的组织或企业,则能在执行的过程中及时沟通,互相补位,从而保证执行的顺利。因此,能否实现高效执行是检验团队合作精神的重要依据。

没有执行力,就没有竞争力。

——比尔·盖茨

二、"高效执行"路在何方

凡事预则立,不预则废。高效的前提是行动前的细致规划、精心准备。计划就像建造楼房前的设计图纸,是人们行动的指南,是人们思考如何配置资源、如何有效活动的过程。

(一)制订"执行"计划的准备

一旦决策做出、方案敲定,就要按照事前、事中、事后的基本步骤,做好计划。有了具体、详细的工作任务,工作方式,明确需要的时间、资源和帮助,方案才可能变成事实。

1. 计划的作用

计划是资源配置,是组织实施的纲要,为控制提供标准。计划的作用主要体现在以下几方面。

(1)有利于明确目标,少走弯路。计划是对目标的细化和展开。计划展开的过程是,进一步明确工作的方向和方法的过程,也是对目标不断反思的过程。计划使我们的目标更清晰,更准确,才不会出现做到哪儿算哪儿,或是南辕北辙的情况。

(2)有利于统筹兼顾,提升效率。如果没有认真分析具体要做什么,弄清楚解决问题的轻重缓急及工作之间的相互关系,就盲目开工,工作过程中就容易出现混乱和浪费。理清工作思路,明确工作之间的逻辑和顺序,才能从容规范地开展工作。

(3)有效控制和推动工作进程。计划明确了工作的目标、步骤、进度、相关责任人及预期成果,使整项工作的进程、要点、要求都清晰可见,工作才能得以顺利有效地开展。

(4)有利于减少工作中的失误,降低风险。计划的过程,可以发现潜在问题,降低风险,甚至预计未来可能的变化,从而制订适应变化的最佳方案,有效应对不确定性和变化带来的问题,减少工作中的失误,降低风险。

坚持制订并执行计划,可以帮助我们形成计划意识,这种意识又可促使我们形成统筹兼顾、条理清晰的良好习惯,这样不管面对什么样的工作问题,都能有条不紊的开展。可以说,计划是问题最终能够成功解决的有力保证。

如果以表格形式来反映,更能让我们明确计划的作用(表8-1)。

表8-1 计划的作用

无计划	有计划
目标不明确	目标明确
无统筹	有统筹
难监控	易监控
无风险应对	有风险应对

2. 什么是计划

计划由两个部分构成:一个是"计",意思是计算要进行活动所需的"人、财、物"及其他资源成本。一个是"划",意思是要分解任务,安排任务的布局和流程,也就是明白有哪些工作要做,哪些工作先做,哪些工作后做,应该怎么做。

在管理学中,计划是指组织或个人根据需要及能力,确定组织在一定时期内的奋斗目标,有效地利用组织的人力、物力、财力等资源,协调安排好相关的各项活动,实现目标。

简单地说,就是思考如何分配资源、规划活动、实现目标的过程。正式的"计划"会形成书面指导性文件,即"计划书"。

3. 计划的种类

计划的种类很多,可以按不同的标准进行分类。主要分类标准有:计划的重要性、时间界限、明确性和抽象性等。

从计划的重要性程度来分,可以将计划分为战略计划和作业计划。

按计划的时期界限来分,可以将计划分为长期计划、中期计划和短期计划。

根据计划内容的明确性指标,可以将计划分为具体性计划和指导性计划。

但是依据这些分类标准进行划分,所得到的计划类型并不是相互独立的,而是密切联系的。比如,短期计划和长期计划是相互配合的,战略计划和作业计划是相关联的。

在解决问题过程中,我们讨论的主要是短期的、具体的、可执行的计划。

(二)制订"执行"计划的步骤

在前三讲里,我们已经学会如何描述问题、分析原因和进行决策等。在这里,我们了解了计划的含义与作用,接下来我们要开始"计划之行"。一个好的计划,是如何做到"呼之欲出"的呢?下面我们结合具体的案例,弄清楚解决问题要计划什么、如何计划来进行分析。

筹办婚礼

3月31日,玛丽兴冲冲地冲进家门,宣布自己即将和大学中结交的男友拉里在4月22日结婚。下面是他们必须要做的一些事:

玛丽父亲决定在镇上唯一的教堂举行婚礼。这需要1天时间来预定教堂和礼堂,而教堂至少17天的时间发布公告。这些都必须在装饰教堂之前进行。接下装饰教堂需要3天。还要准备酒宴,酒店至少要在宴会(婚礼的前一天晚上)前10天预定,挑选蛋糕和桌布要2天。

玛丽要让简·萨马做伴娘,简·萨马需要10天的准备时间,并开车过来,如坐飞机过来,时间需要2天,只需多花500元。玛丽必须按时准备给她的礼服和礼物,其中买礼物要花一天的时间。

玛丽要为自己和伴娘的礼服订购布料,这需要8天还需要提前3天时间选择式样。玛丽要请沃特森太太为她做礼服,这需要6天,每天需要支付120美元的手工费。还要有2天的试衣时间。如果一切正常,完成洗烫需要2天时间。

玛丽母亲要求从印刷厂定做邀请函,这一般需要5天时间,在定做邀请函前,还需要有3天时间来确定邀请函的式样。邀请函至少在婚礼的前十天发出。

在写邀请函前,玛丽母亲需要列出要邀请的客人名单,要用4天的时间,在邮局邮寄请束前,填写地址需要4天时间,到邮局邮寄请束,需要一天时间。

玛丽决定找一家婚庆公司,来帮忙筹办婚礼。

如果一家婚庆公司接到这个任务,他们应该从何入手呢? 一般来讲,制订计划之前,应当了解和掌握下面的问题:

一是做什么:即计划的目标是什么,有哪些具体的事情要完成。

二是怎么做:事情相互之间有什么逻辑关系,怎样安排进度。

三是谁来做,需要配备哪些资源:确定需要的人、财、物及限制和约束条件。

四是风险控制:还有哪些潜在的问题要特别注意。

如果把"制订计划"具体为制订一座石桥建设计划,那么这四个问题的作用如下:第一个问题确定桥的位置,建桥需要多少块石板。

第二个问题确定桥的主要结构,每块石板的位置,多长时间建好。

第三个问题确定每块石板需要多少水泥才能固定好。

第四个问题确定桥两边是否需加防护栏。

建一座石桥,先要选定建桥的位置,才能确定桥的结构,而后才能确定需要多少水泥,最后完成防护栏的安装,也就是说计划制订一般按以下四个步骤来进行:

1. 清楚做什么?

清楚做什么就是要弄清楚自己的计划最终目标,知道自己要做哪些事才能实现目标。

(1)明确计划的目标

计划的目标,即你采取行动要达到的目标,将目标进行准确的描述,有利于我们在行动中确定方向。描述目标,要尽量用明确的措词来说明,要符合 SMART 原则(详见上册目标管理),为了使我们目标清楚明确,大家可从:"做什么"(What)、"为什么做"(Why)、"何时做"(When)、"何地做"(Where)、"谁去做"(Who)"成本 How much""原因 How"等几个方面去思考。

(2)分解任务

任何目标的达成和实现,只有变成一件件具体的工作才可能实现和完成。

在分解任务、梳理事件的过程中,时间是一个很重要的线索。分解任务时,先把计划要做的事情全部列出来,然后按照时间顺序进行整理,还应当注明完成各项工作的时间要求。图 8 - 1 所示,是"筹备婚礼"案例要完成的工作。

通过这样的分析和整理,明确任务,婚庆公司会很快理清头绪。

2. 怎么做?

知道要做什么后,接下来的事情就是"怎么做"了。

(1)分析各个事件之间的逻辑关系

事件与事件之间往往会存在一定的逻辑关系,这种逻辑关系往往要根据具体的情况来进行分析。最常见和基本的有两种,一种是"串联"、一种是"并联"。当两个事件是串联关系时,它们的顺序是不能交换的,当两个事件是并联关系时,它们可以同时进行互不干扰。

应按照事件的逻辑关系、计划执行的先后次序安排好每一项活动计划。对于计划中每一个步骤、每一步行动,再规定明确的起止时间,便得到了一张计划中各种相关事件的关系图(图 8 - 2)。

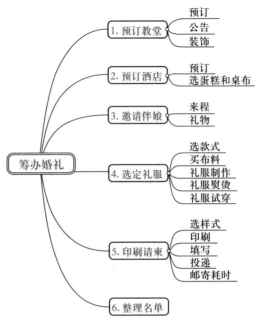

图 8 - 1　筹备婚礼计划书

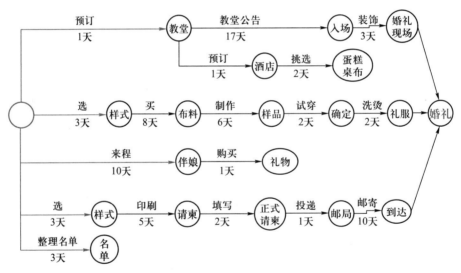

图 8 - 2　筹备婚礼相关事件关系图

图 8 - 2 中的箭头线,其方向表示工作进行的方向,箭头线的上方对应要完成的具体动作,也称为"作业",下方对应作业要花费的时间。

图 8 - 2 中的节点(圈):表示工作的开始、结束或连接关系,也称为事件。

两节点之间的通路叫线路,帮助我们确定最佳的线路。

图 8 - 2 不仅使计划的每一个步骤清晰起来,而且展示了行动方案中不同事件之间的关系。

（2）安排进度

清楚了事件与其所需要时间后,婚庆公司需要对所有事件进行统筹,再进一步明确任务完成顺序和时间期限,便形成清晰的工作进度,这时可以得到一张"甘特图"。

　　所谓甘特图(Gantt chart),又叫横道图、条状图(Bar chart)。发明者是科学管理运动的先驱者之一——亨利·L.甘特先生。甘特图以图示的方式,通过活动列表和时间刻度,形象地表示出任何特定项目的活动顺序与持续时间。横轴表示时间,纵轴表示事件。线条,表示在整个期间做计划和实际的活动完成情况。它直观地表明:事件在什么时候进行,以及实际进展与计划要求的对比。管理者很快能清楚看到这项任务还剩下哪些工作要做,并评估工作进度。

　　玛丽的婚礼筹办工作甘特图见图8-3。

事件(负责人)	子任务	4月1日 第一周							4月8日 第二周							4月15日 第三周						
		1	2	3	4	5	6	7	1	2	3	4	5	6	7	1	2	3	4	5	6	7
1.教堂(父亲)	预定	1天																				
	公告		17天																			
	装饰																			3天		
2.酒店(父亲)	预定		1天																			
	桌布蛋糕			2天																		
3.伴娘(玛丽)	来程									10天												
	礼物																		1天			
4.礼服(玛丽)	选款式	3天																				
	买布料					8天																
	礼服制作											6天										
	礼服试穿																		2天			
	礼服熨烫																			2天		
5.请柬(母亲)	选样式	3天																				
	请柬印刷					5天																
	请柬填写									2天												
	请柬投递								1天													
	请柬到达									10天												
6.通讯录(母亲)	客人名单					4天																

图8-3　婚礼筹办甘特图

　　(3)统筹兼顾,提升效率

　　要让事情保质保量按时完成,需要统筹兼顾,提升效率。这个环节的关键,是要防止"窝工",也就是防止因计划中调配不当,工作人员没有工作可做或不能发挥作用而形成浪费和效率降低。一般来说,如没有什么特别要求和原因,人们会尽可能"并联"事件,让各项工作同时进行,这样可有效避免时间和人力浪费。例如:在婚礼筹办案例中,如果等礼服完全做好了再制作请柬,那么这两项工作的完成时间就要42天,而婚礼准备时间只有22天。事实上,购买礼服布料、制作礼服、熨烫礼服、印刷请柬,请柬邮寄等事件中,除了询问进度的人,其他人基本上无事可做。如果没有理顺事件之间的关系,统筹兼顾,充分发挥每个人的作用,充分利用"并联"关系,势必会造成人员闲置,更重要的是延误任务。

　　3.谁来做,需要配备哪些资源?

　　事情、时间、安排都清晰后,接下来面临的问题就是"谁来做"、"需要配备哪些资源"的问题了。

（1）任务相关人员

婚礼筹办中，我们可以确定的人员有：父亲、母亲、新娘。

父亲可负责订教堂和酒店，新娘联系伴娘和礼服，母亲可负责印刷请柬，联系亲朋。事实上任务的相关人员还有许多，比如教堂、酒店、印刷厂联系人、做礼服的沃特森太太，要邀请的客人等。我们要清楚相关人员的作用、明确联系方式、联系时间等信息，保持联络通畅，及时跟进相关工作进度。

（2）确定需要配备的资源

每一件事的落实都涉及人员、资金、物料、时间等具体的资源。如果事情没有负责人，就没有了推动者和监督人，事情不能真正落实。如果资源缺乏，负责人和执行者会"巧妇难为无米之炊"。计划落实的过程，往往就是配置资源、使每一项工作落实的过程。

这一步工作一般在确定了"怎么做"之后进行，因为确定了"怎么做"之后，我们才能相对清楚地确定所需要的资源，其结果可直接放入甘特图中以方便查询，也可单独说明。

4. 进行风险控制

当怎么做、做什么、配备哪些资源等步骤都完成了之后，还有一步很重要，就是风险控制。

（1）风险评估

人们常说"不怕一万，就怕万一"。在计划实施过程中，难免会有一些意外出现，即风险。制订计划时，如果能有所考虑、提前准备，实施计划过程才不会手忙脚乱。

风险评估一般分为两个部分：

一是列出可能（潜在）的风险。案例中，比如：教堂和酒店会不会预定不到；伴娘能不能及时赶来；有没有预备的伴娘；万一请柬不能及时寄到怎么办等。人们要把可能的风险列出来才能思考如何应对。

二是风险评估。计划在执行的过程中会有各种各样的风险，如果不对这些风险分类，都去应对，很可能会出现"杞人忧天"，或是导致资源不足。人们常用图 8 - 4 来进行风险评估。

也就是根据风险可能性的大小及对应损失的大小将其分为四类：发生的可能性低，损失大；发生的可能性高，损失大；发生的可能性低，损失小；发生的可能性高，损失小。

四类风险对应的策略分别如图 8 - 5：有预案有监控；措施周密并严密监控；不理会；注意。

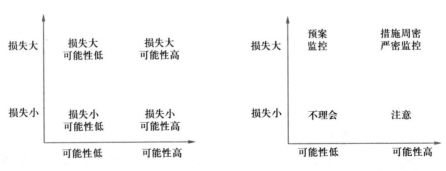

图 8 - 4　风险评估图示　　　　图 8 - 5　应对风险对策示意图

92

（2）应对措施

根据应对措施的不同,分为预防措施和应急措施两类。

◆ 预防措施,从预防的角度出发,目标是避免问题出现。

不 可 倒 置

公司要向一个不发达国家运送一批货物,这批货物是精密且易碎的物品,且不可倒置,于是发货前,包装部的员工开始思考如何才能保证这批货物不被倒置。以下是大家想到的一些预防措施:

第一,用货物到达国的语言写上"不可倒置"。

第二,因为搬运工人可能不识字,所以应该画一个国际通用的玻璃杯标志。

第三,如果搬运工人连标志也看不懂,在箱顶上加一个大吊环,可让他一看就明白这个货物需要吊着走。

第四,万一搬运工人是个冒失鬼,直接滚箱子怎么办,于是大家想到可以把箱子顶做成尖的,四周都写上字、画上图,而且在箱底加一个大大的重的底盘。其结果是箱子只能吊着走。

◆ 应急措施,从应急的角度出发,目标是减少损失和降低伤害。

在两类措施中,人们常优先考虑预防措施,因为这是降低风险、避免损失的最佳方案。尽管人们努力降低风险,但风险不是总能预防,有时预防措施成本过高,因此应急措施也就成了必不可少的。比如:外出时有可能下雨,这种可能是我们无法预防的,人们的应急措施就是带上一把伞,这样能有效地降低下雨给我们带来的不便。

> 抱最大的希望,为最大的努力,做最坏的打算。
>
> ——李嘉诚

只要充分考虑潜在问题及风险的两类应对措施,当风险来临的时候,才能真正做到未雨绸缪、有备无患。

5. 形成计划书

"计划"全部到位后形成文字,就是计划书。一般来说,一个规范的计划书,应包括计划的目的,相关人员和分工,日程安排、甘特图,注意事项、相关措施等内容。

> 在未来的 10 年内,我们所面临的挑战就是执行力。
>
> ——比尔·盖茨

三、协调关系,落实计划

制订好详细的计划,只是"万里长征"的第一步,将纸上谈兵的计划付诸实施才是解决问题的根本。

为什么同样一份登山计划,有的登山队实施得很好,全体队员顺利到达山顶;有的登山队却损兵折将,这不是计划的问题,而是计划执行者执行能力的问题。执行,并非像某些人

93

想的那样不需要思考,执行计划的过程是充满应变、充满智慧的过程。

（一）正确看待落实过程中的难点

"计划好订执行难"。之所以执行难,主要有如下几个方面的原因:

1. 外界环境因素的变化

计划执行往往需要一个过程,在这段时间内,外界环境有可能会产生各种变化,往往会给计划的执行带来困难。

2. 计划本身的欠缺与考虑不周

计划是行动前的构思,但"智者千虑,必有一失",总会有考虑不到的地方,这样就会给计划的执行工作带来困难。

3. 参与者不够重视

计划实施过程中不同参与者的目标、地位有差别,不同参与者对计划的理解和重视程度也不同。在计划实施的过程中,由于不够重视,对计划理解不到位,会直接导致对意外和困难的准备不足,导致执行困难。

4. 行动力较弱

执行的过程是付诸行动的过程,是具体人做具体事的过程。每个具体执行者由于成长经历、个人能力等条件都不一样,导致行动力弱的原因千差万别。

5. 协调能力不足

计划落实的过程中,需要和相关部门的人员打交道,协调处理计划落实中的种种问题和矛盾,有不少人不愿意或不善于和别人打交道,他们往往愿意处理一些具体"事",这是做不好工作的重要原因。

（二）"五步"协调,落实到位

计划制订得详细,执行起来会相对容易,但执行过程中仍然会有很多问题,需要相关人员随机应变。如果执行时不能及时克服阻碍,计划可能会永远不能完成。以上述五个影响计划执行的因素,除了外界因素是不可控之外,其余的四个因素都与人（主观）有关。可见,计划在落实过程中,人员组织、管理不到位、对变化反应不及时,是导致计划进展不顺利、落实不到位的主要原因。

聪明的问题解决者,会非常重视和注意计划的进度,协调各方,争取支持。只有相关人员之间及时沟通、响应变化,群策群力,克服执行中出现的困难,才能确保计划有效执行。

第一步:主动反馈

在计划执行过程中要主动反馈,争取上级领导的支持,要做好以下两点:

（1）多请示、多汇报。在计划执行过程中,要始终注意"多请示、多汇报"的原则,及时征求领导意见。看起来是下属在实施计划,事实上领导也在负责计划的实施工作,领导在高一层面上负责,下属是在帮助领导做一些具体的事。同样的,领导对下属实施的计划工作的成败,也承担着相应的领导责任。

（2）领导验收。一个计划实施完毕后,要请直接领导来验收计划实施的结果。这是所有工作的最终体现,一定要让领导来进行检查与验收,如果发现问题,可以及时纠正。

第二步:分配工作,统一协调

每个计划都需要一个人或是一个部门来推动。要实施计划,就要对计划工作的内容和人事安排烂熟于心,做到心中有数,项目计划者和执行者对活动的主题、背景、目的、对象、时间、流程等事项要清楚、明确,并在计划实施初始,让每位参与者对自己的位置和职责清楚、明确,要有正式的任命或公示,只有"名正才能言顺",只有上级、平级、下级之间的关系清晰,工作才能有效开展。

分配工作时要注意以下几点:

(1)要考虑工作与计划参与人员的能力、兴趣、爱好,难度高的分给创造性强的人,务实型的人则应分配技术性和常规事务性工作。

(2)要考虑参与人员的成长与发展,有效地激发参与者的工作热情。

(3)负责人要发挥领导作用,要对目标有清醒认识,要有百折不挠的精神,还要以身作则。

第三步:奖惩有度,有效监督

计划落实是一个持续推动的过程,工作分配后,要通过制度的完善、负责人的监督、同事的支持,才能保证有效落实。

(1)建立制度。工作分配下去后,还需要切实有效的措施,保证每个人都能按期完成自己的工作。为确保有效执行计划,建立合理的检查和奖惩制度十分必要。有了这种机制,工作做得好的人,得到表扬和奖励;工作做得不够好的人,也会得到改进。

(2)有效监督。只有根据计划来评估每步工作的效果,检查是否达到预期的目标,才能正确判断进度。比如:聘请园林建设施工队来负责草坪铺路。如果你是组织者、管理者,应当经常性地进行工作检查,监督工作进展。只有这样,才能确保计划按时完成。检查工作不只是在项目结束后,关键是在过程推进中检查,只有高质量的过程,才会有高质量的结果。

(3)主动体谅,争取支持。在计划执行过程中,很多时候要与不同部门、不同的人打交道,他们没有义务执行我们工作的安排,这时主动体谅、争取支持变得尤为重要。所谓主动体谅指的是,需要同事配合时要站在对方的角度思考,先看清楚对方有没有时间,对方会有什么困难,如何保障对方的利益等。只有充分考虑了这些,才可能让对方支持我们。

第四步:计划和执行要相互参与

有些计划在制订时,没有很好地考虑执行的可行性,导致无法落实。计划在制订时,就需要与相关的执行人员沟通,告知他们计划的目的,听取执行者的意见。在执行的过程中,不管计划做得如何详细,对风险考虑得如何周密,还是会不断出现问题。执行过程中出现了原来没有想到的问题,此时相关信息要及时反馈给计划者,以便调整计划中的不完善部分。

第五步:收集信息,获得支持条件

没有人能掌握所有的知识和技能,在实施计划、解决问题的过程中,要尽可能地利用信息,争取从外界获得更多的支持。

综上所述,落实计划,绝不是机械地指挥和服从,而是沟通及时、反馈有效、调度得当、协调到位、合作共进的过程,是监控变化、及时调整的艺术,是人际关系协调的艺术。

活动 客户的活动日程分析

张强是公司客户专员,老板通知他,下周有一个重要的国外客户代表团要来访问,并可能与公司签订合作项目。公司非常看重这次访问,希望能尽量让客人满意。但是也不希望过多宣传,以免让竞争对手察觉。老板告诉张强,这是宗大买卖,不容许接待过程出现任何差错。公司给了一张客人来访日程的大致安排:

周一:13:30 飞机到达广州白云机场,由公司总经理等人前往接机,然后送客人到宾馆下榻。

16:30 陪客人游览珠江。

18:30 从公司出发前往晚餐地点:广州饭店

23:00 回宾馆。

周二:8:00 接客人到公司参观,向客人演示公司的代表性产品。参观内容包括生产部、客户服务部、实验室、产品演示厅。

中午在公司附近的饭店举行午餐宴会。

13:00 陪客人游览中山纪念堂。

18:30 晚宴。

周三:上午休息。

下午带客人去上下九和西关大屋游览。

周四:8:00 接客人到公司。

9:00 在总经理会议室举行会谈,分别与总经理、开发部和市场部的人会谈。

12:00 在公司附近饭店举行午宴。

13:30 返回宾馆。

16:00 送客人去机场。

18:30 送飞机。

请根据这个行程表帮助张强制订详细的计划,按以下步骤进行:

(1) 说明计划的总体目标是什么?

(2) 分解任务,明确事件具体步骤。

(3) 落实相关的人、财、物,保证资源到位。

(4) 研究潜在问题,制定预防措施与应急方案。

『分享收获』

1. 如何对日程表中的任务进行细化?

2. 谁的潜在问题分析得最好,为什么?

3. 生活中哪些预防措施与应急方案给你留下深刻印象?

『共勉录』

在做计划时,如果只从肯定出发,留下的都是问题,如果能从否定出发,得到的却是肯定。

能力训练

『堂上演练』 完善活动计划

随着公司业务的拓展,公司员工队伍日益壮大,现已有正式员工350人。为了增强团队凝聚力和员工归宿感,公司决定在今年农历八月十四晚上举办"月亮之心"中秋亲情晚会,由你负责落实活动,具体实施。请根据下面的大纲制订完善的活动计划。

公司中秋节活动计划大纲

一、成立"月亮之心"中秋亲情晚会筹备组

筹备组主任:×××

副主任:×××(兼秘书长)

下设×个小组(各组首位成员为组长):

×组:(职责说明)

×组:(职责说明)

二、各组成员须熟知的有关内容

活动主题:"月亮之心"中秋亲情晚会

活动背景:

"每逢佳节倍思亲"赋予了中秋节浓郁的"家和"概念。在这个尽享天伦、祈福圆满的月圆之夜,每一颗心灵都是圣洁的,最容易激发出人性的真善美,是绝好的增进情感的时机。

活动目的:

(1)公司是个大家庭,增强团队凝聚力和员工归宿感。

(2)让员工家属了解公司文化,增进对公司的亲切感,提高对员工工作的支持度。

(3)激发员工的感恩心与荣誉心,为家人、为团队,更努力、更有价值感地投入工作。

(4)倡导"快乐工作·幸福生活"的平衡理念,强化人与人之间和睦相处,珍惜与家人之间、与同事之间共同生活的缘分,引导员工的博爱意识、集体意识。

(5)尊重中国的传统风俗,祈福人生的圆满,弘扬中国民族文化,提升员工的文化素养。

活动对象:全体员工及其家属。

活动时间:农历八月十四晚。

活动流程:

(1)团队负责人致欢迎辞。

(2)舞台剧《中秋溯源》。为后羿射日、朱元璋起义等典故。

(3)快板(三句半、二人转)《瞧我们这一家子》。内容是分别介绍本团队的员工。

(4)颁奖。团队负责人总结每一位员工对团队所做的成绩与贡献,给予不同的荣誉称

号,并颁发相应奖项奖品给该员工的家属,借此也请员工和家属即兴讲话。

(5) 家庭秀。所有家庭才艺表演,或是进行家庭游戏。

(6) 音乐故事《蓝绸带》。现场发动蓝绸带感恩行动(可同事或家人之间相互进行感恩,给自己要感谢的人系上一根蓝绸带)。

(7) 月下祈福。

(8) 制定下阶段不同业绩档次的奖励标准(以家庭型奖励为主,如家庭用品或全家旅游等)。

(9) 派送中秋礼物。团队负责人致感谢辞。

三、保障措施

1. 中秋节活动计划还要完善哪些内容?

2. 中秋节活动实施过程中要注意哪些问题,应变措施有哪些?

3. 画出中秋节活动对应的甘特图。

演练目的:学会对计划进行分析,掌握风险应对和进度控制。

『课后拓展』 角色扮演:促销计划

小金是某巧克力公司广州地区的一名销售员。新年将至,公司准备用20天时间在广州市内各大超市举行巧克力促销活动,小金负责联络他所管辖区域的各大超市的促销活动,包括促销计划的制订与促销地点的联络。小金迅速制订出一个工作计划时间表,准备实施。

三人一组,分别扮演小金、超市经理、点评员。点评员不发言,只观察。

小金与超市经理商讨促销协议,5分钟后三人轮换角色。

拓展目的:学会沟通协调,推进计划实施。

 能力延伸

一、老板希望找什么样的秘书

许多员工常说:"我已经做了,是别人没有做好。"但你想想,公司给了你职位和相应的报酬,就是让你把工作做到位。如果不能让工作有一个好的结果,那你的价值又在哪里?

作为演说家,霍金斯发现自己成功要素之一是让顾客及时见到本人和他的演讲材料。于是霍金斯专门安排了一个人来负责把他的材料及时送到顾客那里。

然而,一件事让霍金斯记忆犹新。那是一次他担任主讲人的演讲,他给负责材料的秘书打电话,问演讲的材料是否已经送到客户那里。秘书回答说:"没问题,我已经在好几天前就把东西送出去了。""他们收到了吗?"霍金斯追问,"应该收到了,我是让联邦快递送的,他们保证两天后到达。"从秘书的话里,霍金斯感觉她是负责任的,应该不会出问题。

遗憾的是,结果并非如此。客户虽然拿到了材料,但也许是每天收到的材料太多了,以致没有意识到这是演讲必不可少的材料,而是把它们放到一边,等用的时候却找不到了。

那次演讲的效果可想而知。其实,如果当时这个秘书再负责一些,随后再跟踪一下此

事,与客户确认一下,就不会发生这样的事了。

二、测试你的执行力有多强

1. 上级交给你一项工作任务,你能否在规定的时间内完成呢?
   A. 几乎无法完成　　　B. 大多数会如期完成　　　C. 一定会如期完成
2. 你曾经以"这不是我职责范围内的事"等理由来逃避工作任务吗?
   A. 至少3次以上　　　B. 仅有过一两次　　　C. 从来没有过
3. 当你抓紧时间安排手头上的工作或任务时,突然有同事来找你帮忙,而你的时间也很急迫,你会怎么做呢?
   A. 放下手头上的事来帮同事的忙
   B. 找个借口推辞掉
   C. 先说明原因再拒绝,然后完成自己的工作
4. 当你接受一项工作或任务时,你习惯怎么做?
   A. 先放着等一会儿再做　　　B. 立即着手去做
   C. 先弄清楚预期的目标和交付的时间再着手去做
5. 当你在超市买东西正准备结账时,上司刚好打电话来要你立即回公司,你会怎么做?
   A. 按部就班结完账再去　　　B. 结完账匆匆赶回公司　　　C. 放下东西立即赶回公司
6. 一天上午,经理要你打印一份文件,说下午开会时要用,你会怎么做?
   A. 中午才打印　　　B. 立即打印,并送给经理
   C. 大致浏览下,确认无误后立即打印
7. 某天,你和领导一起去开会,即将轮到领导发言时,你发现演讲稿似乎少了一句,你会怎么做?
   A. 觉得无所谓　　　B. 和领导说一声,让他自己拿主意　　　C. 补上这句,并告知领导
8. 当上司询问你执行任务进度时,你通常会怎么回答?
   A. 应该能完成,您放心　　　B. 已经顺利完成2/3了
   C. 目前完成了2/3,明天下午6点前全部完成
9. 身为团队的负责人,当团队成员意见发生分歧时,你会怎么做?
   A. 不闻不问　　　B. 责怪团员　　　C. 找出原因,进行协调
10. 有一次,部门参加公司组织的体能训练,每个人都发挥出色,但训练时却成绩平平,这样的情况说明了什么?
    A. 评估方法不适当　　　B. 每个团队的成员都很优秀　　　C. 团队合作不协调
    积分规则:选A得1分,选B得2分,选C得3分。

    测试结果分析:得10～17分,执行力较弱。

    执行力比较弱,工作质量也比较差,做事情总是拖拖拉拉,不到一定的时候不做。这种状态下如果想获得成功,可能需要付出更大的努力。执行任务时,不要让懒惰和理所当然冲昏了头,要加把劲哦。

    得18～24分,执行力普通。

有一定的执行能力,却少了几分热情。但这不是获得成功的大碍,只要行事稍加注意,多点细心和耐性,多加强自己的责任心,从一开始就抱有执行到底的心态,就能增加成功的机会,正所谓"冰冻三尺,非一日之寒"。

得 25~30 分,执行力较强。

执行力很强,只要从小处做起,从细节出发,注意创新与细节的关系,坚持不懈地努力,就能顺利执行到底。同样,只要善加利用时机和自己的执行力,你的事业一定会达到理想的顶峰。

项目三
服务能力训练

第 9 讲　培养意识，走进服务

训练课堂　服务他人，成就自己。

训练项目　服务意识训练。

训练目标　通过训练，使学员了解服务及服务意识的相关知识，明确服务的重要性；逐步提高辨别服务优劣的能力，增强服务意识。

 案例故事

"麻烦"的客人？

因工作需要，刘先生准备在某饭店长住一年。该饭店没有单人间，刘先生就租用了一个标准间。一周后，刘先生觉得自己一个人住在标准间，很不舒服，他感觉房内放一张床显得太小，两张床又占地方，就向客房部黄经理提出"能否给他换张大床"的需求。黄经理认为客人的要求是合理的，就专门购置一张大床，满足了刘先生的要求。

第三周，刘先生找到黄经理，提出能否给他的房间多加一个衣柜，因为刘先生一年四季的衣服在壁橱里根本放不下。于是黄经理就与刘先生商量："您可以把衣服寄放在饭店洗衣房的布草间里。"但刘先生不同意，他说："每次穿衣时都要与你们联系，岂不麻烦死啦！"黄经理认为刘先生说的也有道理，就给他专门添置了衣柜。

再一周后，刘先生又找到黄经理，要求长借一块烫衣板和一个熨斗，他说："每次我刚借来熨斗，你们的服务员就来催问我什么时候还，我想在自己最方便的时候熨衣服。"黄经理想了想，就对刘先生说："我会通知服务员满足您的要求。"

但在刘先生离开后，黄经理就在嘟哝："这么多的要求，要是每个客人都这样，还真麻烦！还不如不接。"

『心动问题』

1. 案例中客人的要求是合理的,还是麻烦的、无理的?
2. 如果你是黄经理,面对刘先生这类客人时,你会怎么处理?

『感悟真谛』

服务是一种尊重、一种沟通、一种满足感,是一系列行为的集合体。从生活到职场,服务无处不在。无论多成功的个人或企业都需要通过高品质的"服务"来体现自身的价值,他们把树立服务意识,培养高超的服务技能作为经营管理的第一课。

知识准备

在经济与社会发展日新月异,人民群众的生活水平日益提高,行业竞争越来越激烈的今天,服务,已经不再是传统意义上的"服务"。本讲内容主要从服务的理念入手,以服务的内涵为突破口,扫描"服务"现状,让大家在面对问题与不足的同时,为改变现状更新观念,为提升水平转变态度,为保证质量尽一份力量。希望通过学习训练,同学们潜在的服务意识将被唤醒,逐步养成良好的服务习惯。

一、"服务"已走进新时代

生产力的进步,科技的发展,社会分工越来越细,行业的分类由过往的360行,到了今天已分为16个门类,93个大类,366个中类。而各行业里的职业,我国把它分成8个大类,70多个中类,300多个小类和2 000多个细类。在职业的大千世界里,各种各样的职业犹如机器上各种零部件,各自承担着特定的职责,从而保证了整部机器的正常运转。然而,各产业(第一、二、三产业)之间,物质生产部门与非物质生产部门之间是如何协调发展的呢? 与时代发展相应,生活上人们日益增长的消费需求如何才能满足? 工作上劳动者不断从低技能职位向高技能职位迁移,拥有更多知识和更新、更高技能的人才逐步成为社会劳动力的主体,那么,高素质劳动者是如何打造的呢? 所有这些,都与"服务"紧密相连。服务,使产业之间协调发展;服务,能满足人们的物质消费需求;服务,也能满足劳动者的精神需要。

> 每个人都是一座山,世上最难攀的山是自己。往上走,即使一小步,也是新高度。
>
> ——王石

(一) 什么才是服务

在大众的心理,"服务"一般是指具有行业局限性的概念,有人认为花了钱可以买服务;有人认为服务是一类低薪低能的工作;甚至有人认为"只买贵的,不买对的",服务水准还是"钱"说了算,高消费的就一定是优质服务。这些都是对"服务"的偏见。

1. 两种与时代相悖的"服务"观

过去,由于经济落后,人们的消费需求比较单一,服务业的观念意识也仅停留在传统的

"物质"服务上,所以人们对"服务"的理解五花八门,归纳起来主要有以下两种:

（1）服务仅限于第三产业

传统意义上习惯将服务业统称第三产业（图9-1）,多指人类通过在给顾客提供的有形和无形产品上所完成的活动、无形产品的交付、为顾客创造氛围等非物质生产活动,提供劳动、智力等非实物形态的"产品"的过程。换言之,服务就是指为客户付出的过程,特指专门伺候人的行业。

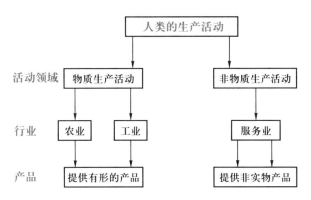

图9-1 传统意义服务业示意图

（2）服务是对技巧的运用

网络的风行牵动了服务业的改革,强调以客户需求为焦点,突出服务过程中遵循的规范及运用的技能。例如,超市常会通过各式各样的促销活动来突显它对客户生活需求的关注,银行会设计各种套餐体验给客户提供优惠,机关部门会改造环境来回馈群众的建议……然而,仍有许多关于超市、银行、机关部门的负面新闻出现,消费者仍然享受不到优质的服务。

试想,如果请了家政公司的工人来清洁家里的地面、家具,最后他（她）不仅把卫生搞好了,连大厅的物品都整理得井井有条,甚至在离开时留了一束鲜花和"温馨提示",顾客还会去投诉这名家政工人吗？还是选择成为她的固定客户？

可见,如果服务仅局限于对技巧的运用或形式的改变是远远不够的。

2. 新时代的服务是一种"连接"

在信息爆炸的时代,服务不仅仅是关注客户的需求,不仅仅是满足客户的期望的表面行为,更重要的是侧重于如何超越客户的需求,提供"超值的服务链接",提升服务行为的附加值,增长企业利润的行动、过程及结果,并最终吸引客户成为企业的忠诚者。所以,服务的本质是"连接",连接服务过程中的人、物。通过对人与人、人与物、物与物连接的过程、环境、方式、效率,让服务对象产生的感受,受关注度与讲究性大大提高。

例如,下雨天进入超市,无论门口是否有工作人员指引,安放静卧在入口处的雨伞套、优惠传单就是一种服务。表面上,它只是节约了客人选购时花费的时间,便利了客人因雨水带来的不必要的麻烦,实质上是连接了客户与超市的情感体验。

无论金融界、IT业,还是娱乐、餐饮、产品的销售……职场中的"服务"不仅仅是满足客户的潜在需求。一切行为皆服务。它包括为他人着想,给别人所需的有偿行为,也包

项目三 服务能力训练

含了为身边的人做力所能及的事的无偿行为,例如社会、政府、慈善人士为公众提供的公共服务。

3. 服务新理念,意识决定优劣

准职业人面向职场,了解和参与更多的是技术层面的服务。但是,服务的技巧能使客户感到被满足,只是一种短期的行为,并非一定会成为长期的合作伙伴。真正决定服务者与客户之间的信任基础,是源于服务者的工作态度——服务意识。

服务意识,指发自服务人员的内心,是服务人员的一种本能和习惯,是员工在企业利益相关的人或企业的交往中所体现的自觉主动提供热情、周到服务工作的一种观念和愿望。它可以通过培养、教育训练形成的。判断一个人的服务意识强弱,主要看他的服务行为是否出自自愿性,是否主动寻找方法提升服务品质。

小 王 卖 米

乡下的小王16岁时到城里开了一家米铺。那时电话还没有普及,家庭主妇买米要亲自到米店,如果买多了拿不动,买少了又要常来买,主妇常为此烦恼。而米店的工人则是等待顾客上门做生意,很是被动。

小王通过一段时间的观察与思考后,想到了一个好方法,碰到顾客来买米时提议:"您以后要买的大米,由我送到家里好不好?"客人一听连忙点头"好呀",这是求之不得的事。从此,小王不仅把米送到客人家里,装米时还认真地将米缸里的陈米清干净有时还帮忙清洗米缸。有时,小王还顺便了解客人家吃米的情况,并细心地将这次购米的数量、米缸大小、家庭住址等信息一起记录在随身携带的小本子上。通过收集这些信息,小王就可以估算出客人大概什么时候需要买米。此后,小王总能在客人来买米前就把米送到客人家中。当时大米加工技术比较落后,有的大米掺杂着米糠、沙粒或小石头,小王每次卖米前都把米搞干净,客人买到干净的米还包送上门,自然都成了回头客。

小王的贴心服务很快被传开了,越来越多的居民来买小王的大米,并成为他的忠实客人。2008年6月,福布斯公布小王身价68亿美元,位居台湾富人榜第二。他就是被誉为"台湾销售之神"的王永庆。

在米店的经营过程中,王永庆并没有投入过人的高技术,但他却有着一股热情,主动去观察、了解顾客的实际需要,并积极寻找方法提升服务品质,最终赢得顾客。可见,高超的技巧固然能使人满意,但良好的服务意识却能让人感到贴心与温暖,满足顾客心理层面的需求,赢得顾客的忠诚。服务意识是优质服务的根本。

> 船锚是不怕埋没自己的。当人们看不到它的时候,正是它在为人类服务的时候。
>
> ——格·瓦·普列汉诺夫

(二)服务的作用不可同日而言

在现代社会,从电视广告到街头的宣传,都不难发现大家越来越重视服务的品质,服务已不仅仅是一种职业或岗位的代名词,更重要的是服务连接了人与人之间的沟通,服务连接了企业之间的合作,服务连接了国与国之间的融洽相处。

1. 服务促进国际间的和谐

巴基斯坦与中国的情谊

2005年巴基斯坦遭遇南亚大地震袭击,中国义不容辞伸出援手。2008年中国汶川地震,获悉中国请求国际社会支援帐篷消息后,巴基斯坦政府动用了国家战略储备的所有帐篷捐赠向中国地震灾区,分批运送时,甚至精确到了个位数。

这份胜似亲兄弟的情谊,令无数中国人感动不已。于是有人说:"我还能说什么,一个国家能做到把储备的所有帐篷捐给中国,这已经超越了友谊。"

巴基斯坦与中国相隔千里,没有法律规定他们必须做到"倾尽所有",但他们做了。当他们遇到困境时,也没有条例要求中国必须援助他们,但中国义不容辞地去做了。心与心的连接体现的不仅是一份"人文关怀",更是一种立足于大局的服务意识——主动关怀并积极寻找解决的办法,从而满足对方的需求。服务是一个国家、一个民族的品质的体现。服务意识,关乎大爱!

2. 服务提升了工作与生活品质

生活中,当有人手捧成堆的物品而无法按下开门器时,保安为他轻轻推开了前面的门,让他顺利通过,这是一种服务;当遇到挫折受到批评时,伙伴协助处理后续事情,这也是一种服务;道路因交通事故堵塞,交警在现场指挥疏导交通使大家顺利通行,这是一种服务。

当工作累时,同事递来一杯温暖的咖啡,这是一种服务;当看到顾客进店,无论她的衣着、身份如何,细心观察她的言行,准确判断她的需求,哪怕在她离开时只是带走一份建议而并非产品,那也是一种服务;当顾客因为商品的原因投诉时,明知道这并非自己的工作,但仍耐心处理,这也是一种服务……

服务是一个人的工作态度、一个人的职业素养的最好的表现机会。服务意识,在于修养!

3. 服务是人际沟通的纽带

服务连接的不仅是客户、企业,已经渗透到生活、学习、工作等各个方面。例如当学习后累趴在书桌前睡意迷糊时,家人轻轻盖上被子,这就是一种服务;走在路上掉了一本书,同学帮忙捡起来,这是一种服务;经过空无一人的课室,随手关闭还在运转的电扇,这也是一种服务。

在这些服务行为的背后,无关乎利益。服务无处不在,你时时在为别人服务的同时,别人也在为你服务。服务将人与人的心连在了一起。

对企业来说,"口碑"的重要性远远大于"品牌",而决定口碑的关键则是客户服务质量。

——马云

二、从职场的视野看服务

随着服务业的重组与改革,为满足人们日益提升的服务需求与期望,服务的项目越来越具体、新颖。社会的进步不仅使服务的内容丰富多彩,而且服务的特征更为明显,特点更为突出,品质要求更高,由此产生的经济效益也更为可观。据统计,美国80%的GDP由服务业创造,日本70%的GDP由服务业创造。"服务"在国际上已被公认为衡量一个国家是否发达的标准之一。同学们要理解这一标准,就必须掌握服务的五个特点。

1. 服务的无形性

法国里兹·卡尔顿酒店集团的创始人里兹常说,人们喜欢有人服务,但是要不露痕迹。过去,服务常常是隐藏在服务者的言行中,并在过程结束或者缺失的时候才让客户感到它的存在。

英国清洁工人罢工

因为劳资纠纷,英国的清洁工人罢工三天后仍然沉默,等待着政府对他们提出的要求做出满意的反馈。三天的垃圾堆积如山,路过的人纷纷捂鼻逃离。经受采访的民众说,这几天臭气熏天,这里已经由人间天堂成为了老鼠的乐园。

当今世界,随着信息时代的发展,激发了服务的形态的根本改变。服务是一种无形的产品,是产品就有"生产过程",为此,服务业正在努力通过相关方面的改革,希望通过让客户看到服务的流程,更多的参与进去,共同感受服务的过程与存在。

2. 服务与消费的同步性

有形的商品是先生产,然后存储、销售和消费,而服务作为无形的产品却是先销售,然后同时进行生产和消费。这意味着什么呢,意味着"服务正在进行生产的时候,顾客是在现场的",而且会观察甚至"参加到生产过程中"来。有些服务是很多顾客共同消费的,即同一个服务由大量消费者同时分享,比如一场音乐会、报告会,这也说明了在服务的生产过程中,顾客之间往往会有相互作用,因而会影响彼此的体验。

以购买电视机和艺术写真摄影服务为例,一般情况下人们购买的电视机商品是成品,其价格的高低取决于功能的优劣,这部分则需要客户在购买、消费后才能真正体验到,消费者可以在购买后的任何时间消费它、使用它,不用生产者介入。而购买了写真摄影服务,则必须约好时间,服务提供者与消费者相互配合才能完成,即服务的"生产"与消费是同时发生的。

也正因如此,服务的质量无法如硬件产品一样,可以先经过专业验证或入库保存,更无法在使用前发现它的质量是否与消费的价值同等。客户判断这项服务的价值,常是通过它上面标注的明码实价,人们常说的"一分钱,一分货"正是它的体现。

以艺术写真摄影为例,不同的价格包含的服务项目、具体内容与赠品都不同。但无论如何,服务的多少或优劣常与消费同步。如表 9 - 1 所示:

表 9 - 1　艺术写真服务价格表

	一份 248 元的拍摄产品	一份 368 元的拍摄产品
套餐内容	以下套餐内容 3 选 1： 个人艺术写真，服装三套（不含婚纱礼服），整体化妆造型三组； 孕妇照，服装三套（不含婚纱礼服），整体化妆造型三组；宝宝照，服装三套，整体化妆造型三组	以下套餐内容 5 选 1： 个人写真：价值 1 680 元 情侣照：价值 1 680 元 闺蜜照：价值 1 680 元 孕妈照：价值 1 680 元 宝宝照：价值 1 680 元
产品内容	8 × 8 寸韩式一体卡罗册（精修 18 底入册）；20 寸丽致水晶一幅；8 寸靓丽水晶一幅；10 寸水晶蕾梦娜一幅；银包卡 2 张；拍摄 50 张原片拷贝（自带存储设备）	*拍摄当天提供： 提供 3 套时尚服装（指定拍摄区域任选，情侣照及闺密照共选 3 套）； 拍摄当天根据拍摄风格整体造型，淡妆加拍摄过程中的补妆服务，提供妆面及造型 3 款； 提供化妆品、饰品、假发、道具等（不含护肤品）；提供立体仿真睫毛 1 对； *拍摄产品内容 10 寸首尔之约韩版相册一本（20 款精修入册，全画幅无接缝制作）；24 寸油画一幅（防水防潮装裱）；8 寸冰晶画一幅；7 寸艾米丽版画一幅；水晶钥匙扣一个；迷你钱包相片 4 张；精修 20 张入册（以上放大产品均从精修中选取）；数码底片光盘一张，内含 50 张简修电子底片； *化妆区免费提供项目： 化妆造型服务，影楼专用粉底、睫毛膏、眼影、唇彩、假发、饰品
其他服务	其他服务： 免费提供眼睫毛； 免费提供化妆、造型、饰品； 美甲 30 元一副（自选） 硅胶胸贴 58 一副（自选）	1. 景点：立体实景影棚或小区街景（2 选 1）； 2. 风格：璀璨芭莎、蕾丝诱惑、秀色恋人、快乐宝贝、DIY 风格演绎； 3. 相机：世界专业级全画幅尼康顶级数码相机

　　用消费的额度来反映服务的价值，是一种有偿的服务。过去，"服务"集中体现在餐饮、旅游等服务行业中。现在，伴随消费形式的不断更新，服务的范畴也就越来越广泛。但无论形式如何改革，服务与消费的同步性特点仍很明显。

　　3. 服务的共享性

　　服务区别于其他产品的另一个特点在于：在多数情况下，服务过程要有客户的参与才实现它的意义。没有客户的参与,"服务"便成了赠品;客户只能充当服务的体验者,更无法参与服务的质量反馈与评价,有效地促进服务品质的提升。

一次优质的航空服务

张先生是国内某大型民营企业的 CEO,上周他乘坐中国国际航空公司的航班前往纽约。虽然机票价格从过去的 3.5 万元人民币涨到 7.5 万元人民币,但他认为这次"昂贵"的头等舱体验"物有所值":国航有专用奥迪车来接他到首都国际机场,他像往常一样走过快速 VIP 安检通道,坐在头等舱后,新式、宽敞的座椅让他感觉舒服极了,座椅可放平,成为一张真正的"空中睡床"。乘务员还为他提供了新配备的睡衣;舱内可模仿日出、日落的灯光,让他觉得很人性化:飞行过程中,他从几十部电影中选择了两部自己喜欢的;餐食是他在登机前就预定好的北京烤鸭、法国红酒。这次,张先生觉得漫长的 13 小时航行居然轻松度过。到纽约后,国航又派奥迪车将他从机场送到目的地。

日常生活中,当车抛锚时,客户因为相信对方能帮助自己而拨通 4S 店的销售员的电话,因为那位销售员的服务征服了他;遇到困境挫折时,不是因为想吃东西而是因为留恋那里的温馨走进某家餐馆,因为他们的服务能让客户平静、情绪舒缓。

服务就像谈恋爱,客户好比少女,服务者就是围绕其身边的追求者,优质的服务可以提供服务者与客户感情交流的平台。真正重要的是服务者在服务中,能与客户共同分享并感受由此带来的快乐与喜悦。

4. 服务的异质性

服务的异质性,主要是由于员工和顾客之间的相互作用,以及伴随这一过程的所有变化因素导致的,同时还导致了服务质量取决于服务者不能完全控制的许多因素,如顾客对其需求的表达的能力、员工满足这些需求的能力和意愿、其他顾客的到来以及顾客对服务需求的程度。

试想如果在理发时,理发师忽略顾客的要求,理出统一的发型,这样的服务能满足顾客吗?顾客愿意接受这样服务吗? 在以服务品质来衡量服务者的专业能力水平的今天,服务必须能满足客户的个性要求。

泰国曼谷东方饭店的一次经历

俞先生至今难忘他在泰国曼谷东方饭店的一次经历。

在他入住第二天早上,每碰到一个服务生,对方都能准确地叫出他的姓,这让他很好奇。了解后才知道原来该饭店有个规定:晚上客人睡觉的时候,这一楼层的服务生要记住每一个房间客人的名字。

俞先生在服务小姐的引领下来到餐厅。刚进门,服务生就迎上来笑着问他是否要坐"老位置"。俞先生一脸诧异,以为对方认错人了,后来听服务生耐心地解说,才想起去年自己曾入住此店,店里的电脑里有他的记录。接着,当俞先生坐下时,服务生又热情地询问他是否点"老菜单——一杯番茄汁,两个炒蛋而且煎双面,再加一杯水",俞先生既感慨又欣慰:被人尊重与关注的感觉真好!

后来,俞先生向服务生询问一些关于饭菜的问题时,他注意到一个细节:服务生总是先后退一步再回答他,目的是为了防止口水溅到他的菜里。服务生的这种教养再次让俞先生心生感动——这就是服务的品质!

当他退房离开的时候,服务生把他的收据折好放在信封里给他,并说:"谢谢您,俞先生,真希望第七次再看到您。"此时,俞先生才想起,原来那是他第六次去泰国。

此后三年他都没时间去泰国。一天,他收到了该饭店寄来的一张卡片,上面书写着一行漂亮的小字:"亲爱的俞先生,三年前的4月16日您离开以后,我们就没有再看到您,公司全体上下都很想念。下次经过泰国一定要来看看我们。"下面写的是"祝您生日快乐!"原来收信的那天正好是俞先生的生日。

这种优质的服务无疑征服了俞先生的心!如果再经过泰国,他一定还住东方饭店。

泰国曼谷东方饭店距今已有110年历史,是世界著名的饭店之一。能够经营出世界一流的饭店,必然有它的诀窍——因为客人不同,服务个性化!很多时候,服务具有一对一的特性。能给客户提供符合客户要求的服务,才能真正的体现服务的高品质与价值。

5. 服务的不可储存性

服务的易逝性,是指服务不能被储存、转售或者退回的特性。比如一个有100个座位的航班,如果在某天只有80个乘客,它不可能将剩余的20个座位储存起来留待下个航班销售;一个咨询师提供的咨询也无法退货,无法重新咨询或者转让给他人。

由于服务无法储存和运输,服务分销渠道的结构与性质和有形产品差异很大,为了充分利用生产能力,对需求进行预测并制订有创造性的计划成为重要和富于挑战性的决策问题,而且由于服务无法像有形产品一样退回,服务组织必须制定强有力的补救策略,以弥补服务失误,尽管咨询师糟糕的咨询没法退回,但是咨询公司可以通过更换咨询师来重拾顾客的信心。

看在眼里而不形于色,听在心中而不流于言表,服务周到而不卑躬屈膝,承志上意而不自作主张。

——里茨

三、迈开服务脚步,跟上时代节拍

阿里巴巴董事局原主席马云说:"做企业的目的,不是眼睛盯着对手如何强大,如何做生意,而是眼睛盯着客户。每天要对客户多了解一点,每天要对客户服务得好一点,每天把自己放在客户的角度上面去做,这个才是最高的真谛。"而随着服务的"国际地位"日渐提升,服务已成为衡量一个国家经济是否发达的标准,也是衡量一家企业是否能持续发展的标准之一。

(一)聚焦服务现状

如果说服务是国家、企业、个人在激烈的社会竞争中屹立不倒的核心竞争力,那么服务意识则是国家、企业、个人认真探究市场的原动力,是国家、企业、个人赢得竞争的前提条件。

然而,服务近在眼前,意识远在天边。回看身边的种种"服务",不尽如人意的行为却层出不穷,屡见不鲜,让人深思。

情景一:

小张是第一次从农村到东莞打工。背着笨重的行李和一个大麻袋在公交站等车前往镇区。好不容易等来了一台,上车时他从内层衣服里掏出一张百元大钞,递向司机。此时,司机瞧着他的衣着皱着眉头说:"扔那个箱里。这是无人售票的,不找零的。"小张一听非常紧张地说:"师傅,你看,车要开了,你又不能等我,我也来不及去那边店铺找零,能在这帮我换么?""没有,没有。要不你自己去找零,要不就把钱扔进箱。要上车就快点了。"小张一脸无奈,求助无果后只能下车。

情景二:

小伍生病了,请假留在宿舍休息。迷糊中起床上洗手间,却被放置门边的球鞋绊倒。那是同舍小刘的球鞋。小刘平时不注重物品的摆放,更没考虑自己的随意给别人造成的麻烦与困扰,却总对别人的随意行为多有不满。小伍主动把小刘的鞋子放好,未料小刘放学知道后竟对小伍连番埋怨。

古语说:"在其位,谋其职。"作为一名服务人员,有服务顾客的行为,却还应有服务他人的热情与欲望。其实,生活中不缺服务,缺的是良好的服务意识。时代呼唤服务意识,人们有必要重视服务意识的提升,有义务有责任启动优质服务。

（二）服务是船,意识为帆

优质的服务能使企业受益,而良好的服务意识能提升服务的品质。服务与服务意识是相辅相成的,好比一对孪生兄弟。

1. 良好的服务意识是优质服务的核心竞争力

当今的市场已由"商品竞争"演变成"服务竞争"。对于任何一家企业来说,要提高服务质量,让顾客开心满意,才能培养更多忠诚的顾客,才能保证企业在激烈的商场中能走得更远。服务意识是企业经营的灵魂,良好的服务意识是优质服务的核心竞争力。

情景一:

某家咖啡店 22:00 打烊,21:30 营业员们就开始清扫了,客人只有"望风而逃"。对这些服务员来说客人消费得高不高兴无所谓,保证他们准时下班才是最重要的。

情景二:

某办公大楼下每天下班时间 18:00,几乎没有人可以顺利打到出租车。因为司机们正好在那个时间段交班,他们要赶着回家吃饭。空车一辆辆经过,就是不愿意停下来。

没有把客户的需求放在首位的服务是无效的,只有用良好的意识指导自身的服务行为,客户的满意度才会随之提升。

2. 服务实践完善和提升服务意识

服务的品质是在实践过程中不断接收客户的反馈,然后调整策略,再通过规范的服务流程呈现出来。在服务实践中完善就能提升服务意识,反之,在服务实践中缺乏反馈完善,那么企业中员工的服务意识就会减弱,甚至影响企业的发展。

王安电脑公司曾经的辉煌

美国王安电脑公司曾经拥有帝国般的辉煌。1967年,王安公司在同行激烈的竞争中不仅站稳了脚跟,而且在不少方面处于领先地位,被评为当美国成长率最高、最有潜力的少数精英公司之一。20世纪80年代中期,王安公司事业冲上了巅峰,分公司遍及全球100多个国家,员工3万人,总营业额达23.5亿美元。

然而80年代中后期,个人用微电脑迅速崛起。其他公司纷纷推出个人电脑,满足客户的新需求时,王安公司还通过机器维修和其他附加费用,从老客户那里不断收取钱财,伤害了众多老客户的感情。甚至有客户直接指出:"王安公司已不像以前,他们在软件设计、售后服务和准时交货方面很令我们失望,他们已不再是我们的唯一选择。"王安公司不注意市场需求,不听取客户意见,服务意识淡化,终于经营业绩猛跌,最后破产。

服务意识是在服务实践中不断提升的。正如某企业口号:"尊重个人,优质服务,追求卓越。"

你不能只问顾客要什么,然后想办法给他们做什么。等你做出来,他们已经另有新欢了。

——乔布斯

(三)提升服务,意识导向

高品质的服务源自服务中体现出的态度与意识。而这种态度与意识的强弱恰恰是一个人的职业素养高低的有力的证明。在意识的导向下提升服务品质。

1. 职业化塑造

提升服务意识,需要塑造"职业化"。这包括:标准的职业形象、规范的职业用语、专业的服务态度、标准的礼仪形态四方面。

(1)标准的职业形象会给客户留下良好的印象,建立客户对服务质量的信任,也更容易让客户在接受服务过程中对企业产生忠诚。要塑造形象的职业化,谨记"三张脸":服务者整洁干净的仪表、声音和文字。

(2)规范的职业用语能让人如沐春风,容易超越客户的期待,产生大量的服务附加值。

(3)专业的服务态度。"态度决定一切。"热爱自己的本职工作,热爱自己的企业,有做好服务的强烈愿望与主动精神。

(4)标准的礼仪形态是人的第二张"名片"。

2. 提升服务者的品格素质

内在品格素质是判断一个人是否具备专业服务意识的综合体现。积极热情的服务者需要具备专业服务意识"八心":真诚心、谦卑心、宽容心、善解心、感恩心、爱心、责任心、奉献心。

3. 专业技能的学习

学习、掌握专业的知识和技能,包括熟悉服务流程,才能更好地将掌握的服务技巧运用到工作中,提升服务的专业品质。同时,在服务过程中多关注客户的需求,做好细节,获得客户的认可。在不断取得的服务优质反馈中,促进服务意识的提升。

4. 以比赛促服务促发展

服务中的专业技能与服务技巧能在训练中提升,而适当的比赛能强化服务意识。

例如一年一度的全国空乘选拔赛,不仅给有着优秀条件的选手提供了表现的平台,也激发了同行业的共识:未来的航空将以服务的优劣作为评价航空业是否进步的一条重要标准之一。

随着企业"提升服务意识,增强员工服务能力,促进企业发展"的理念的不断更新,许多企业部门开始了"以比赛促服务发展"的活动。例如三明市移动公司举办了服务礼仪的比赛,普陀山大酒店举行客房服务技能比赛,吉利汽车举办服务顾问比赛……每一场比赛都促进了同部门、同企业,甚至整个行业的服务意识的提升。

企业如此,中职学校也需要通过这些比赛来巩固和提升中职生的服务意识。例如开展职业风采比赛、职场礼仪比赛等,加深中职生对窗口服务甚至新兴的服务行业的了解,从行为到养成习惯,从习惯到内化为意识,真正地把握作为一名准职业人所有的机遇与需求。通过开展优质服务的比赛,向同行及顾客展示的是企业、部门中最优质的服务活动,从而达到相互交流、分享,共同提高的目的。

(四)职(专)业化服务三要素

一份高品质的服务必须有三个要素构成:良好的沟通、专业能力、规范。而借用这三方面的技能,关注客户的需求,才能最终将服务的价值最大化,以提升企业的利润。

1. 用良好的沟通为服务开"路"

不同的客户群体,需求是不一样的,但是对服务的感受是有相同点的,就是感到舒服、快乐。不同的服务者对同一客户会有不同层次的服务,表面上看,服务的优劣似乎只在于客户的主观感受,其实际上是由服务者本身的意识及行为表现来决定的。

肯德基的服务

肯德基是大家耳熟能详的"洋快餐"。肯德基刚进入中国市场时,其消费对象多为经济条件好的人。随着更多"洋快餐"店进驻中国,肯德基遇到了强大的挑战。怎样才能吸引中国的顾客甚至其后代成为肯德基的忠诚顾客?肯德基人员经过调研发现:中国人南方与北方的顾客的习惯不同。于是,他们开始更新食品种类,在南方的分店里增加"粥"、"米饭"等类型的套餐。这些细小的改变却引起许多工薪族对家的思念,肯德基并没有因为改变最初只做炸鸡食品的宗旨而受到顾客的冷落,反而更受认可。而且,随着肯德基工薪族消费群的增长,面对他们讲究效率与节省用餐时间的心理需求,肯德基及时地推出宅急送服务。

从开始的煎炸食品到后来结合地方的饮食习惯更新菜谱,从最初的吸引顾客上门消费到如今推行"宅急送"上门服务,就是肯德基关注顾客心理需求的最好的表现。对于服务而言,最为重要的是顾客的事前期待。如果无法了解顾客的事前期待,也就无法产生真正的服务。服务的实现是需要服务者与顾客共同参与的。因此,企业要想创造更多的利润,就要关注顾客的事前期待,满足顾客的需求。

2. 用专业能力为服务加分

在服务的领域,关注顾客的事前期待,是优质服务的第一步。优质的服务能提升企业的专业品质,更是企业的生命力,是企业的核心竞争力。

酒店优质服务

美籍华人王先生住在酒店1306房已有两天。他每天早出晚归,房间的衣服总是扔得到处都是。服务员小袁做卫生时都会不厌其烦地帮他把衣服整理好,放在衣柜内。

小袁发现房间里的茶杯每天都原封不动的放在那里。通过向中班服务员打听后,小袁得知客人每次送茶都不喝,但是他每天都会买一瓶矿泉水。

第三天上午,1306房来了一个朋友。小袁想他朋友可能和他一样不喜欢喝袋装茶叶,于是抱着试试看的心理用散装茶叶为他们泡了两杯茶送进房。

过了不久,小袁看见客人和朋友出去了。为了弄个明白,她马上进房去查看,发现两个茶杯都空空如也,原来他们爱喝散装茶。于是,小袁高兴地在常客卡上记录了这一条,又为他泡了一杯茶,用英语给客人留了一张便条:"It's the tea for you! Wish you like it!"

下午,美籍华人王先生和他的朋友大汗淋漓地从电梯里面出来,手里抱着一个篮球,老远就冲小袁喊"Hello"。小袁连忙跑过去,接过客人放在服务台上的球一看,黑糊糊的。客人用手比划着酒店的布草房。

"Take it in workroom?"小袁问。

"Yes, yes!"美籍华人王先生连忙点头。

"这么脏,还是洗一下吧?"小袁自言自语道。于是,小袁便将球拿到消毒间用刷子刷干净。

第二天下午,客人又出去打球,当他从小袁手中接过干净如新的篮球时,竖起大拇指,并且在昨天的那张留言下写着"Thank you..."。

这是一次优质的服务。在这里,没有人特意要求小袁泡茶,也没有人要求他清洗篮球。但他却非常上心,用他的服务赢得了客人的满意,用他的行为给客人带来意外的惊喜。这两件小事都充分显现了这位服务员良好的职业意识与专业态度。通过服务,展现的是一个人的良好的职业素养。正如苏霍姆林斯基说:"成熟的和真正的公民意识,就把为社会服务看作一个人最主要的美德。"服务不仅是服务,它更是一种美好心理体验的境界。这种境界是一种服务到客人心理上去的情感服务,需要员工有良好的职业素养。

3. 用规范为服务宣传

世界正处在竞争激烈的时代,也是追求品牌,崇尚质量的时代,无论来自哪个行业的产品,无论是有型的或无形的服务,或是具体的某个岗位,强化服务意识,提升服务技能,重视服务质量已成为一种共识。因为,在某种意义上服务决定公司的利润。中职生要成功转型为职业人,培养服务意识,学习服务技能尤为重要。

案例一:

小阳出差至济南参加经验交流会,组织方安排她入住一家宾馆。每天中午回到房间休息时,她都会发现凌乱的床单、被子已经被整理好了,而且服务员还细心地为她煮了一壶开水。在开水壶旁边放着一张小纸条,上面写着一些温馨提示和问候小语。这个细节让小阳感到很惊喜。

案例二:

小黄参加公司组织的培训,入住广州一间较有名气的酒店。培训期间,他需要入住十天。第三天中午回房休息时,他发现服务员没送来当天的报纸,除了床铺整理过外,其他的卫生都没搞。他以为服务员下午才来清洁,于是并不在意。但当他晚上回到酒店时发现卫生间的垃圾清理了,但房内垃圾桶内的东西依然纹丝不动;用过的毛巾换洗了,但沐浴露却并没补充新的;房间内的垃圾没被清洁,当天的报纸依然不见踪影。小黄心中很不高兴,于是打电话到服务台,结果得到的回答是"报纸发完了"。小黄心想,发完了就算了,奇怪的是酒店方明知我在这里要住十天,才第三天,报纸就没有了? 到了第四天,依然没见到报纸,小黄真的生气了。

酒店的服务孰优孰劣,并非由客户主观去评判,而是由服务的标准及其实质来决定的。服务的最终目的是要让客户感到满意、舒服。同样级别的酒店服务质量有不同,真正的原因不在于酒店物质环境的投入有多少,而在于酒店培养的服务员本身的素质有多高。而决定一名服务人员的素质的最常用的标准就是他的服务意识是否强。

杰出的服务在于态度。一种乐于服务的态度不只是生意场上的事,它将带来更加丰富多彩的人生。

——伦纳德·贝里

体验探究

服务ABC(演练)

演练背景:一名客人到广东旅游,入住一家酒店。第二天出门前,他到前台问服务员:"请问您这儿有地图吗?"

演练任务:如果你是那位服务员,你怎么回答?

规则:

1. 小组讨论,请最快完成的三组各派两名组员演练呈现。

2. 每组用1分钟呈现。

3. 观众组投票决定哪种最佳,奖励积分。

归纳学生发言,关于服务的三类回答。

甲:不好意思,我们这里没有。

乙:我们这没有,那边的旅行社应该有。

丙:您稍等,我帮您找一下,不知道您要去哪里,我可以告诉您怎么走。

『分享收获』

1. 班级分享:请谈谈你接受最好的服务时的感受。

2. 小组讨论:三种服务,你更欣赏哪一种?

『共勉录』

意识决定视野,视野导向行为,行为实践服务,服务改变命运。

『堂上演练』 客户服务实例

活动概要:参与者分成小组,回忆并分享他们作为客户所经历过的优秀的和糟糕的服务。

组队形式:小组。

活动材料:每位参与者一份活动说明,图表和标记笔;填表文档(见附录)。

活动时间:15 到 20 分钟。

活动步骤:

1. 将参与者分成 3 至 6 人一组。

2. 给每位参与者发一份活动说明。

3. 各小组按照活动说明开展活动。鼓励小组内每名成员尽可能完整地讲述他们的故事——发生了什么,谁说了或做了什么等。15 到 20 分钟完成。

4. 按要求对小组进行监测,要遵守时间安排。

5. 重新集合所有活动参与人员,要求每个小组用活动挂图展示他们的发现。

6. 整个团队一起讨论展示结果。

讨论点:

1. 引起客户不满的重要原因是什么?

2. 糟糕的服务案例中涉及服务者的态度问题的有多少?

3. 这些案例之间有哪些相似点?

附录:客户服务实例

任务:

1. 在小组内讨论作为客户曾经历过的优秀和糟糕服务的实例。每个方面至少举出三个例子。

2. 确保对每个案例进行仔细审查,在每个案例中找出令你感到印象最深刻或沮丧的因素。

3. 当要求将发现的结果呈现给其他人时,从小组中选出一个人进行展示。

优秀服务的实例	糟糕服务的实例

演练目的:从客户的角度体会服务,并且找到小组中经验、知识和态度的普遍性。打破僵局,提升活力。

『课后拓展』 阿拉丁与神灯

活动规则:

1. 准备培训者的名单,并单独折放。

2. 每位培训者抽取一名对象作为自己的客户(不能让客户知道):服务者为神灯,帮助"客户"实现愿望;"客户"为阿拉丁,每天可许一个愿望。

3. "客户"每天将一个心愿写在纸上,贴到宣传栏,以便神灯看到;同时,前一个愿望实施结果的感言写出来。

4. 每天,神灯留言给"客户",反馈愿望的实施情况,同时不能让对方猜测到他的身份。

拓展目的:体验服务带来的快乐,促进服务意识的培养。

一、马斯洛需要层次论

亚伯拉罕·马斯洛(1908—1970),美国社会心理学家、人格理论家和比较心理学家,人本主义心理学的主要发起者和理论家,心理学第三势力的领导人。

在马斯洛看来,人都潜藏着五种不同层次的需要,但在不同的时期表现出来的各种需要的迫切程度是不同的。人的最迫切的需要才是激励人行动的主要原因和动力。人的需要是从外部得来的满足逐渐向内在得到的满足转化。

各层次需要的基本含义如下:

(1)生理上的需要。这是人类维持自身生存的最基本要求,包括饥、渴、衣、住、性的方面的要求。如果这些需要得不到满足,人类的生存就成了问题。在这个意义上说,生理需要是推动人们行动的最强大的动力。马斯洛认为,只有这些最基本的需要满足到维持生存所必需的程度后,其他的需要才能成为新的激励因素,而到了此时,这些已相对满足的需要也就不再成为激励因素了。

(2)安全上的需要。这是人类要求保障自身安全、摆脱丧失财产的威胁、避免职业病的侵袭、避免接触严酷的监督等方面的需要。马斯洛认为,整个有机体是一个追求安全的机制,人的感受器官、效应器官、智能和其他能量主要是寻求安全的工具,甚至可以把科学和人生观都看成是满足安全需要的一部分。当然,当这种需要一旦相对满足后,也就不再成为激励因素了。

(3)感情上的需要。这一层次的需要包括两个方面的内容。一是友爱的需要,即人人都需要伙伴之间、同事之间的关系融洽或保持友谊和忠诚;人人都希望得到爱情,希望爱别人,也渴望接受别人的爱。二是归属的需要,即人都有一种归属于一个群体的感情,希望成为群体中的一员,并相互关心和照顾。感情上的需要比生理上的需要来得细致,它和一个人的生理特性、经历、教育、宗教信仰都有关系。

(4)尊重的需要。人人都希望自己有稳定的社会地位,要求个人的能力和成就得到社会的承认。尊重的需要又可分为内部尊重和外部尊重。内部尊重是指一个人希望在各种不同情境中有实力、能胜任、充满信心、能独立自主。总之,内部尊重就是人的自尊。外部尊重是指一个人希望有地位、有威信,受到别人的尊重、信赖和高度评价。马斯洛认为,尊重需要得到满足,能使人对自己充满信心,对社会满腔热情,体验到自己活着的用处和价值。

(5)自我实现的需要。这是最高层次的需要,它是指实现个人理想、抱负,发挥个人的能力到最大程度,完成与自己的能力相称的一切事情的需要。也就是说,人必须干称职的工作,这样才会使他们感到最大的快乐。马斯洛提出,为满足自我实现需要所采取的途径是因人而异的。自我实现的需要是在努力实现自己的潜力,使自己越来越成为自己所期望的人物。

五种需要可以分为高低两级,其中生理上的需要、安全上的需要和感情上的需要都属于低一级的需要,这些需要通过外部条件就可以满足;而尊重的需要和自我实现的需要是高级需要,他们是通过内部因素才能满足的,而且一个人对尊重和自我实现的需要是无止境的。同一时期,一个人可能有几种需要,但每一时期总有一种需要占支配地位,对行为起决定作用。任何一种需要都不会因为更高层次需要的发展而消失。各层次的需要相互依赖和重叠,高层次的需要发展后,低层次的需要仍然存在,只是对行为影响的程度大大减小。

二、"服务"新理念

如果说过去的"服务"是满足客户的期望与需求,那么现在的"服务"已经远远超出这个理念的范畴了。"服务"的英文为"Service",每个字母的背后都隐含着对服务新理念的新阐述:

S – Smile——(微笑)Smile for everyone:员工应该对每一位宾客提供微笑服务。

E – Excellence——(出色)Excellence in everything you do:员工应该将每一道服务程序,每一个服务细节做得很出色。

R – Ready——(准备好)Ready at all time:员工应该随时准备好为宾客服务。

V – Viewing——(看待)Viewing every customer as special:员工应该将每一位宾客都当成是 VIP 宾客。

Inviting——(邀请)Inviting you customer return:员工在每一次服务结束时,都应该真诚地邀请宾客再次光临。

C – Creating——(创造)Creating a warm atmosphere:员工应该根据宾客的情感需求创造出令其感到舒适的服务氛围。

E – Eye ——(目光)Eye contact that shows we care:员工应该以热情友好的目光关注宾客,并预见宾客所需,及时为宾客提供有效的服务。

三、创造完美客户服务的 15 种个人行为

（1）待客如宾,亲切问候(当我们未能马上向客户致以问候时,他们就会感到紧张和不安)。

（2）打破沉默。对于四处闲逛的用户,打破沉默最好的方法是说一句题外的、很友善的话:寒暄、谈谈天气或当地人感兴趣的话题等。

对于已经把注意力放在某个产品上的顾客,说一句与购买决定更相关的话:预见顾客的问题、提供额外的信息、提供意见或建议。

（3）真诚和坦率地赞美他人。关于穿着或配饰、关于他们的家庭、关于他们的行为、关于他们拥有的东西。

（4）称呼客户的姓名。对于任何一个人来说,世上最悦耳的声音莫过于他自己的名字了。

（5）通过眼神与客户交流。眼神交流的3I原则:亲密(intimacy)胁迫(intimidation)包容(involvement)。

亲密和胁迫都是通过长时间地注视他人——从 10 秒钟到 1 分钟或更长时间不等——而表露出来的情绪。

大多数商务环境下的沟通要求——包容,注视他人 5～10 秒钟然后将眼睛转开就能营造一种“包容”的效果。

（6）经常问“我做得怎么样”。乐于接受客户的意见和批评,甚至是主动要求批评。

（7）不只是用耳朵倾听。关注客户所说的内容而非他们表达的方式(客户在表述问题时也许会“用词不当”,从客户那里寻求更清晰的说明以完全理解他们的需要。

（8）多说“请”“谢谢”“不用谢”等礼貌用语。表达感谢时,要信守传统的礼貌用语。

（9）打消疑虑,增强客户购买的决心。

（10）微笑的魅力。一个真诚的微笑来自于眼睛而不是嘴巴。

（11）使用良好的电话沟通技巧。有助于展现个性的重要行为:报上姓名、向电话微笑、随时向致电者通报情况、引导致电者直奔主题、对致电者的请求进行处理、对致电者表示感谢、谨慎使用保持键、措辞友善得体。

（12）保持适当的身体接触。适当的身体接触是一种强有力的交际形式,但一定要注意它的社会和个人接受度。

（13）享受与客户、与形形色色的人打交道。

（14）保持一种积极的销售态度。我能很快而且很容易地讲陌生人变成朋友;我能吸引并保持住别人的注意力,即使在我与他们未曾谋面时也是如此;我喜欢新的环境;对于不相识的人,我在心理上有一种与之会面并建立良好关系的强烈愿望。

（15）注意着装打扮及工作环境。

四、某公司的《员工手册》上对员工服务的部分要求

（1）树立"顾客永远是正确的"观念，必须以使顾客满意的方式解决问题。

（2）克制自己，避免因感情影响工作，措词上要谨慎，要用缓和的速度来说话，争取思考时间。

（3）牢记自己代表的是企业形象，绝不能抱着"不关我事"的态度。

（4）处理顾客的抱怨时不要拖延，而且处理抱怨的行动也要让顾客能明显地感觉到你的努力，以平息顾客的愤怒。

（5）向顾客道歉时要有诚意，绝不能口是心非，应该发自内心地关心顾客的需要。

（6）对顾客的抱怨要以婉转的语气，心平气和地加以解释，如果没必要解释的，不说为宜。

第 10 讲　识别需求，定位服务

训练课堂　服务他人，成就自己。

训练项目　识别服务客户能力训练。

训练目标　通过训练，了解客户及客户需求的含义；明确客户需求对定位服务的重要性；初步掌握识别客户需求的技巧和方法，在职场中学以致用，强化服务意识，提高服务品质。

案例故事

老太太买李子

同一条街上有三家水果店。

一天，有位老太太到第一家店里，问："有李子卖吗？"

店主见有生意，马上迎上前说："老太太，买李子啊？您看我这李子又大又甜，刚刚从树上摘下来，新鲜得很呢！"

没想到老太太一听，竟扭头走了。店主纳闷着：我哪里说得不对，得罪老太太了？

老太太接着来到第二家水果店问："有李子卖吗？"

第二位店主马上迎上前说："老太太，您要买李子啊？"

"啊。"老太太应道。

"我这李子有酸的，有甜的，那您是想买酸的还是想买甜的？"

"我想买一斤酸李子"。于是老太太买了一斤酸李子回去了。

第二天,老太太来到第三家水果店,同样问:"有李子卖吗?"

第三位店主马上迎上前问:"老太太,您要买李子啊?"

"啊。"老太太应道。

"我这里李子有酸的,也有甜的,那您是想买酸的还是想买甜的?"

"我想买一斤酸李子。"

第三位店主边给老太太称酸李子,边问道:"在我这买李子的人一般都喜欢甜的,可您为什么要买酸的呢?"

"哦,最近我儿媳妇怀上孩子啦,特别喜欢吃酸李子。"

"哎呀! 那要特别恭喜您老人家,快要抱孙子了! 有您这样会照顾人的婆婆可真是儿媳妇天大的福气啊!"

"哪里哪里,怀孕期间当然最要紧的是吃好。胃口好,营养好啊!"

"是啊,怀孕期间的营养是非常关键的,不仅要多补充些高蛋白的食物,听说多吃些维生素丰富的水果,生下的宝宝会更聪明些!"

"是啊! 那吃哪种水果含的维生素更丰富些呢?"

"很多书上说猕猴桃含维生素最丰富!"

"那你这有猕猴桃卖吗?"

"有,有,有! 您看我这进口的猕猴桃,又大又多汁,含维生素多,您要不先买一斤回去给您儿媳妇尝尝!"

最后,老太太不仅买了一斤李子,还买了一斤进口的猕猴桃,而且以后几乎每隔一两天就要来这家店里买各种水果。

『心动问题』

1. 你认为哪家水果店的老板做得比较好? 为什么?

2. 了解客户的需求对职场上的个人或企业有什么帮助?

3. 谈一谈,当你的需求得到满足后的感受。

『感悟真谛』

为他人提供服务,不需要什么高深的理论,要的只是我们的真心、细心和诚心。关注服务对象,重视服务对象,为个性化服务提供优质、可行性的依据。

知识准备

本讲将为同学们介绍服务的基本要素,包括什么是客户,什么是客户需求,以及如何去识别和应对客户的需求;当大家学习和了解了这些内容,就能更好地理解服务的内涵,并进一步做好服务。

客户是企业赖以生存的对象。识别客户的需求是提供服务的前奏,因为不同客户的性格、喜好、消费水平、习惯等不同,对同一种服务的理解与需求不同,市场的发展也需要多层面的客户消费才显得更有活力。所以,为满足市场需要,让每位客户都尽可能享受到适合自己的服务,识别客户需求是业界义不容辞的工作。

一、服务的分类与识别客户需求的意义

（一）服务的分类

被业界广泛推广的分类法,有1978年戚斯提出的服务推广顾客参与程度分类法、1980年科特勒提出的综合因素分类法。这两类方法突出了顾客的参与过程,却忽略了顾客参与前的"服务期待"。面对新兴的服务行业,显然已不太适合"管理"。目前,服务主要有以下几种分类法:

1. 一般分类法

据不完全统计,社会中的服务行业,包括美体美容师、治疗师等新兴的、新衍生的服务业大约有450多种。无论服务的行业如何演变,但其主要的服务名目是不变的。所以,服务的分类也有不同。

（1）按服务施行的时间段分。这是依据服务的时间顺序来分的,可将服务分为:服务准备、服务过程、服务跟进。现在,判断一家企业的服务品质高低,主要看他的售后服务的品质。

（2）按服务的对象不同或质量的优劣分。各行各业要做得出色,就必须有自己的特色。要有特色,就要有专属的客户群来推广这类服务。例如东北菜馆、西餐厅和快餐店,不同的菜系体现店铺所面对的主要客户群,那么它所提供的服务质量就无法进行纵向比较,只能进行同类服务的横向比较。

例如旅馆的服务,对象不同,提供的服务内容就不一样,质量的优劣也就有所区别了。

豪华宾馆:主要面对的是注重个人体验与享受的人群,价格相对较高。这类酒店注重从金碧辉煌的环境装饰,到人性化的细致的服务事项,都让客户体现到一种"尊者"的享受。所以其客房内的布置级别较高:床铺用品及摆设比较豪华,不仅有主床,还有卧榻及茶酒吧;装饰中强调区域的功能区分,突出环境的宽敞,常结合自然环境的特色;房间提供的服务种类也多样化。

商务宾馆:主要面对的是商务型客户的需求,为客户提供便利,价格相对适中。其房间内一般会布置得比较简便,除了日常必备的用品外,一般会备有网线,具有商务风格。

新兴的胶囊宾馆:充分体现出"住"的功能,只为客户提供住的地方,没有多余的摆设,价格也相对较低。

2. 按服务内容的性质分

服务内容的性质不同,服务的质量评价标准也不一样。按服务内容的性质不同,服务可分为"生产类服务"、"消费类服务"、"公共服务"。生产类服务多集中反映在产品的服务上,如电脑、电子、电器类的售后服务;消费类服务以促使顾客不断消费为目标,多集中在娱乐、餐饮等传统的服务行业中;公共服务则体现在日常生活的各个方面,主要由政府部门等机关单位或专业机构实施,例如日常生活中各种便民的运动措施、公交等。

（二）服务因人而异,满足个性化需求

从消费心理来看,每位客户都有其不同的心理需求。服务中仅仅关注客户的物质需求是不够的,同样的服务行为会因顾客的性格不同而表现出不同的需求。所以,按顾客的控制能力和交际能力来看,服务也要因"人"而异、满足不同客户的心理需求。因为优质服务从识别客户的需求开始。

1. 识别,反映了重视客户的态度

每位客户都是独一无二的,例如对头发的护理,有人希望能使头发更柔顺,有人希望它能更有营养,有人则希望减少头屑的烦恼。识别他们的不同需求,决定企业或从业者服务定位的态度。

曾多年任职宝洁公司副总裁的拉里·休斯顿(Larry Huston)说:"我见过很多产品,其中销路不好的产品中,有60%到70%都是因为不了解客户需求。"可见识别客户的需求不仅有利于产品推销的准确定位,也是反映企业重视客户的态度。例如洗发水,每款洗发产品对客户的服务定位都不同。有些专注于去除头屑,有些则是使头发光滑柔顺;有些定位于对头发的营养保健;而有些则侧重调节水分与营养;有些注重头发更黑、更有生命力。

所以,准确定位对待客户的态度从识别客户的需求开始。

2. 识别,决定了与客户沟通的方式

在服务中,许多时候是从沟通开始的。沟通的方式有许多种,但同样的沟通方式未必适用所有人,对不同的客户采用不同的沟通方式也许会使沟通更有效。识别客户的需求,能帮助我们选择合适的沟通方式与客户交流。

我们一起比较以下的案例:

电视广告:海蓝色的包装,首先让人联想到蔚蓝色的大海,带来清新凉爽的视觉效果,"头屑去无踪,秀发更干净"的广告语,更进一步在消费者心目中树立起洗发水去头屑的信念;"含丝质润发,洗发护发一次完成,令头发飘逸柔顺"的广告语配以少女甩动如丝般头发的画面深化了消费者对洗发水飘逸柔顺效果的印象。

超市中的酸奶专柜:专柜人员会准备一些小纸杯,分别倒入三款产品,不断向经过的客户发出试喝的邀请。此举让客户真正体验产品的质量,常能获得顾客的购买认可。

同一种方式,并非让所有的客人都认可产品的独特,不同的心理需求导致客户们对同样的方式有不同的反应,服务也顺应这点而做出必要的改进。

在NLP神经语言程式学里,根据人接受外界信息时所使用的感官系统差异,将人作了一个系统的分类,主要分为视觉型、感觉型和听觉型三种:视觉型的人侧重通过"看"来接收各种信息,肢体语言很丰富;听觉型的人主要以听到的声音和语言作为判断信息的工具;感觉型的人主要以自己的感受来理解信息,有时显得患得患失,比较犹豫。

所以,有的人受媒体宣传的影响,常随媒体的宣传而决定自己的购物方向,有的人则要亲自体验过后才愿意接受服务的项目,有的人则凭感觉去做决定⋯⋯可见,心理需求不同,人们有属于自己的不同的说话方式与常用语言。识别客户的需求,能帮助我们决定采用什么样的沟通方式为对方服务。

3. 识别,体现了专业服务的品质

识别客户的需求同时也是从业者专业服务品质的体现。

雷沃公司关注客户需求

雷沃公司是一家专门生产优质太阳眼镜的公司。他们公司中有来自曾在美国航空航天局工作过的科学家主导产品的开发,产品的高科技技术含量很高,在业界处于领先地位。

在开发新产品前,雷沃公司另辟蹊径,从滑雪场、垂钓场等运动场所作调研。他们观察那些戴太阳镜的人并与之交流,了解这些潜在顾客在运动中使用太阳镜的感受以及期待,他们尤其关注那些在各自领域内富有创新意识的顾客——他们注重感受,热衷给自己配上最新、最好的装备。调研后,雷沃公司逐渐意识到,顾客需要的不仅仅是优质的太阳镜片,还需要匹配舒适又时尚的镜架。因为如果镜架不合适,或长期佩戴不舒服的话,镜片的技术含量再高也是枉然。

随后的产品研发中,由于雷沃公司准确把握客户的需求,所以他们的产品能受到顾客的热捧,同时实现了客户价值的最大化,更提升了他们的专业品质。

市场上,没有两个顾客的需求是相同的,只有将产品或服务同客户及其价值观念挂起钩来,客户才会心甘情愿地消费。

服务就如沟通一样,需要双方的合作交流才能完成服务的流程。在双方互动的过程中,有时候从业者是主动提供服务行动,客户"被动"接受;有时是客户主动要求,从业者"被动"满足。但是,从业者如能在行为前准确识别客户的需求,那么,为客户提供优质服务的主动权就掌握在我们手中。

对待客户应该像对待一个你真心喜欢的恋人,好的客户服务实际就是一则成功的恋爱经。

——科特勒

二、识别客户的技巧

客户是企业运作的核心,也是一切服务行为的中心。认识服务,理解服务,从客户开始。

(一)谁是我们的客户

客户是企业服务的主要对象,也是影响企业生存与发展的一个重要载体。准确定位企业的客户范畴,有利于收集更符合实际情况的客户需求信息,有助于企业提升服务质量。在开展服务的时候,先要搞清楚什么是客户和客户需求。

1. 客户的价值

曾有统计表明:吸引一个新顾客所消费的成本大概相当于保持一个老顾客的 5 倍。根据赖克海德和萨瑟的理论,一个公司如果将其顾客流失率降低 5%,其利润就能增加 25% ~ 85%。拥有顾客就是拥有一切,失去顾客就会失去一切。

因此,企业对顾客的要求往往本能的做出迅速的反应,以满足顾客的欲望和真正的需要。今天的企业都在竭尽全力留住老顾客。例如 IBM 规定每个销售人员对失去的每一个顾客,要写一份详细的报告和采取一切方法来使顾客回复满意,每增加一个满意的顾客就是为企业增加一份无形的资产。

2. 发现我们的客户

美国著名推销员乔·吉拉德在商战中总结出了"250定律"：每一位顾客身后,大体有250名亲朋好友。如果赢得了一位顾客的好感,就意味着赢得了250个人的好感;反之,如果得罪了一名顾客,也就意味着得罪了250名顾客。

所谓客户,就是需要服务的对象,可分为外部客户和内部客户。其中,外部客户指那些需要服务但不属于企业员工的社会群体和个体,例如中间商和产品的终端客户。内部客户则是指工作流程的下一道工序,在整个工作流程当中,每一道程序都有前一道和后一道,自己是前一道工序的客户,而下一道工序则是自己的客户,只有每个部门、每个岗位都把自己的客户服务好,最后面对终端客户,即终端客户的时候才能真正提供优良的服务。

广义的"客户"包含一个很宽泛的范畴,在工作领域任何依赖服务的人都能成为客户。狭义的"客户"是指那些直接从我们的工作中获益的人或组织。本讲所涉及的"客户"不仅指那些接受我们的服务劳动并明确了客户关系的对象,也包含那些潜在的,也许目前不是,但在服务者付出后将会成为他们的客户的人。

总之,客户既是服务对象,也是服务的职业盟友。

3. 客户的类型

从购买行为来看,不同的客户群体有共同的特征(图10-1),把握这些特征,有利于我们准确识别客户的需求,尤其是他们的潜在的心理需求。

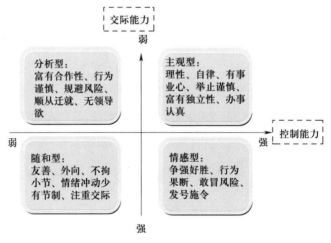

图 10-1 客户类型分析

(1)主观型客户。此类型客户总是力图支配周围的人和事,关注产品能否满足其最低标准,无暇顾及产品的技术性能表现,感兴趣的只是产品能否为其增添光芒,能否带来享受。而主观型客户有很强的出人头地的愿望,销售人员应该就产品能为他带来与众不同的品位上做文章。另外,与主观型客户交流时,销售人员的言辞要简单,切中要害。同时,销售人员不要试图改变他们的意愿,因为这样经常适得其反。主观型客户提出问题时,他们希望立即得到答复,以便尽快做出购买决策。因此,主观型客户又被称为"缺乏耐心"的客户群体。

(2)情感型客户。此类客户与分析型客户截然相反,他们对产品本身的特性丝毫不感兴趣,只把他们视作体现自己身份或地位的一种方式。一辆奔驰汽车对情感型客户而言,作为交通工具的意义远不及他作为成功象征的意义来得更重要。在销售服务过程中,不要介绍关于产品的技术性介绍,而是多讲品牌,少讲功能,例如说"某某(名人或有影响力的人)买过",并给他们看销售记录。这样的客户不注重细节,喜欢销售人员以轻松愉快的方式对其开展促销。在回答他们的问题时尽可能与他们个人的购买意愿、观点和个人利益一致。

(3)分析型客户。他们类似于技术专家,习惯精心筹划。多数是教师,技术人员,工程师、医生,注重细节。他们注意产品性能的每一个细节。他们多数沉默寡言,介绍产品应以书面承诺或协议证明,如正规发票,保修卡等。实用性和耐用性是他们的购买动机,在购买之前需要充分的比较,所以应该给他们充分的考虑时间,在成交前应给以适当的鼓励,但鼓励的压力不要太大。

(4)随和型客户。随和型客户温和亲切,极易与人相处,在购买行为上考虑人际关系,他们期望与销售人员建立良好的人际关系。对销售人员来讲,以个人担保的方式就产品品质做出承诺。推荐商品以大众款式为好,多做承诺。这类客户愿意听随同者的意见。

(二)识别客户需求四步法

纵然无法了解客户思考的每件事,但大家都很清楚:客户不会花时间去思考如何成为企业的客户。要想提升服务品质,先要学会像客户那样去思考。了解客户的思维方式与需求,可从以下四步开始:观察、询问、聆听、思考。

1. 观察

客户需求是服务过程中最重要的因素,它如同大海中的冰山一样,有部分显示在外,可以通过外在了解的,但更多的需求是隐性的,需要通过技巧来了解的。面对客户,首先要做的就是"观察"。

(1)读懂客户的服饰和外表。服饰最能体现一个人的欣赏能力的水平。通过服饰与外表的打扮,可以了解到客户的喜好。例如当一名客户进入银行了解投资业务时,如果他身穿运动服,表明他喜欢运动,潜在的表现是他可能更关注保健方面的投资;如果他身着西装并配带公务包,表明他的工作环境比较正式,商务性强,那么他可能更关注稳定、安全性高的投资。

衣着服饰能流露一个人的潜在需求,通过观察只能初步了解情况,对客户的消费层次有初步的概念。如果想准确识别他的需求还需要进一步的确定。

(2)客户的言行是面观察的好镜子。在销售服务中,观察面部表情可以看出顾客是不是对介绍的商品感兴趣,是不是赞同销售员表达的观点。可以通过观察顾客的眼神或视线了解顾客感兴趣的物品。如果顾客直接向某个品牌或某产品走去,证明他心里已经有了目标。

在服务型客户面前,观察顾客的表情能准确接收服务的反馈。

(3)观察顾客手里的物品。如顾客到商场时手里拿着产品的彩页,这表明顾客在作对比,还没有拿定主意,所以在和顾客交流的时候要采取有吸引力的方式,要观察顾客手里的彩页是哪种产品,哪个型号,以判定顾客可能对什么样的产品感兴趣,应该为顾客介绍哪类产品。还有的顾客在来到商场时手里拿着结婚用的东西,这样的顾客可能是选购结婚用品,应介绍适合年轻人结婚用的款式。

（4）观察客户的同伴。有时,能否与顾客达成共识也需要考虑与顾客同行的伙伴的意见。购买电脑顾客的跟随者往往是"电脑专家",这时候从业者就要根据不同的情况考虑采用不同的态度。

2. 有效的提问

销售人员应主动地询问客户的需求,但不宜过多提问题,问题太多让顾客有一种被审问的感觉。询问有两种方式,一种是开放式提问,一种是封闭式询问。

（1）封闭式提问。封闭式提问多用于询问了解顾客的基本信息资料或者只有少量选择的时候。

例如在售后服务中登记客户信息时,工作人员问:"请问先生您的地址是?"对方的回答只有一个。如果一个销售人员在客户前使用大量的封闭式问题,会让人觉得他很专业。比如在美容院买护肤品,美容师提出的多数是封闭式的问题。如"你是油性皮肤还是干性皮肤",这种问题能帮助美容师迅速果断地帮助顾客判断问题出在哪里。

当面对的是性格内向的顾客时,也可以考虑用封闭式提问来缓和彼此间的陌生感。当需要从专业的角度了解一些程序或逻辑性强的信息时,也可以考用这种提问法。

例如:到医院看病时

医生问:"哪里不舒服呀?"
"我胃疼。"
"你昨天晚上有没有吃不干净的东西?"
"没有!"(注意:是否定的回答)
"睡觉的时候是不是空调开的时间太长了?"
"我家没有空调。"(注意:是否定的回答)
"以前是不是得过胃病?"
"没有,没得过。"(注意:是否定的回答)

使用封闭式提问时,要注意两点:

第一,封闭式提问需要销售人员本身有很丰富的专业知识,如果不具备专业知识提封闭式的问题就很糟糕,顾客有可能质疑服务者的专业能力了。

第二,使用大量封闭式问题的时候,有一个前提是"回答都必须是肯定的"!只有这样才能在最短时间内树立你的专业形象,表现出你精准的判断力,从而让顾客放心。

（2）开放式提问。开放式的提问可以帮助服务者在沟通中尽可能多地收集到关于顾客的需求信息,对识别客户的需求很重要。一般面对性格外向的顾客常用。

修理工与顾客的对话

刘生发现汽车发动机在行驶的时候有异响,他决定把车送去修理。在修车厂,修理工接待了他。

修理工一开始问一个开放式的问题:"你的车怎么了?"
"汽车行驶时发动机有异响"刘生说。

"哪儿响呀?"（又是一个开放式问题）

"反正就这一块,具体位置我也不知道。"

"什么时候开始的?"（又是一个开放式问题）

"有一个礼拜了吧。"

"它什么时间响?"（又是一个开放式问题）

"就是平常,也说不清什么时候响,有时候响,有时候不响。"

修理工问了很多,也没弄明白究竟是怎么回事。后来他把师傅找来,他师父过来后,提问的方式就变了:"发动机的机油换没换?"

刘生:"好像换了。"

"又该换了吧?"

刘生想了想:"换了有一个月了吧。"

"发动机的机油该换一下了。"然后又是一个封闭式的问题:"你这两天是不是经常把车停着不走呀,很长时间在马路边停着。"

刘生:"是呀。"

"你的化油器清洗了吗?"（封闭式问题）

"化油器洗过,前两天洗的。"

"他洗的时候是不是没有看着他洗?"（封闭式问题）

"是,我不知道他怎么洗的。"

最后师傅下了一个结论:"毛病可能出在化油器上。"然后拆开车,发现故障果然出在那里,随后师傅告诉刘生说:"当时洗化油器的时候没洗干净,有一个地方堵了。"

其实,在销售或者服务中,常将两种提问法综合使用,那样收集到的客户信息才更全面。当然,对所提问的问题内容也要注意体现专业性,如果用"你明白吗"、"你听明白了吗?"等的表述方式,多会让顾客感觉将责任转移到了他身上;如果换成"我讲明白了吗",向顾客传达的则是一种关怀,同时也表现出销售人员最基本的素质。询问要从认同顾客开始:认同别人更能肯定自己,当一个人不断点头的时候,会引领对方跟着不断地点头。

3. 聆听

认真聆听是沟通的重要技巧,同时也是了解客户需求的重要环节。聆听时要注意以下几点:

（1）用心听重点。有人说:"中国人的好关系是通过说'废话'说出来的。"可能健谈或性格外向的顾客会说很多看似与产品或服务内容不相关的事,甚至只是唠家常事,但这时也是非常重要的了解客户潜在需求的时刻。所以,要用心地听,听准客户表达的重点。

例如去饭店吃饭时向服务员提出增加餐巾纸,常会出现三种情况:

一是服务员不出声,去拿餐巾纸。

二是服务员会说:"您稍等。"然后把餐巾纸拿来。

三是服务员会说:"你稍等,我马上帮您拿来。"

服务员以上三种做法体现了服务的三种层次:仅满足客户表面的需要,是最基本的;听出了客户渴望得到的专业服务的需求,是良好服务的基础;听出了客户需要被关注、被尊重的潜在需求,是优质服务的根本。

（2）及时回应。从沟通的 ABC 理论来看,如果顾客在交流时得不到回应,他也就无法有好心情继续享用接下来的服务了,哪怕是超越期待的服务。所以,在聆听时,要及时回应,并适当地表示认同,可以是一个点头、树起一个大拇指,甚至一句赞美或鼓励。

4. 思考

当前面三步都完成了,就可以将信息加以处理。因为前面的三步都是为了收集客户的需求信息,然后思考、分辨与总结出客户的内在期望与需求是什么,最后选择合适的服务方式为对方提供更优质的服务。

三、把握需求,定位服务

客户与企业或从业者息息相关:客户是公司最重要的人,是最终为员工付工资的人,也是不应当与之争论并且让员工学会容忍的人,是大家应当小心不去冒犯的人,是有时意味着给大家提供挑战的人,是员工不计劳苦对待的人,更是能使从业者或企业成功也能使之失败的人……如何分辨哪些是真正的客户?

（一）正确理解客户需求

客户的需求是指通过买卖双方的长期沟通,对客户购买产品的欲望、用途、功能、款式进行逐步发掘,将客户心里模糊的认识以精确的方式描述并展示出来的过程。

设计师与"杀菌型健康洗衣机"

有一次,某洗衣机设计师与妻子逛商场,在洗衣机展柜前听到一位妇女的抱怨。她因为担心洗衣机漂洗的衣物残留着洗衣粉渣,经常用水龙喷头来喷淋洗衣机桶内的衣服。这个不经意的抱怨"细节",引起了他的注意。为什么不能设计一种特殊的程序和装置来达到彻底漂洗干净的效果呢?于是,"喷淋手"的设计构思便这样酝酿产生了。设计生产出的杀菌型健康洗衣机上市后,很受消费者欢迎,市场销量不断增加。

客户的需求有时是显性的,可目测或提前预测;有时却是隐性的,需要经过反复的沟通了解后推测的。正确定位客户的需求,才能真正施行有效的"服务"。

客户需求大致可以分为四类:首先是共性的需求,这些是可总结归纳的,例如顾客们都希望在清洁的环境中用餐;其次是个性的需求,这些可以记录在客户的数据库中的,如一些星级酒店会记录常客的一些如喜欢较高的棉枕等习惯;第三是因情况变化而显示出的需求,这些可以通过观察和谈话获得感觉,例如有的客人平时喝红酒,某天却想换果汁喝;第四类是潜在的需求,这些需要关注客户的细节表现,积累客户智慧经验获得,如在销售家居产品时听到客户谈论孩子时流露的情感,便可依此推测对方在选购上会着重考虑孩子的需求与感受,那么这便是他的潜在需求。

（二）客户需求的心理动机

在面对同类型的服务时,不同的客户会根据自身的心理需求做出不同的选择。要想服务更到位,需要先了解客户的心理需求都有哪些,然后引导客户做出更准确的选择。顾客的心理需求一般源自以下6类动机:

1. 务实型心理

在这种心理动机驱使下,顾客往往只关心服务产品的使用是否方便,操作是否简单,性能是否实用,对外观、品牌考虑其次。在向这类客户介绍产品时,尽量不要推荐时尚的产品,可以多强调服务中的便利性,强调"除了交款其他的事都不用他操心"。

2. 安全心理

出于安全心理的影响,顾客的自我保护意识很强,常以售后保障是否良好作业其购买的标准。面对这类心理的顾客,多提供详尽的售后说明,强调专业的安装队伍,例如品牌的保障、及时又专业的售后维修等。

3. 攀比心理

争强好胜的冲动购买心理常使顾客不关心产品或服务的实用性和耐用性,对品牌和售后要求很高。这是一种显示自己的地位和威望为主要目的的购买心理。面对这种顾客,多推荐高档、时尚的产品,多推荐各类优惠活动,尤其是赠品,同时多当参谋并赞美他们。

4. 从众、求美心理

这种消费的心理表现为顾客希望和自己身边或身边的交际圈有同步的趋向。他们不仅关注价格、性能、质量,更关心产品的款式、颜色等,在选购时常以个人的审美标准为出发点。例如,经常看到有些客户习惯旁听销售员给另外的顾客讲解后再去购买相同的产品。

5. 尊重心理

顾客希望受到尊重,即使商品的价格、质量有不尽如人意的地方,顾客感觉到盛情难却也愿意购买。首先,在语言、语气、行为上体现由衷而发的真诚,才能让顾客感到受到尊重。否则,容易让顾客感觉被敷衍而引发许多不满,甚至故意开始找茬、挑剔。其次,尊敬产品,也是一种对顾客的尊敬。比如:现在卖高档西装的专卖店,成交后会让顾客品尝着咖啡,同时欣赏着营业员以优雅的姿势整理顾客的服装,整个过程可持续半个小时左右,为的就是让顾客欣赏自己购买的衣服,而营业员以优雅的姿势整理表现出的正是对产品的尊敬,从而表现出的是从内心里对顾客的尊重。

6. 猎奇癖好心理

这种心理的顾客有三种突出表现:第一种是对特殊的商品感兴趣,追求商品奇特,寻求商品新功能;第二种是在服务上有猎奇癖好心;第三种是根据自己的生活习惯或经验选购商品,这以老年顾客居多。

年销售额 1 800 万元的奥妙

在北京某商场一间品牌服装店,其一年的销售额做到 1 800 万元,堪称奇迹。该服装店的服务员都是男性,主要面对城市白领中 30 岁以上的女性人群。他们抓住 30 岁以上女性信心感减弱、危机感很强、渴望受到赞美这样的心理,在销售过程中多赞美她们,最终创造了销售的奇迹。

人们都有好奇心理,想看个究竟,尤其是年轻人。例如某服装店门口,促销员不断地拍手迎客,用这种方式吸引顾客的注意。了解客户有不同购买动机,就可以更好地制定服务,了解客户有何种具体的需求。

> 最高标准的企业经营管理只有四个字:客户满意。
>
> ——职场

（三）处理客户需求小策略

对服务的需求是因人而异的,只有迎合客户的心理,处理好客户的需求,才能让客户更好的感受服务的价值。

1. 客户期待被关注、重视

在职场的商务礼仪中,彼此认识要先从互递名片开始。服务也一样。真诚的关注与在意的言行都表明对客户的重视。在服务过程中,有时客户的心会如同婴儿般需要细心呵护,如果能快速记住客户的名字,那说明服务者在乎这名客户;如果每次见面都笑容满面,那说明服务者对这名客户很有好感。

北京某饭店的人性化服务

对于一般酒店来说,有30%以上的回头客已经相当不易,而在北京某饭店,老顾客占到52%,2005年被评为香格里拉集团最佳酒店,连续两年被美国优质服务科学协会授予五星钻石奖。让顾客感受到被他人的重视是其成功的原因之一,其总经理杨先生每天都要了解顾客喜好,例如哪位顾客对花粉过敏、哪位顾客希望房间温度调低……这些信息他都要一一过目。在他看来,了解顾客需求、满足每个顾客的需要,是对所有酒店从业人员不言自明的要求,是行业特点决定的。而顾客期望超越行业标准的更人性化的服务,不仅让"第一次来"的顾客满意,而且吸引他们"第二次或者更多次地来"。

谁都希望得到更多人的关注与欢迎,顾客也一样。面对这种需求的顾客,最好的应对策略是:

第一,运用热情的问候方式,如面带微笑,称呼客户的姓名,感谢客户,表现积极。

第二,称呼客户的姓名,服务人性化,可能时给予特殊对待,引导客户意见,记住与客户有关的细节(如:最近购买的产品,上次来访的时间,偏爱的风格等)。

2. 顾客渴望"被理解"、"被尊重"

重视顾客,就要关注他的感受。想与客户建立长远关系,关键看售后服务。顾客也需要被尊重,尤其是在售后服务或在顾客表现出消极情绪时。

例如在电子商务领域,因与客户的互动是在电话或网络上,从沟通的角度来说,双方看不到对方的肢体语言,沟通的信息传送容易出偏差。如果网购员在网上的商务流程不能够满足客户的需求,就容易使客户失望。如果可以在网上商务流程加入一点灵活性(柔性),让顾客可以在对网络产品或服务感到不满意时就立刻反馈意见,那么就有改进客户体验的机会了。

只有当客户看到预期结果,感受到服务者真正为他解决问题的时候,才算成功。面对这种需求的顾客,最好的应对策略是:积极认真地聆听,不要打断客户的谈话,多站在客户角度为对方着想,承认客户的情绪和担忧;询问关键问题,并给以积极的反馈,尽心服务,同时寻求建议,引导反馈信息。

3. 顾客重视"被他人感激"的感觉

有人这样形容旅游:"花钱买罪受。"其实无论是哪项服务,都会有追求感觉舒适的顾客。顾客买的是服务,想要的是一种舒服的感觉,尤其是感觉自己"被他人感激"时的真实的存在感。所以在服务中,有些顾客特别容易因为对方的一句"谢谢您的到来"而感动。

面对这类顾客,最实用的方法是:

第一,运用热情的欢迎方式,友好地沟通,确保身体舒适(如座位、食物、饮料)。

第二,跟踪服务,感谢客户,超越客户期望值,提供"特别赠予",记住与客户相关的特殊细节信息(如生日,钟爱的颜色,家庭情况等)。

学会"一二三"话术

体验内容:1. 提问一分钟;

　　　　　2. 倾听两分钟;

　　　　　3. 对客户的话赞美三遍以上。

体验方法:

1. 两个同学为一组,其中 A 同学对 B 同学提问一分钟,并引导 B 同学描述其需求,同时耐心倾听 B 同学描述需求至少两分钟,最后 A 对 B 所讲的话用三种不同的形式表示赞同。

2. 演练完后 A 和 B 交换角色。

体验目的:通过训练让同学们掌握识别客户的需求技巧,更好地拉近与客户的关系,识别其需求。

『分享收获』

1. 两名搭档之间相互分享作为角色 B 时的感受。

2. 小组内每名成员轮流分享演练的感受。

3. 每组派小组代表,向全班汇报交流。

『共勉录』

很多服务未能取得客户认可,是因为没有把握客户真正的需求。只有满足客户需求,实现双赢,服务才深入客户之心,并取得客户的忠诚。

『堂上演练』 客户角色扮演

在客户需求个性化的时代里,要对客户进行细分才能满足市场营销的需要。为此就要想尽一切方法收集客户的详细资料,建立以客户为中心的数据库。而收集客户资料的方法主要有五种,根据五种方法的具体情况,把班级学生分成五组进行模拟实验。

在每一种方法里,都有2个学生扮演营销人员,负责销售商品并收集客户的资料而每组剩余的同学就扮演客户来购买商品。

演练准备:

这个角色扮演的方法,要在提前设计出特定的情景和角色,让学生做好分工,谁扮演营销人员,谁扮演客户等。演练时,把教室布置好,分成五个区域,每个区域一组,互不干扰。要求每组的学生摆放好要出售的商品,商品就是学生从宿舍里拿来的一些日常用品,或者是一些商品的包装盒来充当要出售的商品。要求所有学生要熟知演练的内容、目的、流程等,不论是营销人员还是顾客,都要准备好询问的内容,知道自己要询问的方向等,做到有的放矢,从而达到预期的效果。

演练流程:

第一组实验是留意客户的重要资料。要求营销人员能发现谁是重要客户,并对于自己认为的重要客户留心观察,专门准备一个本子,随时记录自己认为是重要客户的个人资料,要求尽可能详细,特别是非常个性化的嗜好,并且每个客户要分页记录。第二组实验是挖掘客户购买时留下的信息。要求营销人员对客户进行有意识地仔细观察,如客户挑选商品时的表情、时间长短等内容进行观察记录。第三组实验是与客户聊家常。要求营销人员在客户购买商品的时候,针对客户的年龄和性别等,抛出一个话题,引起客户说话的兴趣,顺势和客户聊家常。让客户感到自然、亲切、友好,在不经意中透露尽量多的信息,从而获得客户的资料,然后在客户离开后进行整理归纳。第四组实验是主动询问。要求营销人员挑选比较热情、开朗的客户,询问他们有什么样的要求,对购买的商品有什么意见等。在询问的时候要表现出自己对客户的热情与关怀,态度要诚恳。第五组实验是方便的时候让客户自己动手填写卡片。要求营销人员提前设计好有关顾客个人资料的卡片,顾客购买商品时,在顾客愿意的前提下,让顾客自己填写。并对顾客说清楚,填写卡片的目的是为了更好地为他开展个性化服务。实验结束时,扮演营销人员的学生要把获得的客户资料进行汇总、分析,得出结论,然后以书面的形式上交。

演练目的:积极主动地去思考问题的解决之道,锻炼应变能力和表达能力,培养团队意识

『课后拓展』

请每位同学根据所学的识别客户需求的技巧,去了解其他同学的需求,最后整合大家的需求,做出需求分析。下节课在班里评选出最优的需求分析方案。

拓展目的:通过日常的训练,培养同学们不断了解别人需求的良好习惯。

 能力延伸

客户需要什么?

美国销售大师甘道夫博士有一句名言:"销售是98%的了解人性+2%的产品知识"。

很多销售之所以不成功,是因为没有了解客户,没有了解客户的心理,没有了解客户的需求。

客户关心的是产品或服务能不能满足自己需求,自己的开支能产生多大效益。销售人员关心的是产品能卖个好价钱。客户与销售员看似一对矛盾,其实关键是客户的需求,只有满足客户需求,实现双赢,矛盾才能得以统一,才能实现成交。

作为一个销售人员,必须了解客户内心真正需要的是什么,他们的心理需求是什么。一般来说,客户购买行为要经过这么一个心理过程:你是谁——你要说什么——你说的是否可信——我为什么购买——我为什么向你购买。客户见到销售员,首先想知道的是"你是谁",在搞清楚你是做什么的,接下来客户想知道"你要说什么",等你说完后,客户会想"你说的是否可信",如果觉得你说的可信,客户想"我为什么购买",为自己找个购买的理由,如果确定购买,客户还要考虑"卖的人这么多,为什么向你购买"。在这五个心理过程中,销售员如果不能了解客户的心理,不能激起客户的兴趣,不能解决客户的疑虑和问题,客户就不会听你的,更不会买你的东西。

了解了客户的购买心理过程,着重要把握好客户的需求心理,客户的需求心理普遍有以下几点:

1. 想要获得——健康、时间、金钱、安全感、赞赏、舒适、青春与美丽、成就感、自信心、成长与进步、长寿。

2. 希望成为——好的父母、易亲近的、好客的、现代的、有创意的、拥有财产的、对他人有影响力的、有效率的、被认同的。

3. 希望去做——表达他们的人格特质、保有私人领域、满足好奇心、欣赏美好的人或事物、获得他人的情感、不断地改善与进步。

4. 希望拥有——别人有的东西、别人没有的东西、比别人更好的东西。

一流的销售人员不会把焦点放在自己能获得多少好处上,而是放在客户会获得的好处上。当客户通过我们的产品或服务获得想要的利益时,客户就会把钱放到我们的口袋里。

一定要记住:帮助别人得到他们想要的,你就能得到你自己想要的。

第 11 讲　把握规范,专业服务

训练课堂　服务他人,成就自己。

训练项目　服务规范训练。

训练目标　通过训练,了解规范化服务的含义;识记正确的服务流程,进一步理解规范服务要求;掌握规范服务技术,提升和完善规范服务水平,从而践行服务规范,提升专业品质。

案例故事

医院看病经历

为了让儿子小佳的病尽快好起来,住所附近没什么大医院,一来心疼孩子,二来也因为信任大医院。林先生和妻子早晨7点多就从家里出发,先坐公交车到市区,再乘坐出租车,到市中心儿童医院已经9点。

9点半,内科的一名副主任医师给小佳看了病。医生拿手电筒照了照喉咙,简单问了几句病情,就开单让他们去交费、验血、拍片子,前后不过3分钟。林先生先后带着小佳排了3次队,终于拿到验血和X光片结果时,已经11点多。再上去找医生看了结果,说是气管炎,给他们开了药。等了快3个小时,才看了几分钟。虽然心里有些不舒服,林先生想想算了,后面还排着很长的队伍呢。

原本以为排队拿完药接着就可以输液,一到注射室门口,林先生傻眼了,前面还排着50多人,轮到小佳至少要等1个小时。看着时间一分一秒地过去,怀中的小佳咳嗽得越来越厉害,林先生有些按捺不住,不停跑到注射室里询问。咳累了的小佳在妈妈怀里睡着了,饿着肚子的林先生夫妇只好继续漫长的等待……

看病难,这在大医院并不是新鲜事,挂号、看病、交费、验血、拍片、拿药、输液,哪里不用排队?

『心动问题』

1. 谈谈案例中医院所提供的服务怎么样?

2. 面对病人及家属对排队不满的情况,医院该如何进行改善?

『感悟真谛』

无论是服务型企业,或是非服务型企业,要想打造品牌、树立信誉,都必须重视服务,让服务走向规范化。坚持完善规范化服务,不仅是企业管理者要思考的问题,也是员工个人在职场中的必修课。

知识准备

许多人认为,在工作岗位上只要用心做好本职工作就够了,根本没有必要理会企业里繁琐的规范要求。但客户心理的天平非常微妙,须臾间就会发生倾斜。要打造卓越服务,仅仅完成本职工作、让客户心存感恩是不够的,**更重要的是要有具体的服务工作细则、完善的服务流程以及健全的服务质量保证体系等**。本讲着重从服务规范与流程的角度,分析如何完善和提升服务水平。

一、规范服务,大势所趋

服务"源于客户需求,重在客户满意"。规范化服务是对质量全面评估的重要指标,也

是对客户真诚负责的体现。明确企业对规范化服务的意义和要求,是真正做好服务,不断满足客户需求的动力。

（一）服务规范,谁说了算

随着越来越多的企业通过"密集式广告轰炸"的方式做宣传来提高客流,并竭力在每一位顾客身上获得更高的客单价,顾客的消费支出变得更为理性。也许,有些企业的短期"利润表"很可观,但这些表格里的数据有时很难准确反映出真实的服务水平与服务质量好坏,真正体现企业业务实求是的是服务流程以及员工执行的行为规范。因为这些能让大家看到企业文化的内涵与服务宗旨,更能使客户产生依赖与忠诚。

那么,什么样的服务才算规范?服务品质的优劣谁说了算?

1. 规范服务的含义

规范化服务,是指从事该项服务的人员必须在规定的时间内按标准进行服务,而且实施的服务的质量应达到统一标准和要求。

简单来讲,"规范"反映三个层面的意思:一是制定规范的主体(组织);二执行规范的服务者(工作人员);三反馈与评价规范效果的市场(客户)。由此可见,**服务要做到制度化、规范化,必须从两方面入手:一是服务流程的规范化,二是服务标准的统一化。**

2. "规范"离不开标准

在很多公司,考核服务人员服务质量的一个重要指标评就是"客户满意度",比如在联想公司,要求客户满意度达到95%才合格。所以,对服务的评价主要由市场上的顾客所决定。从这个意义上,规范服务,直接显性裁判就是顾客。通过专家的统计,顾客评价服务品质有以下六项标准。

正确性:正确的服务、遵守约定、系统支持。

迅速性:实时性、速度、遵守工期,全年24小时服务。

灵活性:基础力、应用力、权限移交、理论理解(服务科学)。

共鸣感:感受性、倾听力、观察力、想象力,招人喜欢、善于赞扬。

安心感:沉着、信用、从容、能力强、知识丰富、价格适当。

好印象:应酬、倾听方式、说话方式、仪表、服装、设施、设备。

首先是正确性:无论是哪类服务,如果不正确就不会获得顾客的支持。其次是迅速性:现在商业发展的速度不断加快,因此人们期待可以获得与之对应的"提速"服务。因为速度是以时间这个通俗易懂的定量标准来计算的,所以服务时间的长短会对评价产生很大影响。第三是灵活性:顾客的要求千差万别,所以为了应对各种要求服务就必须具备灵活性。第四是共鸣感:为了把握顾客的期待,共鸣感必不可少。第五,安心感同样重要。与客户服务中心进行联系时,顾客总会希望获得令其满意的解决办法。最后是好印象,服务员工的亲切态度可以挽留很多顾客。

（二）服务规范,重在流程

流程规范化是指根据顾客的心理感受,把各服务环节的业务活动内容、相互间的业务衔接关系、各自承担的责任、工作的程序等用标准的形式加以确定。简单来讲,就是**把服务过程的每个环节进行规范化,并要求从事该服务的人员在规定的时间做规定的事。**这样,才能让顾客在服务的全过程中有好的体验感受,同时也便于对服务质量的管理与监督。

以某电脑公司售后服务站为例,当客户把笔记本电脑拿到售后服务中心去维修的时候,如果接过电脑只是关注故障的解决而忽略顾客的感受,客户就无法在服务中体验到被重视、被尊敬的感觉。而公司服务对服务流程的规范化是有着严格的要求的(图11-1)。

客户接触点	1. 进门	2. 等待			3. 送修接待								4. 维修过程沟通	5. 取机接待			6. 告别
	开门/取号	关怀		叫号	初检							填写取机凭证		验机	提出建议		
关键点	主动迎接、引导	主动告知等待时间	主动关怀客户	起立欢迎举手示意	提醒数据备份	主动告知初检结果	主动告知维修时长	客户自行保存硬盘	软件服务粘贴安全标识	挖掘客户需求	整机保护袋	主动送回提示	按时修复并通知	金钥匙验机	根据客户需求推荐服务产品	介绍应用常识	主动送出店面
标签	便捷	同心	同心	便捷	安全	便捷	同心	安全	安全	同心	安全	便捷	专业同心	专业	专业	专业	便捷

图 11-1　某电脑公司售后服务流程

简单的计算机维修工作,在公司售后服务中有着严谨的流程,每项工作都作了非常细致的指引,充分考虑到了客户从进门那一刻到离开全过程的心理感受,真正体现了服务的"优质"。

(三)服务规范,践行标准

服务规范就是把服务流程中的各个环节具体化和定量化,也就是设定服务标准。服务标准,为服务活动规定了必须达到的明确、具体的质量目标与要求。有了服务标准,不仅能给员工提出具体的指引,更能够满足大部分顾客共同的期待。

泰国东方饭店的迎宾规范(节选)

举世瞩目的泰国东方饭店,曾数次摘取了"世界十佳饭店"的桂冠,其成功秘诀之一,就在于把"笑容可掬"列入迎宾待客的规范。

客人从对面走来时,员工要向客人行礼,必须注意:

(1)放慢脚步,距离客人大概2米远的时候,面带微笑目视客人,轻轻点头致意,并说:"您早!""您好!"等礼貌用语。

(2)如行鞠躬礼时,要停步,躬身15°到30°之间,眼睛看对方的脚部,并致问候。边走边看边躬身是不礼貌的。

(3)在工作中,可以边工作,边致礼。

(4)工作时不得吸烟。

(5)工作时间不得接打私人电话。

(6)工作场所保持安静,隆重场合保持肃静。不得大声喧哗,更要防止串岗、交头接耳或开玩笑等。如客人有事召唤,不可高声应答。如果距离较远,应点头示意,立即去服务。客人有电话,要轻声告知,并伸手示意在哪儿接听电话。隆重场合不仅不能有声音,而且要神情庄重专注。

（7）尊重老人，尊重妇女，尊重残疾人。尊重不同国家、民族的风俗习惯。

好的标准如同黑夜中明亮的星星，指引着夜行者徐徐前进。在服务中，标准与规范是并存的。

企业的成功少不了科学的管理，而科学的管理少不了规范与准则。好的服务也一样。如果没有统一的标准，员工的服务质量容易偏离企业的宗旨，也会给顾客带来不必要的麻烦，从而影响企业的声誉，阻碍企业的发展。只有不折不扣地提供标准化服务，提供妥善周到、训练有素的服务，顾客才能被感动，并从中感受到服务人员的诚意和热情。

管理层要淡化英雄色彩，实现职业化的流程管理。即使需要一个人去接受鲜花，他也仅仅是代表，而不是真正的英雄。

——任正非

二、服务规范是怎样炼成的

在实施服务的过程中，人们常常会认为，有些环节有点多余，有些标准太夸张。比如说，前面提到的泰国东方饭店的迎宾待客规范，其实，企业在设计服务流程时并不是随意设定的，而是有一套科学的方法，所以，人们也有必要理解企业如何对服务进行规范化的。

以餐厅的服务为例，一般而言，餐厅的服务有四个步骤：迎客、点菜、用餐过程、结账与送客。仅从服务流程上看，无法突出餐厅服务的质量是否优质，也无法了解它的服务是否规范。这时，如果有服务的标准与规范化，那么就能让客户在第一时间了解其的服务品质，提升客户对接受其服务的"安全感"。

下面以餐厅服务为例子，来了解企业是如何对服务进行规范化的。

（一）读懂客户期待

顾客对服务的评价不单纯是由服务最终取得的成果决定的，在客户接受提供的服务时，该服务的流程也是一个很重要的评价要素（图11-2）。比如说，虽然维修员可以在很短时间完成笔记本电脑的维修工作，但是若在维修过程中在办公室内制造出很大的噪音，给其他人带来很大困扰，此时顾客对服务的评价同样会很低。

餐厅的服务也是一样的，虽然餐厅给顾客提供了美味可口的菜，但如果环境很差，还能见到苍蝇飞来飞去，或者服务人员的态度很不好，这样的服务同样不能满足顾客的期待。

所以，优质的服务一定是要从顾客所期待的服务成果和服务流程入手。

回顾前面讲到的六个服务评价标准，正确性和迅速性是对成果品质造成很大影响的要求，而好印象和安心感则是对流程品质造成很大影响的要求（图11-3）。另外，我们还需要发挥共鸣感来发现顾客的期待，用灵活性来满足顾客的期待。顾客的满意度是由服务人员在面对顾客的事前期待时，能否超过顾客的事前期待服务决定的。也就是说，如果无法把握顾客的事前期待，便不会令顾客满意。

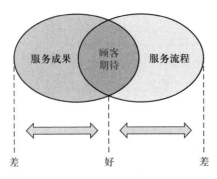

图 11 - 2　顾客期待与服务规范的关系

图 11 - 3　服务评价标准与服务规范的关系

（二）对服务流程进行标准化

对服务流程进行定义是服务标准化是最常用也是最有价值的方法。

例如餐厅的服务流程大致可以分为以下四个步骤：

◇　迎接顾客，将顾客引领到餐桌前；

◇　奉上菜单，让顾客点菜；

◇　提供酒水、饭菜，顾客用餐；

◇　结账，送客。

通过对流程的分析以及顾客的六项评价标准，可以定义顾客在各个环节的关注点在哪儿了。不过，同样的顾客对不同餐厅的关注点会有所不同，不能按同样的标准来确定规范。比如说高级餐厅和快餐馆，顾客关注点就会有很大的区别。

通过对顾客的分析，可以大致得出如表 11 - 1 标注的顾客关注点。

表 11 - 1　高级餐厅服务流程的标准

流程　　标准	迎接顾客 引领入席	奉上菜单 点菜	提供饭菜 顾客用餐	结账 送客
正确性		○		○
迅速性	○			
灵活性				
共鸣感	○	○	○	○
安心感				
好印象	○	○	○	○

到高级餐厅就餐的顾客关注的主要是好印象和共鸣感。在迎接顾客环节，重要的是做到不让顾客等待。如果前台没有值班人员，顾客当然只能等待，这样比较影响顾客心情。因为这是最初的流程，好印象必不可少，文雅而热情的招待与引导很重要。此外，共鸣感也同样重要，顾客今天来餐厅的目的可能是庆祝生日、进行重要谈判、聚餐等。如果餐厅能够对此进行把握，便很可能提高顾客的满意度。

在点菜环节，正确性很重要，如果将经过确认的菜品弄错，那就比较难堪。同样，如果能在与顾客的交谈过程中就感知到顾客的事前期待，了解到顾客的喜好，给顾客推荐合适的菜看,那么,就能给顾客留下好印象,并使顾客感受到服务的体贴入微,并会为此感动,这就是共鸣感的体现。

在提供饭菜给顾客用餐环节,仍然要发挥共鸣感作用,满足顾客的期待。当顾客希望增加饭菜或者需要咨询时,会环顾四周,所以服务人员要能够敏锐地观察顾客的眼神,然后上前询问。在顾客用餐的过程,需要时间比较长,有时服务人员不妨加入顾客的谈话中,活跃餐桌上的气氛。

最后,是结账送客环节。要通过适当的方式向顾客准确说明各项收费项目,当顾客有疑问时,要准确回答,绝不能含糊应对。结完账后,还要送顾客出门,这是所有流程中最后一道工序,此时的好印象十分重要,这可能关系着顾客是否会选择再次来此就餐。

与高级餐厅对比,到快餐店的顾客所关注的点就又不一样了(表11-2)。在快餐店,要做到不让顾客等待,迅速提供食物,这比任何其他服务都具有价值。

表 11 - 2　快餐店服务流程的标准

流程 标准	引领入席	奉上菜单 点菜	提供饭菜 顾客用餐	结账
正确性			○	
迅速性	○	○	○	○
灵活性				
共鸣感				
安心感				
好印象				

通过前面的分析,可以清晰了解到顾客在不同的餐厅用餐,其关注的服务品质是有差异的。同样,如果餐厅能够把握住顾客的期待,对服务流程的各个环节进行标准化的要求。那么,优质的服务规范就形成了。这样,作为服务人员,便可以知道在哪个流程必须要做什么,怎么做,这样才能提高服务的品质,才能满足顾客的期待。

(三)让 AAPE 法则成为规范服务的导航

规范化服务意味着繁杂、琐碎的条条框框,如何正确认识服务规范,并把服务做好呢?在这里,大家可以参照以下的 AAPE 法则,即接受(Accept)、适应(Adapt)、练习(Practice)、执行(Execute)。

1. 接受

每一个客户都有其独特的需求,作为服务者要尽可能去接受它。

不同阶层的客户,受其性格、收入水平、文化程度、职业等方面的影响,其消费心理与行为会有明显的差异。腼腆型客户最大的心理特点是对外界事物表现冷淡,与陌生人有距离感,且对不熟知的事物表现得异常敏感。在与这类客户沟通的过程中,不能夸夸其谈、眉飞色舞,而应适当放低声音、放慢语速,交谈时间不宜过长。慎重型客户的最大心理特点是处事谨慎小心、步步为营。对待此类客户,我们要有足够的耐心,凡事要尽可能从对方的利益心理需求出发,在自己的能力范围内给其以最优的服务。交际型客户擅长交际、热情而爽快,这类客户是最容易沟通的,他们会主动向我们询问具体业务,容易接近且没有距离感。

在面对不同的客户时,应及时调整自己的心态,开展新的服务。

2．适应

如果服务员不能正确对待自己所做的服务工作,那他就不可能有强烈的服务意识,更不会主动热情地为客人服务。如果一个服务员认为自己干服务工作不光彩,低人一等,他必然因自卑感而厌恶服务工作。当他感觉客人不尊重自己时,他会以维护自己的尊严为由而与顾客据理相争,或态度粗暴表现出不耐烦等。

服务员要努力提高自己的文化修养,职业修养和心理素质。因为一个人的文化知识与职业知识能让人眼界开阔,理智成分增强,从而影响其职业观和处世态度。良好的心理素质如忍耐力、克制力和稳定乐观的心境,能使一个人主动自觉地形成和保持良好的服务态度。

3．练习

服务规范是需要训练的,只有不断训练才能真正提升自己的服务能力,才能使我们的服务行为满足服务对象的期待,让顾客充分感受专业的服务品质。下面给出一些可以借鉴的训练方法。

（1）角色扮演训练。找身边的人来扮演你的服务对象,按照服务规范的要求进行练习,最后让对方说说他的感受,如果有不规范的地方,不断修正,直到对方能感受到热情的发自内心的服务为止。

（2）对于某些服务环节,坚持每天训练。比如,露8颗牙齿的微笑,可以参照以下的练习方法每天练习。（标准:对称性的、嘴角上翘的、发自肺腑的微笑是最真诚的微笑!）

① 面对镜子,保持端正坐姿。

② 用上下两颗门牙轻轻咬住筷子。

③ 嘴角最大限度地上扬。

④ 拿下筷子,保持上一步的状态。要求能够看到上排8颗牙齿。

4．执行（Execute）

没有执行的服务只能是空谈,规范再好也是一纸空谈。执行是一种良好的工作态度,是全体工作人员应具备的认真的工作状态,是贯穿工作全工程的理念和奉献精神。值得注意的是,很多人对中国人的评价是"非常聪明",但很少有人说中国人的工作态度好。例如德国人在工作中,认为讲"差不多"、"还可以"、"说得过去"、"马马虎虎"是让人感到羞耻的语言,而大多数中国人却将这些常挂在嘴边而不以为然。所以要想提升自己的服务能力,一方面要在思想上有服务的意识,另一方面还要严格执行。

体验探究

角色扮演

参考泰国东方饭店的迎宾待客规范,各组派出两位同学,一位扮演客人,一位扮演东方饭店的员工,当客人从对面走过来时,员工按照规范向客人行礼。完成后由扮演客人的同学谈感受。

『共勉录』

古语说："差之毫厘,谬以千里。"优质的服务赢在"规范",胜在"践行"。

能力训练

『堂上演练』 服务规范演练

假如你是一家计算机维修公司的前台接待员,一位客户抱着一台计算机来到你们公司门口,你隔着玻璃门看到客户,接下来,你将如何应对?

请按图 11-4 的流程设计相应的规范要求,并请两位同学进行演练,一位扮演客户,一位扮演前台接待员。

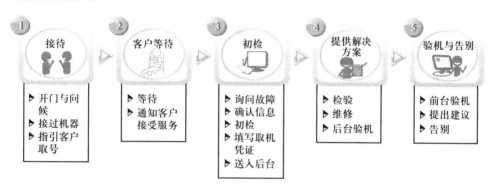

图 11-4 计算机维修流程图

在设计规范的时候,参考表 11-3 并标注出在服务流程中的各环节,客户的关注点是什么?

表 11-3 计算机维修公司服务流程的标准

流程 标准	接待	客户等待	初检	提供解决方案	验机与告别
正确性					
迅速性					
灵活性					
共鸣感					
安心感					
好印象					

演练目的:了解客户的关注点,正确理解规范的制定过程,对做好服务非常重要。

『课后拓展』

通过上网查询或到企业调研,了解自己所学专业对接的岗位的工作流程及服务规范。

画出工作流程图,标注规范点,并找同学进行演练。

拓展目的:通过拓展活动,让学生明确自己所学专业对接岗位的工作流程,做好准备,提前训练,为未来做好服务铺垫。

 能力延伸

一、某酒吧对服务员、调酒师的服务标准程序

(1)配料、调酒、倒酒应在宾客看到的情况下进行,目的是使宾客欣赏服务技巧,同时也可使宾客放心,服务员使用的饮料原料用量正确无误,操作符合卫生要求。

(2)把调好的饮料端送给宾客以后,应立即退离吧台或离开,千万不要让宾客发觉你在听他们谈话,除非宾客直接与你交谈,更不可随便插话。

(3)认真对待、礼貌处理宾客对饮料服务的意见或投诉。酒吧跟其他任何服务设施一样,宾客永远是正确的,如果宾客对某种饮料不满意,应立即设法补救或重调。

(4)任何时候都不准对宾客有不耐烦的语言、表情或动作;不要催促宾客点酒、饮酒;不能让宾客感到你在取笑他喝得太多或太少。如果宾客已经喝醉,应用文明礼貌的方式拒绝供应饮料。有时候,宾客或因身边带钱不多而喝得较少,但倘若你仍热情接待,他下一次光顾时,可能会有较高的消费。

(5)如果在上班时必须接电话,谈话应当轻声、简短。当有电话寻找宾客,即使宾客在场也不可告诉对方宾客在此(特殊情况例外),而应该请对方稍等,然后让宾客自己决定是否接听电话。

(6)为控制饮料成本,应用量杯量取所需基酒。也可以取一小杯,在杯身上刻上所需基酒量的记号,这比使用量杯更加方便。

(7)酒杯应在洗涤槽内洗刷消毒,然后倒置在架空的橡胶架上让其自然干燥,避免手和毛巾接触酒杯内壁。

(8)除了掌握饮料的标准配方和调制方法外,还应时时注意宾客的习惯和爱好,如有特殊要求,应照宾客的意见调制。

(9)酒吧一般都免费供应一些咸味佐酒小点,如咸饼干、花生米等,目的是刺激酒瘾,增加饮料销量。因此,服务员应随时注意佐酒小点的消耗情况,及时补充。

(10)酒吧服务员对宾客的态度应该是友好、热情,而不是随便、亲热。上班时间不准抽烟,也不准喝酒,即使有宾客邀请,也应婉言谢绝。服务员不可对某些宾客给予额外照顾,不能因为熟人、朋友或者见到某顾客连续喝了数杯,便免费奉送一杯。当然也不能擅自为本店同事或同行免费提供饮料。

二、里茨－卡尔顿酒店员工培训四流程

里茨－卡尔顿酒店要求他们的员工每人每年至少接受100小时的培训。旨在把员工的

工作积极性与顾客对优异服务的期望联系起来。这一原则需要"选择合适的人才,并使他们与公司融为一体"。为此,酒店创建了四个流程:

> 甄选员工流程:寻找能够达到公司服务标准的员工。(要告诉那些新来的员工:"你不是被雇用,而是被选中了。")

> 导向流程:让员工充分了解"企业的精髓"。

> 考核流程:为员工提供工具,实现"顾客服务界面的最佳时光"。这是里茨-卡尔顿酒店的专用语,用来表示顾客认为他们最想要的东西。新员工的培训,着重于18个与顾客满意度紧密主要服务流程。在60天的导向培训之后,他们将参加一次考核。如有必要,培训和考核可重复进行,直到通过考核为止。

> 培训流程:旨在"提高并保持优良服务,促成持续改善,交流服务质量信息,认识员工,并从中得到乐趣。"员工每天都被灌输着这种思想:他们是酒店向劣质服务开战的前锋战士。

第 12 讲　超越期待,创新服务

训练课堂　服务他人,成就自己。

训练项目　服务创新能力训练。

训练目标　通过训练,了解创新服务的内涵,认识创新服务的必要性;明确服务创新的要求,掌握服务创新的途径和方法;树立创新意识,提高服务技能。

 案例故事

招商银行"一卡通"服务

招商银行推出的"一卡通",是个人理财业务中的著名品牌。招商银行在"一卡通"中引进了先进的客户号管理方式,把属于同一持卡人的人民币、美元、日币、港元、欧元的各种定、活期存款存放在同一个客户号下,完全突破以往一张银行卡只能设置单一账户的局限,做到一张磁卡连接多个账户。该行又通过计算机网络技术将其全国范围内所有营业网点的柜台、ATM机等连接起来,实现了"一卡通"全国联网,更新了通存通兑、自动提款、直接消费等功能。"一卡通"还在上海提供了证券转账和自助转账功能,为储户存款的转存、转贴和证券投资提供了很大便利。招商银行还为"一卡通"配备了功能强大的电话银行和网络银行。持卡人可以利用身边任何一部电话或上网电话,随时查询"一卡通"内的存款和修改密码。持卡人还可以通过电话进行"一卡通"定活期存款之间、"一卡通"与证券保证金之间的转贩。"一卡通"一旦遗失,可以通过电话银行立即挂失止付。"一卡通"以其一卡多户、一卡多能的特点,为持卡人提供了多种便捷的理财方法,不仅个人储户欢迎"一卡通",许多证券

公司、商店、医院等也纷纷与招商银行联网,接受"一卡通"。招商银行的"一卡通"服务,实际上是一种一揽子化服务,即储户个人所需要的所有的理财服务都由招商银行包下来了。

『心动问题』

1. 请指出,招商银行"一卡通"服务的特别之处表现在哪些方面?

2. 你从案例中得到什么启示?

『感悟真谛』

小改变,大发展。一个服务项目的更新或改变,可能引领整个行业的变革与发展,而一个行业的进步,也会拉动相关领域和行业的发展。这就是"创新"的力量。

 知识准备

"一流企业定标准、二流企业做品牌、三流企业做产品"已成为"公开的秘密"。

服务是帮助别人解决需求问题的过程。它真正体现出服务者对客户的满足、关注与在乎。本讲内容以服务创新的理念为引导,结合学生的实践体验,让学生了解社会、企业、客户对员工服务意识、能力的要求,激发学生的自觉提升服务水平的意识,培养创新理念,学习创新服务技能。

一、市场呼唤服务创新

世界处在竞争激烈的时代,也是追求品牌、崇尚质量的时代,无论来自哪个行业的产品,无论是有型的或无形的服务,或是具体的某个岗位,强化服务意识,提升服务技能,重视服务质量已成为一种共识。因为,在某种意义上服务决定公司的利润。而要使这项技能更具有竞争力,"创新"是唯一出路。

(一)"创新"才有出路

英语中"Innovation(创新)"这个词起源于拉丁语,它有三层含义:第一是"更新",指对原有的东西进行替换;第二是"创造新的东西",指创造出原来没有的东西;第三是"改变",指对原有的东西进行发展和改造。有人说:"从大海的涌动看到它的美感。"从人们需求的变化,看到的是时代的进步。任何事、物只有不断更新改变,满足人民的需求,才能发展得更快,存在得更久。服务也一样,只有不断地创新,通过改善来适应时代的发展,才能获得客户的认可与忠诚。

1. 综观服务现状,市场需要创新

从服务的角度看创新,是组织或个人通过服务概念、服务传递方式、服务流程或服务运营系统等方面的变化、改善服务产品,增强顾客忠诚度,创造更大的服务价值和效用。简单地说,就是思考出新主意,然后付出行动。

例如20世纪八十年代的"寻呼机",就是电信服务创新的一个典范。当时只有"有线电话"且话费昂贵,创造性地为老百姓提供无线呼叫服务,使人们时时处处可以被找到,将人们带入了没有时空距离的年代,大大加速了人们的生活、工作效率,在中国和亚洲甚

至全世界成为最流行的通讯工具。后来,伴随着"无线电话"技术的发展,为使人们可以享受更方便、更丰富的无线语音、文字传输服务"寻呼机"被手机取代,这是通信服务中的又一次创新。创新,给企业带来新的发展,创新不但提高了生产效率,也提高了人民群众的生活品质。

　　创新是一个民族进步的灵魂,是国家兴旺发达的不竭动力。

——江泽民

2. 从行业内部看,需要创新

服务型企业要做大、做强、做好,从内部开始创新是非常有必要的。"不进则退"的道理,"诺基亚"这一品牌做出最有说服力的回答。

曾经辉煌的诺基亚

例如诺基亚手机,在最辉煌的时候,诺基亚盘踞了全球手机市场 40% 的份额,为芬兰政府缴纳了占全国 21% 的企业税。诺基亚的辉煌正是在不断创新中发展的。

登陆国内市场发展之初,诺基亚相继推出了一系列具有市场影响力的直板手机机型,给国内市场带来一股全新的劲风;2001 年推出的诺基亚 8250 加入了中文电话本,对中文提供了全面的支持,同时针对年轻消费群的喜好,将当时主流的绿色背景灯换成了更加年轻化的蓝色背景灯,再次征服顾客的心。

如果说前几次都只是在小方面作改善,那么接不来诺基亚的举措完全暴露出他们创新团队的强大竞争力。当商务手机的竞争日益激烈时,诺基亚开了一个创举——推出相当超前的可通过扩展卡增加内存的一款作品。当 2002 年手机屏幕已经彻底的过渡到彩屏时代时,诺基亚再次创造性地推出了国内第一款采用了 S60 界面并内置摄像头的智能手机诺基亚 7650,重要的是启用了塞班软件。2003 年诺基亚更是联合很多欧美知名的游戏公司进行了游戏的开发,推出一款经典的专业的游戏手机 N‐Gage。创新所产生的价值是无法估量的,它牵动的不仅是企业的发展,更可能是一个行业的发展。

遗憾的是自此以后,诺基亚鲜有影响比较大的创新之举,企业的发展也日落千丈。

反观国内的服务:

2012 年 10 月在中国企业报上刊登了一则题为"合生元钙咀嚼片被曝含违禁物乳矿物盐"的食品新闻,再次将中国父母引入恐慌中。自 2007 年爆出"三鹿"奶粉事件后,食品安全一直是人们关注的焦点。随后更是有"毒辣椒"、"毒姜"等产品的负面新闻层出不穷。

是什么导致了这一切? 利益! 对经济利益的追逐使那些黑心的企业丢弃了道德,殊不知这样的措施不仅无法加强企业的利润,而且葬送了企业的发展,甚至破坏了一个行业的声誉。古今中外,如果一个行业想要发展,一家企业渴望提升经济效益,需要提升、创新。但是,这种"创新"应以满足客户的需求为前提,而并非损害客户企业、产品的声誉为前提的。

3. 从未来发展看,需要创新

我国加入 WTO 以来,越来越多的企业走出国门,去寻找新的合作机会,拓展发展空间,但却常常在发展中遇到挫折。同时伴随着国内一些不良的传播,"中国"式的产品甚至被冠以"劣质产品"的称号。其实许多国际著名的企业都将制造环节放在中国,说明中国的技术是很棒的,但为什么最后却得不到客户的认可?国内与国外最大的差别在哪呢,答案就在服务创新的意识,以及行动远远低于产品制造的速度。请看以下的两个案例:

在日本的商场,无论顾客看中的物品体积大小,当你提出想看的时候,服务员会严格地按规范服务的流程:先拿出手套穿上,拿来专用的托盘,然后熟练地用一个干净的夹子把物品取出,并安全的放在托盘中,再面带微笑呈现给顾客。在国内的商场里的同类服务却远没达到这种水平。

其实,读过日本战后历史的人们,会发现日本的经济腾飞如此快,除了其自身的原因,更重要的是它引领的服务行业渗透到世界各国的相关领域。

4. 从推动作用看,需要创新

企业内部的创新能拓宽发展的大道,任何技术服务上的创新都有可能带动整个行业的更新与发展。因为"榜样的力量是无穷的。"

比较诺基亚与苹果手机的发展,正是"成也创新,败也创新"的鲜明对比。

自从诺基亚带头使用塞班系统软件后,一直没有再从这方面作更多的创新,于是当安卓系统日益受吹捧的时候,诺基亚便显得有点力不从心了。

反观苹果手机的发展,当大家都在争相研发改善黑白屏电脑时,他们已经开始研发彩色电脑,并最先开始投入使用。当电脑市场因此而过渡到彩屏的时代时,苹果公司已经开始推出了 MP3,瞬间风靡全球;当大家争相仿效 MP3、MP4 的时候,他们却推出了后来让"苹果粉丝"们疯狂的 iPhone 手机、ipad 平版电脑、3D 技术的引进……一次又一次超越了"苹果粉丝"们的期待,一次又一次地激发出顾客新的期望,一次又一次给人们带来无尽的惊喜,一次又一次引领着行业的潮流。

一个新的构想,一次新的实验都能让人刮目相看。苹果手机总有创新之举,它如同手机王国的新贵,每一次都能引发同类产品的更新,带动了整个行业的发展。从发展的结果看,创新能推动企业及整个行业的发展。企业的发展最终离不开技能或其他方面的创新。

(二)"创新"意义深长

美国的德鲁克曾说过:"创新是企业家的具体工具,也就是他们借以利用变化作为开创一种新的实业和一项新的服务的机会的手段……企业家们需要有意识地寻找创新的源泉,他们还需要懂得进行成功的创新的原则并加以运用。"

细心观察,无论创新的成就大小,这些服务的"创新点"渐渐成为个人和企业的竞争优势。服务的创新不仅能成就企业家的个人智慧,也能给客户带来方便,解决问题,更多是提升工作效能,创造各种机会。

1. 创新服务增加经济效益

获得经济利润是企业的最终目标,而这也正是服务的驱动力所在。服务品质高的企业可以获得客户的忠诚越多,潜在的利润升值空间也就更广阔。正如乔吉拉德提出的"250"

原则一样,假如每个人有 250 个朋友,那么如果你的服务能让他满意,他会主动将你的服务或企业介绍给他的朋友,最后你会获得 250 个的客户。

"海底捞"餐馆的贴心服务

在"海底捞"餐馆吃饭,刚上完茶水,服务员会很细心地拿出一摞塑料袋。客人们正在纳闷的时候,服务员很周到地将每个客人的手机用塑料袋装起来:"这样就不会被茶壶漏出来的水淋到了"。一个小小的动作,一句温馨的解释,令宾客恍然大悟,不禁为餐馆老板的聪明和体贴所折服,也就记住了这间餐馆。

乘客想要一份素食,但飞机上没有专门的素食配餐,这时候该怎么办?直接告诉乘客说不供应素餐吗?新加坡航空公司的要求是,员工要灵活应对,想出解决方案,比如把各种水果和蔬菜放在一个盘子里,让乘客尝试一下,而不能只知道按照服务手册照本宣科。

"一个塑料袋"的小创新获取了客户忠诚度,一盘"意外"的素餐,赢得客户的惊喜两者的共同点:就是以创新行为给客户带来了新奇和快乐体验。传统的理发业变成美容按摩美体就是一种服务的延伸和创新。

2. 创新服务提升品牌效应

最佳服务是企业的生命,是创造利润的法宝,也是竞争的雄厚资本,而这一切主要来自科学管理和员工的努力。

迪士尼的排队

游客排队在游乐园的确是个问题,而迪士尼乐园在处理这个问题上做了不少文章。譬如安排小丑为表演吸引游客注意,改善游客焦躁的心情,又如在游客排队时为游客办理各种事项,如预订酒店、安排旅游路线等。游客对快乐的体验不仅在游玩上,一些细小的服务环节很可能影响游客的评价。任何一个环节都是整体的一部分,不能将其忽略。

有一次,一位母亲带着她的孩子在迪士尼乐园里排队等待游玩某个带有刺激性的项目,但当轮到她们时,这位粗心的母亲才发现她的孩子还不符合玩这个项目的年龄要求。这时迪士尼的服务员马上向她们表示道歉,在问过孩子的姓名后,就让她们在旁边等一会儿。过了几分钟,这位服务员从办公室里拿来了一份写有孩子名字的迪士尼纪念品送给他,并告诉孩子当她到年龄来玩这个项目时,第一次给他免票,同时把免票的证明给了这个孩子。母女俩拿着纪念品和免票证明,对服务员的行为感到很意外,随即表示感谢,并表示下次一定会再来迪士尼玩。

迪士尼的使命是"为大众制造快乐"。华特·迪士尼常说"能够逗别人开心是一件美妙的事",而正是为此——为了制造快乐,他开创了迪士尼乐园。华特说:"我只想让游客高高兴兴地走进乐园,痛痛快快地玩,快快乐乐地离开,因为乐园就是为他们而建的。"正因为如此迪士尼从来不把自己定位为游乐园,而是把自己当做一个舞台,没有员工而有演员,没有制服而有戏服,为观众带去全新的体验。

一个企业的服务总能想客户所需,解客户所惑。这样的服务能不受推崇吗?优质的服

项目三 服务能力训练

务能提升企业的专业品质,更是企业的生命力,是企业的核心竞争力。将服务工作具体细化,也是一种创新。而在创新的同时,也提升了企业的品牌形象。

这是有形的物质带来的无限的效益,没有任何企业能抵挡这种服务利润的诱惑。要想提升经济效益,增强服务意识、创新服务提升品质是最佳的选择。

3. 创新服务提高从业者的内在品质

服务是产品的外延,是企业的无形资本,为企业创造的效益无法估量。这包括企业的知名度,这是企业的无形附加值。创新的服务能使企业的知名度大幅度的提升。

(1)从业者的服务态度更端正

对于服务的创新,真正需要的是员工有端正的服务态度与技巧。

例如医疗行业中,随处可见医院的伟岸的"身影",硬件设施非常好;可里面的医疗工作者们的服务态度却常遇到病人的投诉。简而言之,服务不仅要硬件改善,也理应在"软件"上改善。服务创新,态度为先。

> 创新是做大公司的唯一之路。
>
> ——(管理大师)杰弗里

(2)从业者的服务意识更明确

创新服务不仅指产品的创新,还包括服务的改善或方式的更新,甚至于理念的转变。

例如宝洁斥资 8 000 万美元建立一座全球最大的创新中心,便于宝洁接近不同层次的中国消费者。同时,也能帮助宝洁从中国的大学中招募到全世界最优秀的科学家、工程师和创新人才,以及接触到优秀的合作伙伴。北京宝洁技术有限公司总裁曾表示,宝洁所有让消费者觉得舒服的产品、功能、包装、乃至广告、陈列方式,都源于创新。更不用说那些颠覆性的创新,比如纸尿裤、电动牙刷等。

一个生活用品的公司,如此重视创新,也许这正是它的产品为什么一上市就能得到广大客户认可的原因吧。创新服务重在服务意识。

(3)从业者的服务水平更高

创新的服务不仅体现在企业的文化里,更多的是体现在员工其服务质量上。优秀的企业知道如何形成良好的企业文化,从而促进员工素质的提升,那便是组织学习型的服务团队。

Nike iPod 运动套件

iPod 和耐克鞋是两个不同领域的品牌。

耐克公司的首席营销官爱德华兹(Trevor Edwards)创建了一支团队,将来自技术、研究、鞋类设计和音乐方面的经理都集中到了一起,与苹果公司进行技术合作。他们创造了一个新的品牌——Nike iPod 运动套件。套件中有一个放置在特殊人工孔内的微型传感器,与iPod 相连,可以显示时间、距离、消耗的热量及步速。这些信息被储存在 iPod 内,实时地显示在屏幕上,并可通过耳机传给使用者。这项服务展示出了先进的创新性思想,是向消费品领域(鞋类产品)的一种自然的品牌延伸。

学习型的员工服务水平更专业,甚至还有带动职场的整体综合素养的提高。

二、超越期待,创新有"道"

服务不是一种产业,而是一种链接,是所有产业活动之增值的来源。想提升服务的品质,超越客户的期待,便要从"创新"开始。服务创新包括新的服务方法、服务途径及服务对象、服务市场的活动。

1. 服务创新的前提

创新指人为了一定的目的,遵循事物发展的规律,对事物的整体或其中的某些部分进行变革,从而使其得以更新与发展的活动。创新服务通过改进服务流程、拉长服务连接、精细服务环节、提升服务感受、改进服务收获,最后要求有相应的服务报偿。

(1)要有问题意识。敢于发现和对身边的事物提出存在的问题,是服务创新的前提之一。服务规范化后容易让人放松警惕,忽略流程中可能存在的问题。创新服务意识强的企业一定也有着强烈的问题意识,他们要对"不舒服"很敏感。正如古语所说:"生于忧患,死于安乐。"

美丽的"试睡员"

随着人们生活态度的转变,越来越多的人愿意利用空闲时间外出游历。为了给顾客提供更如实的服务品质高的酒店,某旅行网站招聘了一批"试睡员",主要是亲自挖掘并体验各地服务好的新酒店,或者探访酒店的主题服务。目的是给民众提供更全面、客观的资源。试睡员会在确定目标后,亲临酒店体验,从地板到上网速度的体验、餐饮味道、住宿花费、床具等方面去测试酒店的服务等级和舒适度,然后通过媒体报道,自己点评、微博、博客的更新等方式向网民点评入住酒店的真实感受。

试睡员不仅要挖掘新酒店,也会总结不同类别的客人对酒店不同的要求,比如,带孩子的关注家具安全,带老人的想要电梯,商务型的就要周边有可以方便宴请客户的餐厅。针对每一个酒店,要了解酒店服务、酒店安全、价格、软硬件设施考察。酒店周边的交通、美食、景点情况也不能遗漏。然后整合文字,通过点评系统等来呈现。

网站与商家合作为民众提供服务,仅做流程内的工作是不够的,及时发现存在的问题,提出新的或合适的解决方法,就是一种创新的服务。

(2)能产生潜在附加值。创新设想要获得最后的成果,必须经受走向市场的考验。爱迪生曾说:"我不打算发明任何卖不出去的东西,因为不能卖出去的东西都没有达到成功的顶点。能把产品销售出去就证明了它的实用性,而实用性就是成功要为客户带来价值,为企业带来价值,这种价值可能是增加现有的利润,也可能是降低潜在的风险。就如"海底捞"的服务员用塑料袋把客人的手机装起来,虽然是简单的动作,却让顾客心理产生了巨大的震撼,由此延伸的服务附加值将是无可估量的。

2. 服务创新的关键

当人们看到了问题,发现了商机也知道这个机会是有价值的,要怎样才能有所突破、把

149

商机变成有所创新的契机呢？把握以下几个关键,对服务创新很有帮助。

（1）增强创新意识。人人皆知"思维决定命运",但如何从"思维"中寻找机会,并非人人皆能。创新意识让人不安于现状,追求改变和突破,是人不断创新、突破自我的原动力。从产品的制作到标准的拟定,体现的不仅是专业能力的差别,更重要的是思维的差别。三流的企业凭技术生存,按别人的标准来做事;二流的企业善于通过加强产品质量、营销的管理树立品牌,完善行业服务规范与流程;一流的企业有较强的创新意识,乐于创新、敢于创新,才能不断创新,成为同行追赶的对象,成为行业的明星、行业的标杆。

（2）超越客户期望。服务创新的应用对象是客户,要让客户满意才能吸引客户成为公司的忠诚消费者。所以,服务创新的关键是看服务创新的项目内容与质量是否能超越顾客的期望。

传统的服务创新多是指通过非物质制造手段所进行的增加有形或无形"产品"之附加价值的经济活动。随着信息技术飞速发展,产品技术和功能的同质化水平越来越高。顾客对服务的接收不能局限在对产品质量与作用的创新,而更注重售前与售后的对接服务。当服务中的创新环节超越顾客期望时,那么"服务"成为客户的享受和期盼,并成为企业进行市场竞争的重要武器。

要做一流的企业,就要保持充沛的创新活力,并且这份创新必须是符合发展规律,超越顾客期望。

（3）立足身边点滴。服务创新的形式有大有小,不能盲目求大求全,要立足身边点滴从小做起。

① 小创新,大信心。小的服务创新立足身边点滴,从小做起,具有"好开展,易出成果"的特点,能有效地提升创新者的信心,振作创新团队的士气。同时可让创新者有力量走得更远,吸引更多的人加入创新团队,汇聚更强大的创新力量。

② 小创新,大能力。麻雀虽少五脏俱全,小的服务创新同样是一个完整的创新过程,每一次创新实践的过程都是创新者能力提升的过程。小创新不仅有利于更多的人加入创新的队伍,更有利于创新者能力提升。一个个小创新积累的结果是创新者整体能力的提升。

③ 大创新是小创新的积累。首先,大创新不是空中楼阁,每个大创新的背后总有许多的小创新提供支持。其次,大创新的起源往往是由小的创新引发。

综上所述,只有立足身边点滴、从小的创新做起,我们的创新之旅就会惊喜不断,收获不断。

3. 服务创新处处可为

创新服务不仅体现在新兴的行业里,在传统的行业里,也同样能产生巨大的价值。

例如传统的汽车轮胎业,是由厂家销售产品,主要是基于价格、耐用性和品牌知名度竞争。

如今,制造商不销售轮胎,而是按提供的服务来收费。价格将依服务类型来定。这样,车胎零售业就从一个交易基地(销售轮胎)转变为与消费者的一种持续关系。轮胎公司的收益模式现在要依赖对轮胎使用程度的准确评估,为车主提供具体建议的能力。企业由销售产品变为销售服务。产品是服务的不可分割的一部分,但价值的基础是服务。企业与消费者的关系由交易型变为服务型。服务创新不仅关注物质需求,提供解决问题的能力,更关注人们的精神和心理上的健康,得到满足感和成就感。让传统行业由技术至上,回归人性关怀,以更丰富的维度关注客户的期望,超越客户的期望,这也正是创新服务的意义所在。

一个人只要肯深入到事物表面以下去探索,哪怕他自己也许看得不对,却为旁人扫清了道路,甚至能使他的错误也终于为真理的事业服务。

——博克

三、创新服务,从我做起

认识服务、理解服务、做好服务,从"新"开始,从"我"做起。创新服务不神秘,不复杂,只要留心观察,开动脑筋,就能把握身边的机会,开发创新服务的源泉。

1. 思路提示法,出点子

并非所有创新都能找到老师,更多的时候我们要开动脑筋,找方法出点子,创新服务。

上海创造学会研究出一种思路提示法,是一种帮助人们在生活工作中创新,产生好点子、易于操作的方法。该法已被日本创造学会和美国创造教育基金会承认,并译成日文、英文在世界各国流传和使用。

(1)加减法。在服务的规范与流程中,可以多想想在每个环节或项目中添加或减少点什么,或者将哪些规范流程环节整合起来,可以更方便顾客,更容易实现双方的沟通。

例如银行大堂服务台的服务员接待客户时,多作具体的指引,少些花俏或公式化的交流往往能让客户更快解决问题。

(2)扩缩法。为提升服务的效率,可以考虑扩缩法,即考虑通过添加部件或者缩短用料尺寸、分割压缩等方式完善服务,提升服务品质。

创新从生活中来

例如最初的风扇需要有桌子放置才能用。如果在没有桌子的地方,怎么才能享受到风扇呢? 于是便出现了落地风扇。风扇改善了大家的生活,但能不能更让它更快产生制造更多的冷空气? 空调出现了! 空调原来是装到窗户上的,后来依据顾客的需要扩一扩,变成分体式;再扩一下,变成了柜式机;再扩大一下成了中央空调……事物就是这样发展起来的。

如此的创新真是服务了人民,更是为人民服务! 而对刚进入职场的新手而言,在每个服务的环节多做一点力所能及的,真正有助于让顾客感觉好的事,会更有利于积累经验。

(3)改变法。面对生活中常见的物品,想想:如果改变一下形状、颜色、音响、味道、运动、气味、型号、姿态、次序会怎样?

在服务过程中,多想想:这地方还存在什么缺点? 还有什么不足之处需要加以改进? 它在使用时是否给人带来不便的麻烦? 有解决这些问题的办法吗? 可否可以挪作他用? 或保持现状,或稍做改变? 例如在承担客房清洁工作时,改变一下与顾客交流的方式,给对方留一张"温馨提示",或者为对方煮一壶热水,都是贴心的创新服务。改一改,变一变,生活更方便。

包起帆与"变截面起升卷筒"

包起帆还是上海港码头一名装卸工时,他和伙伴们经常要装卸木头。工作中他发现传统的起吊方式笨重且劳动强度大,还经常发生原木滚动或从高空落下砸伤死人的事故。1978 年,当上海南浦港务公司机修车间修理工的包起帆看到当时电动式起重机起升卷筒设计不合理,司机工作非常辛苦。便开始他利用工作之余,多方观察,反复琢磨,最终发明了"变截面起升卷筒",使起重机钢丝绳的损耗从 1 个月换 3 根减少为 3 个月换 1 根。既方便了工作者,也减少了危险性。

无论是企业还是公共的服务,服务的标准在执行的过程中会受到执行人的认知与思想态度的影响,服务的规范与流程也不是一成不变的,需要根据顾客的需求而不断地完善。

(4)联想法。任何事物都不是单独存在和发展的,多留意与之相关的事物、人,观察某个事物的结果是否与它的起因有联系,思考是否能从中找到解决问题的办法。例如王羲之从鹅的滑水动作中悟出楷书的笔法,草圣张旭从公孙大娘的剑舞中悟出草书,联想可以激发创新的思维。

创新源自人们的需求,服务中的创新也是如此。

请蹲下与孩子交流

为了确保每位员工在举手投足间都能传递出快乐,加入迪士尼主题公园后,每位员工必须参加"迪士尼大学"接受严格而细致的培训,例如学习拍照、给婴儿包尿布和如何辨识方向等。

对一般的儿童服务型游乐场,都会有接待儿童或与儿童沟通等流程的,而迪士尼却在其中多规范了一点:碰到小朋友问话,员工要蹲下来微笑着和他们交流,甚至做到眼睛要和小朋友的眼睛保持在同一高度。

这些看似不起眼的"创新"点却使员工和游客共同营造了"迪士尼乐园"的欢乐氛围,微笑、眼神交流、令人愉悦的行为、特定角色的表演,种种细节之处和迪士尼的其他元素一起构成了快乐的迪士尼产品。所以,作为优秀的服务型企业不仅自身要有创新的精神,也要有虚心向他人学习的气度与习惯。例如,假设在工作中遇到客户带着孩子出现时,不妨也学着蹲下来与他说话,这样会让客户感觉受重视;假设看到一位老人走进商场,不妨过去扶他一把,这样会让客户看到服务的价值而对之产生忠诚;假设面对一位咨询者也能露出如同成功签约后的笑容,这样会让客户感觉温暖从而树立了服务的口碑。

(5)代搬法。技术能用在销售产品环节,如果结合顾客的需求与建议,搬到服务环节,说不定会有意想不到的效果。例如往一个空瓶子里装点水和几根绿萝,然后放在办公室,就变成了小盆栽,既美化环境,也给同事提供了"养眼"服务,一举多得。

(6)反定法。人们在长期的重复性的工作中思维容易固化,特别是受到理念的、文化的和能力的约束,阻碍了"创新"思维。其实,世界上很多的发明都是通过反向思维而获得的灵感。例如,为了提高生产效率,美国首先发明了流水线生产法。不仅使枯燥的工作变得有序有趣,而且使企业获得了巨大的效益。

常用逆向思维思考如何使服务更有价值,或者为了解决或改善服务过程中某个问题,或者为了提高效率、质量以避免事故或疏漏而制定标准,可以使企业保持思维的活跃,避免遭遇发展瓶颈。

2. 审视服务流程,找机会

服务是一个服务者与服务对象共同"生产"的过程。服务双方每天都在"生产"这个过程,或是享受这个过程带来的方便,只要从顾客的需求出发,总能找到机会。

例如在餐馆的繁忙时段,等待上菜是大家不得不面对的一个环节,等待的时间长了,客户自然会不满,甚至离开。一般餐馆会用增加厨师、餐台来应对但这意味着成本的增加。"海底捞"餐馆的服务员不走寻常路,在客户等待上菜的环节流程中,提供系列的"便民服务":擦鞋、修指甲、书报杂志、还有一系列的表演活动,让人心烦的"等待"变成为一种美好的享受。在流程中稍作改变,就能使服务与众不同,就能使客户收获超越期待的喜悦。

审视身边的服务流程是发现客人的"不满意",这"不满意"本是服务工作的危机,但却成为总能发现无尽的创新服务的契机与机会。

> 我不需要发财,更多的财富只不过意味着用四匹马代替两匹马来拉我的马车。我唯一的目的,就是为人类服务。
>
> ——享弗利·戴维

3. 学习标杆,找方法

当局者迷,旁观者。有时人们不太容易发现自己的问题,或者发现问题后不知该如何改进。孔子说:"三人行,必有我师。"看看身边有没有可以学习的榜样是人们创新服务常用的方法。

对于一个企业来说也是如此。龙头老大不可小觑实力不如自己的企业,应挖掘对方的优点并向其学习;倘若在自己的行业内没有值得学习的对,也可以把自身存在的问题进行分解,并针对某个具体环节向其他行业的高手学习。美孚石油公司的标杆管理就是一个审视服务流程再造服务流程超越自我的例子。

美孚石油公司的标杆管理

美孚石油(Mobil)公司是世界上最著名的公司之一。这不仅在于它善于创造经济价值,更在于它创造"美孚式标杆"。

公司曾询问了服务站的4 000位顾客"什么对他们是重要的",调查结果发现:仅有20%的被调查者认为价格是最重要的。其余的80%想要三件同样的东西:一是快捷的服务,二是能提供帮助的友好员工,三是对他们的消费忠诚予以一些认可。美孚把这三样东西简称为速度、微笑和安抚。于是,美孚开始在全美寻找这三项指标做得最好的企业,向他们学习,借此来改造美孚遍布全美的各个加油站。

经过努力,公司找到了三家企业:给"印地500大赛"提供加油服务的"速度最快"的潘斯克公司、最美最温馨服务的丽嘉－卡尔顿酒店、全美公认的回头客大王的"家庭仓库"公司。

从这三家公司中,美孚做了三方面的改善:

首先,提供快捷的服务。

通过学习潘斯克公司,速度小组提出了几个有效的改革措施:首先是在加油站的外线上修建停靠点,设立快速通道,供紧急加油使用;加油站员工佩带耳机,形成一个团队,安全岛与便利店可以保持沟通,及时为顾客提供诸如汽水一类的商品;服务人员保持统一的制服,给顾客一个专业加油站的印象。

其次,提供帮助的友好员工。

微笑小组锁定了丽嘉-卡尔顿酒店作为温馨服务的标杆。在顾客准备驶进的时候,已经为他准备好了汽水和薯片,服务人员面带微笑地等在油泵旁边,准备好高级无铅汽油在那儿等着,这种全心全意为客户服务现象深得顾客喜欢。

最后,对客户的消费忠诚予以认可。

美孚在经过标杆管理之后,他们的顾客一到加油站,迎接他的是服务员真诚的微笑与问候。所有服务员都穿着整洁的制服,打着领带,配有电子头套耳机,以便能及时地将顾客的需求传递到便利店的出纳那里。希望得到快速服务的顾客可以开进站外的特设通道中,只需要几分钟,就可以完成洗车和收费的全部流程。这样做的结果是:加油站的平均年收入增长了10%。

作为职场新人,经验没有前辈们多,服务的技能与质量比不上同行是正常的。想在工作后尽快地提升自己,可运用这个标杆法,选择高水平的、高标准的服务能手,学习他们身上的优点。俗话说,榜样的力量是无穷的。学习行业中的尖子,即使是职场新手,也能快速成长。

创新服务并非科学家或是设计师才能做的大工程,只要我们在生活工作中,能多点细心、多份耐心、懂得换位思考,从客户的角度多想想;能放下架子,虚心学习,不断进取,身边多看看,多学点;能开动脑筋,多角度思考,做到方便他人,增值自我,新点子也许就会不断出现。一句话,创新"服务"就在身边,"创新"服务增值你我。

> 我的人生哲学是工作,我要揭示大自然的奥秘,并以此为人类服务。我们在世的短暂的一生中,我不知道还有什么比这种服务更好的了。
>
> ——爱迪生

体验探究

寻找超越期待的服务

小组探讨:作为消费者,哪些行业或岗位给过您超越期待的服务?

小组总结:这些超越期待的服务有哪些特点?

『分享收获』

1. 这些企业通过哪些方面超越你的期待?

2. 如果你是他们,你会从哪些方面进行创新服务?

『共勉录』

好的服务没有秘籍,要的就是开拓新局面,服务新生活,创造新价值。

能力训练

『堂上演练』 找找它们的创新点

案例1:餐饮业的创新服务(图12-1)

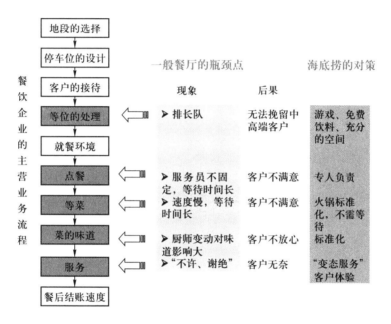

图12-1 两类餐厅服务流程对比图

案例2:别具一格的酒店服务

美国洛杉矶有一家科幻餐馆,整个餐馆设计得如同一艘宇宙飞船。顾客进餐馆用餐,其座位的正前方有一个一米见方的屏幕,待餐馆客人坐满后,室内就暗了下来。这时,餐馆里会突然传来"宇宙飞船马上就要发射了"的声音,飞船"发射"时,所有顾客的椅子就会自动往后倾斜,前方屏幕上出现了宇宙中的种种景象,前后共8分钟。顾客一边吃汉堡包,一边体验着宇宙旅行的奇妙感觉。所以,这家餐馆深受消费者的欢迎。在日本也有一家模仿科幻动画片《亚里安》而建造成太空战斗基地式的餐馆,很多人都抢着到那里就餐,为的是要享受一下征服宇宙的感觉。

智利首都圣地亚哥的一家餐馆也别具特色。餐馆里有着十分奇特的服务员,顾客一进餐馆,站立在大门两旁的鹦鹉立刻热情地用英语、法语、西班牙语等各国语言向他们打招呼问好,随后,一只身穿亮丽时装的金毛猴会很有礼貌地上前将客人的衣服和帽子挂进更衣室里。当顾客坐在餐馆桌边时,一只长耳犬会用嘴叼着菜单前来让顾客点菜。接着,腰系围裙的长毛猴会认认真真地把顾客所需的食物、饮料一一端上餐桌。一旦顾客用完餐,金毛猴会将衣帽取来还给顾客,当然它手中还端着一只盘,提醒顾客不要忘了给小费呢! 这些奇特的服务员都是经过精心饲养和训练的,其举止丝毫不亚于绅士。

这两家各具特色的餐馆成功奥秘就是:抓住顾客的心理,突破常规,敢于做前人之不敢做,创前人之不敢创,于是出奇制胜,大获成功。

案例3:赛特购物中心——代客泊车

故事背景:

"代客泊车"在国人眼里无外乎是个新名词。近年来,随着有车族逐渐增多,去商场购物时停车难变成了突出的问题。尤其像北京、广州等大城市,近年来这一矛盾更为突出。北京赛特购物中心为了解决这一矛盾,从1996年8月开始,便推出了一项名为"代客泊车"的服务方式,顾客来此购物,无需再为停车难发愁,只要将车交给泊车员,便可以放心地去购物。泊车员把顾客的车安全地停放在地下车库内,待顾客购物以后再凭牌取车。国内提供此项服务的商家中,赛特是第一家。

讨论任务:

1. 平时遇到这些情况你们会怎么办?

2. 案例中的企业做了哪些创新?

演练目的:巩固改进服务创新服务的技能。

『课后拓展』

观察身边的让人觉得不舒服的服务,收集反馈意见,提出改善方法。

拓展目的:提升创新服务的意识,练习改进服务质量、创新服务的技巧。

能力延伸

创新案例

[创新名家]"一日一创"的奥斯本

亚历克斯·奥斯本是美国创新技法和创新过程之父。1941年出版《思考的方法》提出了世界第一个创新发明技法"智力激励法"。1941年出版世界上的第一部创新学专著《创造性想象》,提出了奥斯本检核表法。

奥斯本没有上过大学,1938年,21岁的他失了业。他时刻梦想着做一名受人尊敬的新闻记者。为了实现自己的梦想,他鼓足勇气去一家小报社应聘。主编问:"你有多少年的写作经验?"奥斯本回答:"只有三个月。不过请你先看看我写的文章吧!"主编接过他的文章看了后说:"年轻人,你这篇文章写得不怎么样,你既无写作经验,又缺乏写作技巧,文笔也不够通顺;但是你这篇文章也有独到的地方,内容上有独到的见解,这个独到的东西是创新。这就很可贵! 凭这一点,我愿意试用你3个月试一试。"奥斯本由此领悟到"创新性"的可贵,明白了自己的优势所在,他决心做一个创新能力的人。他反复研究主编给他的大沓报纸,又买回其他各种报纸进行比较。第一天上班后,奥斯本迫不及待冲进主编的办公室,大声说:"主编先生,我有一个想法。"主编瞪大眼睛看着这个毛头小伙子。他不顾主编的表情,只顾着自己的思路说下去:"广告是报纸的生命钱,我们无法与各大报纸竞争大广告,而小工厂、小商店也做不起大广告,他们又急于把自己的产品或商品告诉更多的人,我们何不创造一种几句话的广告,以低廉的收费满足这一层次工商者的需要呢?"主编说:"好啊!真是一个了不起的想法!"这就是现在报刊上广泛采用的一条一条的分类广告。奥斯本坚持每天提一条创新性的建议,两年后,这张小报成为一个实力雄厚的报业托拉斯,奥斯本也当上了报业集团拥有巨额股份的副董事长。

奥斯本检核表法是指以该技法的发明者奥斯本命名、引导主体在创造过程中对照 9 个方面的问题进行思考,以便启迪思路、开拓思维想象的空间、促进人们产生新设想、新方案的方法。

项目四
创业能力训练

第13讲 点燃梦想，构思创业

训练课堂 创业点亮人生。

训练项目 创业构思训练。

训练目标 通过训练，了解创业常识，识记创业的基本条件；掌握创业构思的方法；学会运用 SWOT 分析工具对创业构思进行分析及验证。

 案例故事

山德士的创业故事

说起肯德基，人们就能想到美味、香酥、可口的炸鸡，想起身穿白色西装、满头白发、戴着黑框眼镜、永远笑眯眯的肯德基老头，这个老头，就是肯德基的创造者——哈兰·山德士上校。

他出生于一个贫穷家庭，12 岁就开始工作，做过粉刷工、消防员，卖过保险，当过兵、也做过治安官。

40 岁时，山德士决定自己创一番事业。他来到肯塔基州，开了一家加油站，来往加油的客人很多，看到这些长途跋涉的人又渴又饿、非常疲倦的样子，山德士有了新念头，为什么我不顺便做点方便食品，来满足这些人的需求呢？于是，他就在加油站的小厨房里做起日常饭菜，招揽顾客。这期间，他推出了自己的特色食品，就是后来闻名于世的肯德基炸鸡的雏形，由于味道鲜美、口味独特，炸鸡很受欢迎，有的人来甚至不是为了加油，而是为了吃炸鸡。

到了 1935 年，山德士的炸鸡已远近闻名。肯塔基州州长为了感谢他对该州所做的特殊贡献，正式向他颁发了阿肯色州上校官阶，所以人们都叫他"亲爱的山德士上校"，直到现在。

随着顾客增加，山德士感到自己管理经验的缺乏，为此他专门到纽约康乃尔大学学习饭

店旅店业管理课程。但是"二战"的爆发,使这位昔日受人尊敬的上校,又变成了穷人。

但困境之中的他,并没有放弃创业的梦想。60多岁的时候,他开始了自己的第二次创业:带着一只压力锅,一个50磅的佐料桶,从肯塔基州到俄亥俄州,兜售炸鸡秘方,要求给老板和店员表演炸鸡。如果他们喜欢炸鸡,就卖给他们特许权,提供佐料,并教他们炸制方法……在他的坚持下,他的想法终于被越来越多的人接受。1952年,盐湖城第一家被授权经营的肯德基餐厅建立了,这便是世界上餐饮加盟特许经营的开始。1955年肯德基有限公司正式成立。现在肯德基已遍布全世界。

山德士的一生是典型的美国传奇,他干过各种各样的工作,40岁的时候才在餐饮业上找到了自己事业的起点,然后历经挫折,在66岁的时候又东山再起,重新创造了另一个辉煌。

『心动问题』

1. 通过该案例,同学们能否列举出山德士上校身上有哪些创业必备的品质或闪光点?

2. 想一想,当一个人想创业但缺少条件时,应该怎么做?

『感悟真谛』

创业的过程,对每个人都是一种难得的人生体验和积累,无论是成功还是失败,都是一笔宝贵的财富。虚心学习每一项技能,善于把握每一个机会,懂得在乎每一次付出,真正感悟创业真谛,又何憾之有?

知 识 准 备

当同学们被问到"将来想做什么"时,"赚钱""当老板"的呼声往往是最高的。有志向当然是一件好事,然而,创业是一件极具挑战性的事情。面对创业,开始人们难免觉得千头万绪,但我们生存于改革发展的时代,需要勇于探索的精神。本讲内容从创业认知与中职生的创业条件入手,以构思创业为突破口,点燃梦想,激发意愿,引导中职生形成自己的创业构思,提供SWOT分析工具验证创业构思的合理性、可行性。

一、创业概述

创业是指某个人发现某种信息、资源、机会或掌握某种技术,利用或借用相应的平台或载体,将其发现的信息、资源、机会或掌握的技术,以一定的方式,转化、创造成更多的财富与价值,并实现某种追求或目标的过程。创业有两层含义,广义的创业是指创立基业、创立事业,是渗透于人们生活中的一种思维方式和行为模式,把本职工作做好,体现自身的价值,那就是创业;狭义的创业指创办企业,是创业者的生产经营活动,主要是开创个体和家庭的小企业。

本讲所说"创业"为狭义,主要说明该如何创办自己的企业。

(一)创业的基本特点

做事业的人都知道,无论从事什么行业,无论事业的规模大小,世上都没有轻而易举的成功。有一首歌的名字叫做"爱拼才会赢",歌词生动地反映了创业者的拼搏精神。创业必须要花费时间、付出努力、耗损精力,要承担相应的财务、精神和社会风险。归纳起来,创业

有以下几个特点:

1. 创业是创造具有"更多价值的"新事物的过程

创业的过程,产生新产品、新市场、新生产过程或原材料,新技术等,作为创业者应该清楚如何运用各种方法去利用和开发它们,使之具有更多价值。

2. 创业需要花费必要的时间,付出极大的努力

"天上没有白白掉下来的馅饼"。创业路上,更没有人能随随便便就成功,对于真正的创业者,创业过程充满了激情、艰辛、挫折、忧虑、痛苦和徘徊,要有坚韧不拔的毅力,要付出坚持不懈的努力,当然,创业的成功也将带来无穷的欢乐与分享不尽的幸福。

3. 承担必然存在的风险

创业环境的复杂性、创业机会的不确定性、部分资金的动态性,以及国内外经济大气候的影响,意味着创业必然存在着一定的风险,这种风险不仅体现在财务上,也可能涉及个人的精神层面、甚至会累及家庭。

4. 期待有丰厚的回报

创业是区别于为他人打工的另一种劳动方式,是一种资本增值的财富现象,创业者通过对服务、技术、器物作业的思考找到机会、组建团队,开创自己的事业,并在这个过程中得到充分的物资与精神上的自我肯定,自我满足。

(二) 创业的原动力

创业是一种自谋职业的就业方式,它与其他就业方式最大的不同在于创业者不是被动地等待他人给自己"饭碗"(就业机会),而是主动地为自己或他人创造"饭碗"。然而,创业艰难也是人尽皆知的事,美国有统计表明,要成为企业家,失败率是99%,只有1%的企业家能在市场上生存5年或者更长时间。但为什么古今中外依然有无数英雄为"创业"竞折腰,有很多人义无反顾地毅然选择了这条充满挑战的路?

1. 创业——实现自我价值

谋求生存乃至自我价值的实现是创业最主要的原动力。创业动机同样也符合马斯洛的需求层次理论,或许刚开始创业的目的仅仅是为了谋求生存,但随着企业越做越大,创业者在这个过程中的收获与体验会让创业的方向朝着自我价值实现的目标行进。创业成功带来的社会效益,创业者的知名度将随着产品质量的提高而提高,甚至形成一定的品牌效应,留下一世英名。

2. 创业——走向致富

创办企业意味着要去从事烦琐的企业经营活动,但它获得的物质回报将改变人的生活状态,提升生活品质。我们见了太多成功创业致富的案例,比尔·盖茨靠创办微软致富,李嘉诚靠创办长江地产致富,马云靠创办阿里巴巴致富……这些案例都常常能激起我们内心创业的冲动。不过,在看到他们致富的同时,也要看到他们在创业初期的艰难,更要读懂他们为什么能走向辉煌。

3. 创业——自由的舞台

创业使得创业者能够自己控制自己的工作,自己决定何时何地怎样工作。创业给创业者提供了一个宽阔的舞台,在这个舞台上,不再需要循规蹈矩上班下班,不再需要看老板上司的眼色,只要有资本有能力,就可以尽情施展自己的才华,朝着自己的创业梦想不断前进。

4. 创业——失败亦有得

即便创业失败,但是在这过程中感悟的丰富经验会使创业者学会更好地应对失败,比以前更加坚强。失败并非坏事,反之,最不该接受的就是没有失败,正如比尔·盖茨所说,如果有人从不犯错,那只能说明他们努力不够,失败的结果是试图去尝试其他的可能。作为创业者,最需要有不畏惧失败,敢于面对失败的品质。

当然,创业者的动机因人而异,有的因时代不同而不同。有些人是为了体现自身价值而创办企业;有些人则是为了改变生存方式而创办企业……不管因为何种原因而创业,都要一分为二地看待创业,创业既有好处,也有烦恼与困难。

> 要及时把握梦想,因为梦想一死,生命就如一只羽翼受创的小鸟,无法飞翔。
>
> ——兰斯顿·休斯

二、中职生创业,你准备好了吗?

"罗马不是一天建起来的",创业是一个复杂、艰辛的历程。如果我们在校时就主动培养自己的创业素质,掌握一定的创业技能,那将能享受到创业所带来的无穷乐趣。那么,中职生在创业中有哪些优势,要做哪些准备呢?

(一)中职生创业的优势

相比其他创业者,我们中职生创业有着独特的优势,从外部环境来看,中职生享受着国家的政策扶持;从内部因素来看,中职生的年龄大部分都不到 20 岁,年轻,就是最大的资本。

1. 外部最好的环境——政府扶持

有学者测算,我国经济的市场化程度已超过 70%。农村的集贸市场在 20 世纪 80 年代就已活跃,有的近年来开始出现连锁超市,城市商贸市场更加发达。土地、资金、产权、劳动力、人才、技术、信息等要素市场正在形成。我国基本形成了有利于国民自主创业的环境,在社会创业热情高涨中,人们创业致富的活力源泉正充分涌流。

国家对学生创业实施全方位扶持政策,而且有充分的职能部门作保证,为创业学生提供创业培训、开业指导、咨询服务"一条龙"服务。同时,中职学校组织的社会实践、顶岗实习等为中职生更广泛地了解企业运作、经营管理创造了条件;中职学校开展的企业家进校园、优秀毕业生、成功创业的学长回访母校等多种形式的创业教育,学生在日常学习和生活中如何调适心理、加强创业能力训练,为创业做好了准备。这些,都为我们中职生创业铺就了一条"绿色通道"。

2. 内部最大的优势——年轻

年轻,是中职生创业最大的资本。中职生输得起,中职生比别人有更多的时间去实践,哪怕是尝试失败。很多年轻创业者们都曾蜗居在学校宿舍中,天天吃着泡面。这个年纪没有房贷、车贷压力,也无需维持某种奢华的生活方式。

正是由于没什么可失去,中职生能以一种完全不同的思维方式来面对挑战,不存在任何的风险性,唯一要考虑的就是如何寻找锻炼的舞台,在"我的未来不是梦"的歌声中,历经风雨、搏击风浪让自己能经受考验,茁壮成长。所以,中职生可以毫无顾忌地去工作,并且夜以继日,以自己独特的方式去做事情,解决任何问题,这样的付出不但会让年轻的创业者们积累经验,总结教训,还会留下终生难忘的自豪而美好的回忆。

（二）中职生创业的劣势

当然,中职生创业也有许多的不足与挑战。首先,企业管理能力及社会经验不足,缺乏从职业角度整合资源的能力,商业交际的经验缺乏是中职生创业最大的短板。其次,资金的不足是中职生创业的瓶颈,而且初出茅庐的创业者也很难得到投资者的青睐。另外,因为我们年轻,有时也会给旁人急于求成、好高骛远的印象……不过,只要我们进行系统的学习与训练,并在实践中的不断摸索与总结,这些不足都将得到弥补或加强。

（三）同学,请大胆地往前走

成功的创业者之所以成功,多数是因为他们工作努力、坚韧不拔并具有经营企业的素质和能力。但是也有很多人在创业之初,并不具备创业必需的所有素质或技能,但在学习了技术,培养了素质,改善了条件后,最终实现成功创业。因此我们作为未来的创业者,通过创业教育发掘自己的优点、克服自己的弱点,一定能找到适合自己的创业之路。

作为中职生创业者,如果感觉经验不足,那么可以选择先就业再创业,利用就业的机会提升自己的经验、积累人脉;如果觉得行业知识欠缺,那么可以找一位有经验的合作伙伴,或者找一个能提供咨询服务的人;如果认为企业管理能力是弱项,那么就要去阅读企业管理方面的书籍或参加管理类的培训,学习更多的知识,提升自己的管理能力;如果觉得自己的专业技能是弱项,那么就需要参加相关的技能培训来提升专业技能,当然,也可以雇用技术工或寻找一位有适当技术的合作伙伴。

生活是公平的,哪怕吃了很多苦,只要你坚持下去,一定会有收获,即使最后失败了,你也获得了别人不具备的经历。

——马云

三、"构思"决定创业的命运

一个成功的企业始于正确的理念和好的构思,合理而周密的企业构思可以避免日后的失望和损失。如果创业构思不合理,先天不足,即便投入再多的时间和金钱,企业最终还是会失败的。那么,在市场经济蓬勃发展的今天,人们该如何挖掘好的企业构思呢? 大家先来看看有哪些创业的方向。

（一）创什么"业"——企业类型

当人们决定要创办企业时会发现,可以做的行当太多,甚至让人眼花缭乱,无从入手。下面先了解有哪些行当可以选择。

企业有很多种类型,从企业的产业类型来分主要有以下四种类型:

贸易企业——主要指从事商品买卖活动的企业。比如,批发商从制造企业处购买商品,然后再卖给零售商;零售商从批发商或制造商处购买商品,卖给顾客;凡是进行商品买卖活动,不涉及生产的企业都属于贸易企业。如文具店、日用品店、蔬菜、瓜果批发中心等都是贸易企业。

制造企业——主要是指生产实物产品的企业。如生产并销售家具、化妆品或水果罐头的企业都是制造企业。

服务企业——主要是指提供服务或提供劳务的企业。如房屋装修、邮件快递、搬家公司、家庭服务、法律咨询、技术培训等行业都是服务企业。

农、林、牧、渔业企业——主要指利用土地或水域进行生产的企业。比如进行种植、饲养的企业,它们的产品多种多样,可能是种果树,也可能是养鱼养鸡。

有些企业并不完全符合上述分类。如汽车修理厂,开办的是服务企业,提供的是维修劳务服务,但汽车修理厂也可能出售汽油、机油、轮胎和零配件,即兼做零售业。这种情形下,以主要经营内容来决定一个企业的经营类型,即汽车修理厂属于服务企业。

通过前面对企业的分类,年轻的创业者了解了自己适合朝着什么创业方向去努力,这样思路会更加集中。当然,各类企业有不同的特点,大家要认真分析,以便掌握成功经营这些企业的要素。

(二)好的创业构思——成功的一半

挖掘出好的企业构思要从两方面入手:顾客的需要,自身的专长。

沿着这两条途径同时开发创业构想,才能有机会赢得市场。如果创业者只从自己的专长出发,却不知道是否有顾客,企业就可能会失败。同样,如果没有技术来生产高质量的产品或提供优质的服务,也就没有人来买这些产品或服务,企业也不会成功。也就是说,只有既能满足市场需要而又能结合自身专长的创业构思才是可行的。

1. 创业金点子——机会就在身边

企业是以提供产品或服务来满足他人的需要,并以解决人们的问题来求得自己的生存与发展的。在思考怎样创办企业时,有一个很有用的方法,就是去体会人们为满足自己的需要,或解决各自的问题时所遇到的难处。创业者可以从以下这些方面展开创业思路:

(1)自己遇到过的问题——想一想自己在当地买东西和需要服务时,曾碰到过什么问题。

(2)工作中的问题——在为一家机构工作时,也许注意到:由于某种服务跟不上或材料不足而影响工作任务的完成。

(3)其他人遇到过的问题——通过倾听其他人的抱怨,了解他们的需求和问题。

(4)所在的社区缺少什么——在自己生活的区域进行调研,看看人们缺少哪些服务。

人们遇到的问题和未满足的需要为新的商机提供了线索。优秀的创业者善于从他人的问题中发现商机:

(1)如果人们无法获得所需要的产品或服务,这对创业者来说显然是一个填补空白的商业机会。

(2)如果现有的企业提供的服务很差,对于新的企业来说这是一个提供更佳服务的竞争机会。

(3)如果价格上涨很快,以至于人们连日常用品的价格都难以承受,那么就存在机遇,去寻找更便宜的货源,或不那么贵的替代品,或成本更低、效率更高的分销系统。下面的案例就是一个成功的校园创业金点子。

纸中也有黄金屋

这是一个崇尚休闲和 DIY 的时代,能同时提供这两者的纸型屋自然受到欢迎。纸型屋本是菲律宾品牌。店面提供古朴、舒适的环境,免费教授顾客学习纸艺,只收取相应的材料费用,做完后顾客可将自己的作品带走。主要的纸艺品都是采用云宣纸、手抄纸、彩浪纸(瓦楞纸)及台湾纸藤等原材料制作,这些材料都是从国外或者台湾引进,不易粘尘,大约有 30 至 40 种颜色,在没有太阳曝晒和雨淋的情况下,一两年内不会变色。这些纸品的销售是纸型屋的主要赢利点。纸型屋最突出的经营特色是折纸 DIY 套装。每个来到纸型屋消费的顾客都想通过自己的手来完成各种各样的精美造型。小店的服务人员免费教授纸艺技术,提供剪刀、刻刀、胶水等制作工具。纸型屋同时开展各种各样的纸艺学习班,扩展了经营内容,也给顾客提供了多种选择。因为折纸 DIY 的定位是休闲,所以经营时间一般是上午 11:00 至晚上 11:00。学习纸艺的大部分是爱好手工的女孩子和家庭主妇,自己动手来打扮自己的生活空间。圣诞节、情人节前夕,也有许多男孩子来折玫瑰或制作立体投影画送给女友。很多小朋友也很喜欢折纸活动。因此,顾客层面相当广。

2. 如何抓住商机

当创业者有了一个好的创业点子时,首先要判断一下它在当地是否存在发展的机会,然后要确定自己是否有能力利用这些机会。在这里,需要问自己以下四个问题:

➤ 是否有这方面的经验?
➤ 是否具备相关行业知识?
➤ 是否有能力管好企业?
➤ 是否具备这方面的专业技能?

假如一个人只看到做手机维修在当地很有市场,而他本人对手机维修一无所知,如果就贸然去开手机维修店,那他定会面临技术问题,当然,聘请一位技术员可以解决这个问题,但经营起来也必定会非常吃力。

3. 金点子转换成创业构思

金点子只是一个想法,创业者需要把这种想法更具体地描述出来,那就形成一个具体的创业构思了。比如前面讲的校园创业金点子"纸中也有黄金屋",写成创业构思如下:

企业名称	某某纸品屋
企业类型	贸易企业/服务企业
产品/服务	1)产品:菲律宾品牌纸艺品 2)服务:教授纸艺技术等
服务对象	儿童,青年
将满足的顾客需求	1)休闲舒适的心理需求; 2)DIY 的兴趣点; 3)可以送礼; 4)装扮空间

(三)创业构思质检员——SWOT 分析

有了创办企业的构思,并落实到文字上之后,还需要对它进行检验。要明确创业构思是否可行,是否经得起推敲,能否使企业具有竞争力和赢利能力。目前,最流行的就是使用SWOT分析来对企业构思进行理性的分析和验证。

1. 什么是 SWOT 分析

SWOT 分析法又称态势分析法(图 13-1),是 20世纪 80 年代初由旧金山大学的管理学教授提出来的。自提出以来,广泛应用于企业战略研究与竞争分析,成为战略管理和竞争情报的重要分析工具。它是一种根据企业自身的既定内在条件进行分析,找出企业的优势、劣势及核心竞争力之所在的企业战略分析方法。其中战略内部因素("能够做的"):S 代表 strength(优势),W 代表 weakness(弱势);外部因素("可能做的"):O 代表 opportunity(机会),T 代表 threat(威胁)。

图 13-1 SWOT 分析法示意图

2. 如何进行创业构思验证

进行 SWOT 分析时,要考虑企业的实际情况,并写下自己企业的所有优势、劣势、机会和威胁。

优势和劣势是指存在于企业内部的可以改变的因素:

◇ 优势是指企业的长处。例如:产品比竞争对手的好;商店的位置非常有利;员工技术水平很高。

◇ 劣势是指企业的弱点。例如:产品比竞争对手的贵;没有足够的资金按照自己的愿望做广告;无法像竞争对手那样提供综合性的系列服务等。

机会和威胁是创业者需要了解存在于企业外部的无法施加影响的因素:

◇ 机会是指周边地区存在的对企业有利的事情。例如,预期的产品越来越流行;附近没有类似的商店;潜在顾客的数量上升等。

◇ 威胁是指周边地区存在的对企业不利的事情。例如,在这个地区有生产同样产品的其他企业;原材料价格上涨将导致即将出售的商品价格上升;不确定产品还能流行多久等。

对于一个企业的 SWOT 分析可以参考表 13-1:

表 13-1 企业 SWOT 分析

	内部优势(S)	内部劣势(W)
内部 条件	产权技术 成本优势 竞争优势 特殊能力 产品创新 良好的财务资源 高素质的管理人员 买主的良好印象 ……	竞争劣势 设备老化 战略方向不同 产品线范围太窄 技术开发滞后 管理不善 资金拮据 相对竞争对手的高成本 ……

	外部机会(O)	外部威胁(T)
外部环境	市场增长迅速 可以增加互补产品 能争取到新的用户群 有进入新市场或市场面的可能 有同行业竞争业绩优良 拓展产品满足用户需要 ……	市场增长较慢 竞争压力较大 不利的政府政策 新的竞争者进入行业 替代产品销售额正在逐步上升 用户讨价还价能力增强 用户需要与爱好逐步转变 ……

下面,对前面讲到的校园创业金点子"纸中也有黄金屋"进行 SWOT 分析(表 13-2)。这里只给出部分内部优势,其他三项请结合实际情况进行补充。

表 13-2 折纸 SWOT 分析

	内部优势(S)	内部劣势(W)
内部条件	菲律宾品牌 提供古朴、舒适的环境 免费教授纸艺技术 经营特色是折纸 DIY 套装 顾客层面广(青年、儿童) 只收取相应的材料费用	
	外部机会(O)	外部威胁(T)
外部环境		

做完 SWOT 分析后,创业构思方方面面的情况就摆在眼前了,这时,创业者就能更理性地对创业构思进行评价。

在分析完成后,创业者有以下三个选择:

（1）坚持自己的企业构思并进行全面的可行性研究。

（2）修改原来的企业构思。

（3）完全放弃这个企业构思。

这里需要强调的是，必须运用 SWOT 分析法对自己的企业构思进行独立分析，并独立做出判断。不要依赖老师或专家，老师和专家只是告诉大家如何进行分析，最终判断（决策）必须由自己做出。

SWOT 分析只是对创业构思进行大体上的分析，在构思变成企业现实之前，创业者还需要收集更多的信息并制订计划，正如一名工程师建造桥梁之前要画设计图一样，创业者也必须制定他的创业计划书。在学完本项目的课程后，大家就能根据所学的知识进行创业计划书的编写了。

随时留意身边有无生意可做，才会抓住时机，遇到不寻常的事发生时立即想到赚钱，这是生意人应该具备的素质。

——李嘉诚

校园创业金点子大比拼

请各组写出在学校里有市场或机会的产品或服务。比如：

（1）校园休闲咖啡店，可以为学生或老师提供一个舒适的休息场所；

（2）代购服务，可以根据顾客的描述帮他们在网上找到需要的东西。

『分享收获』

1. 各组使用头脑风暴法进行列举，看哪组在 3 分钟内列举的创业金点子最多？

2. 评出最有"卖点"的创业金点子，标准是"描述完整"，能让人"一目了然"。

『共勉录』

要成为一位充满激情、有所成就的创业者，就要拥有积极的心态以及敏锐的觉察力。而创业之初，最重要的一条就是要有一个创业好点子，这样，创业才能保证正确的方向并走在"高速公路"上。

『堂上演练』 SWOT 分析创业构思

第一，比赛说明：每组在自己列举的金点子中找出一个我们认为最好的点子，并结合学校的实际情况进行 SWOT 分析。由老师进行点评，最后选出一个最优秀的校园创业金点子。

第二，要求：先在大白纸上按 SWOT 分析图进行描述（5 分钟），然后各组派一位代表上台呈现(2分钟)。

校园创业金点子:	
内部优势(Strengths):	内部劣势(Weaknesses):
外部机会(Opportunities):	外部威胁(Threats):

演练目的:通过演练,掌握SWOT分析工具的使用方法,并能对金点子或创业构思进行理性的分析与验证。

『课后拓展』 设计你的创业构思

课后与同组成员共同讨论,结合社会需求与自身技能两方面的因素,完成下表中的企业构思,并用SOWT分析工具进行分析。

1. 企业名称:

2. 企业类型(请打√)
□商业　　　　□制造业　　　　□服务业　　　　□农、林、牧、渔业
□其他

3. 企业将销售的产品或服务:

4. 企业的服务对象:

5. 企业将解决并满足顾客的下列需求:

拓展目的:通过课后的讨论与思考,认识到自身的创业优势与不足,了解目前的市场机会,形成具有可操作性的创业构思,并在充分了解信息的前提下,用SWOT分析工具进行分析与验证。

168

一、创业故事

从贫困生到女老板

"现在经济情况不好,许多刚毕业的大学生都面临着找工作的难题。有一些人想到了自主创业,这很好,但作为一个'过来人',我想告诉伙伴们,自主创业要务实,心态也要放好,这是取得成功的关键。"昨日下午,魏思源在新办公室内向记者讲述了自己的创业历程,希望能为同样想自主创业的同龄人带来一些启示。

1. 第一桶金源自高中

谈起自己的"原始积累",魏思源回忆说:"那时我还在家乡上高一,主要学国画,每个星期只有 10 元钱的生活费。"由于家庭贫困,魏思源为了能继续念书,就在学校的食堂里做卫生,业余时间在校外给一些孩子做家教。"高中三年,每年除了生活费外,还能攒下 6 千元钱。"

为了得到更好的学习机会,魏思源 2002 年年底专程来到天津,花 800 元钱报了一个美术班学习专业课,目的就是为了能考上大学。"学国画需要大量颜料、画笔和纸,这些东西又很贵,我就偷偷捡同学画过的纸,用背面练习。"魏思源说,高考结束后,她分别报考了青岛、北京以及天津三个地方的四所高校,但所报的专业并不是国画,而是服装设计。"艺术生的学费很高,我的家庭根本负担不起,所以就选择了相对好找工作的服装设计专业,当时我是我们村第一个本科女大学生。"

2. 成立雄鹰创业联盟

大一寒假时,为了省钱,魏思源没有回家过年,而是选择留在天津,在食品街的一家饭馆内找到了一份服务员的工作,月薪 500 元。魏思源要开学了,老板极力挽留她:"小魏,我挺欣赏你的,以后你可以带一些大学生过来打工,每年寒暑假我这都要人。"

正是这样一句话启发了魏思源。随后,魏思源就利用业余时间四处寻找适合的工作机会,最终有 6 家饭馆同意了她的要求,一共招收 120 名服务员。到大一暑假时,魏思源就在学校里张贴了"免费为大学生安排兼职工作的海报",没想到吸引了 240 多人报名,最终 90人表示可以接受这份工作。大二开学后,这 90 名学生主动找到魏思源,每人交给了她 30 元钱,并称:"魏姐,你帮我们找到了工作,这是你应得的。"

拿到这两千多元后,魏思源又动起了脑筋,"可以借这个机会创办一个学生社团,专门帮这些贫困学生找工作啊。"于是,雄鹰创业联盟成立了,设有活动部、策划部、宣传部等 6个部门,会员也扩大到了 500 多人。

3. 实体鞋店大获成功

2005 年,魏思源成为天津大学生创业协会主席,有了开一家实体店,做服装和鞋子生意的想法。在简单做了创业计划,保证不会亏损后,魏思源得到了一家大企业的资金支持,首笔投资 5 万元。魏思源为了实现梦想,找企业挨个洽谈,最终说服了几家福建鞋厂的老板,答应免费提供鞋架、宣传资料,并答应货物可以赊销。没有实体店的店面,魏思源又找到曙光市场的老总,在市场内所有摊位都已出租的情况下,老总最终被她的真诚所打动,将办公室腾了出来给她做店面。"由于我们是大学生创业,开店那天好多人都来捧场,前三个月的营业额达到了 1 万多元。"

为了达到多元化经营,魏思源首先找来美院的一些学生,让他们在店内现场接订单,为顾客"手绘鞋""手绘 T 恤"。仅此一项,原来 20 元钱进的白鞋就能卖到 400 元钱;发现一些退休大娘经常做手工花,魏思源就主动上门收购,再摆到店内销售;注意到来鞋店购物的大都是情侣,魏思源就批发了很多男性杂志,供等待女士选鞋的男士免费看;最令人叫绝的是,魏思源利用营业员都是大学生兼职的特点,吸引了一批学生家长的光临。他们经常在购物时询问"孩子不好好学习怎么办?""高中毕业考大学如何选专业?"等问题。

大学毕业后,魏思源重新整合了创业协会,她个人投资 15 万元,于 2008 年 3 月 15 日创办了天津学盟文化信息交流咨询有限公司,主要从事教育培训、人才派遣等业务,以公司化运作联盟化管理的方式经营公司,其中 70% 的员工都是兼职大学生。

创业者档案

魏思源,女,山东菏泽人,2007 年从天津商业大学毕业。从高中就开始勤工俭学,拥有众多头衔——中国企业管理协会首席运营官、中国学盟主席、中育诚成人力资源研究院首席代表、上海学盟文化传播有限公司执行董事、天津学盟文化信息交流咨询有限公司董事长、《津门大学生》杂志运营总监。

二、管理能力趣味小测验

今天你穿了件自认为非常得体的衣服却遭到众人的非议,你将如何?

A. 立即想换掉　　B. 明天再换掉　　　C. 明天接着穿　　　D. 以后再也不穿

解析:

如果你选的是 A,那么说明你注重他人对自己的看法,相信团队的力量是事业成功的核心,对别人的指正能够快速接纳并付诸实践,但你的随从意识过强往往会使企业管理陷入困境。

如果你选的是 B,那么说明你能善意地接受他人的意见,并会结合自我观点冷静思考,你做事要求有说服力,能够为员工提供更多的发展机会,是位让人信服的出色管理者。

如果你选的是 C,那么说明在商业竞争中你能够雷厉风行、抢夺商机,但做事独断专行的你,不愿接受任何不同于己的意见,这不免会造成企业内部管理上的瘫痪。记住要"主外还得能安内"。

如果你选的是 D,那么说明你有为事业成功甘愿放弃一切的革命精神,作为管理者,你为人处世力求完美,因此,自己与他人倍感劳累,长此以往不免会造成团队中优秀员工的流失。

第14讲 从"小"做起，走进企业

训练课堂 创业点亮人生。

训练项目 小企业运营能力。

训练目标 通过训练，了解创业从小处做起的必要性及创办企业的基本知识；识记小企业的基本知识及运作流程；熟悉、掌握企业组织结构；学会对小企业的岗位及组织结构进行设置。

案例故事

刘军的养鸡场

刚从中职毕业的刘军一直想创办一家公司。他所在的小镇周围有很多农户养鸡，经了解后，他准备专做批发鸡的生意。母亲非常支持他，她让刘军先用家里的房子作担保向银行申请贷款。刘军得到贷款后立即着手准备，他购买了设备和原材料，在小镇附近租了鸡舍，买了计算机、现代化的制冷设备、新的厢式货车，还在货车门上喷涂了鸡场的标志。刘军告诉母亲，配套精良的设备能帮助企业树立良好的形象，有助于吸引更多的客户。接着，刘军投入繁忙的工作中。鸡作为人们日常消费的肉类食品，在市场上的需求量很大，刘军为此夜以继日地忙碌，客户还把他介绍、推荐给熟人，于是客户越来越多，生意越做越大。遗憾的是，刘军用于付款的现金本来就比较紧张，迅速红火的生意维持到年底时，他拥有的现金严重不足，再也无法正常支付银行的欠款，被银行中止了贷款，并要求偿还所有债务，无奈之下，刘军不得不宣布鸡场破产。银行开始拍卖刘军的资产来偿还其债务。首先拍卖的是车和计算机，但仍有大量的债务不能偿还。看样子，刘军的母亲有可能失去拿去抵押贷款的房子。

『心动问题』

1. 刘军创办的企业为什么最终会破产？

2. 作为创业者，应该怎样做才可避免重蹈刘军的覆辙？

『感悟真谛』

作为创业者，不能只凭表面现象就盲目下决策，尤其是盲目投资，有时，虽然表面上看起来红红火火，但生意越做越大的同时往往意味着需要更多流动资金，需要管理更大的团队，面对更多的问题，一旦某个方面出现问题，那么企业很可能就会破产，甚至影响到家庭生活。

创业初期如果面临着好景象，往往就会丧失了警觉性，如果初期并不怎么顺利，或许反而会更加努力经营，时时保持着警觉性不致掉以轻心。

——邱永汉

知识准备

创业的成功离不开切实可行的创业途径，每一个创业者都要根据自身的情况和市场需求选择合适的项目和方式。因而，企业以何种形态进入市场，如何在竞争中存活下来，是创业者最该考虑的问题。本讲提倡学生创业要从小处做起，从了解小企业的形式与特点入手，对企业组织结构及岗位职责进行剖析，通过模拟创业经营的体验，掌握如何为企业定位，熟悉企业的运作流程。

一、学生创业要从"小"做起

企业经营好比一场马拉松比赛，不是看一开始谁跑得快，而是看谁能保持自己的节奏坚持跑完全程。在创业初期，创业者不能一味地扩大运营规模，而应关注并妥善处理资金预算、市场预测，以及材料、人员相关要素的协调等管理问题。如果对这些管理问题没有做好充分准备，那么高速的增长只能带来巨大的风险，就如前面讲到的"刘军的养鸡场"一样，本来生意越做越大，却反而面临着破产的危机。德国经济学家舒马赫1973年就提出"小即是美"。虽然这种观点被认为太理想主义，但也实实在在地告诉了我们，创业之初不能盲目求"大"，而要量力而行，从"小"做起。这里所说的从"小"做起有两层含义，一是指从小企业或者微型企业开始做起，二是指选择投资小、风险小的创业项目。

（一）量力而行的依据

创业是一个由简入繁的过程，比如刚开始缺乏对市场的判断力，那么就应该从简单的市场做起，避免"出师未捷身先死"，因为，刚出校门的年轻学生，在很多方面还比较欠缺，总体表现为：

1. 经验不足

学生创业者富有激情，在专业技能上比较擅长，但没有经营企业的经验，不熟悉市场，更不了解企业间的竞争规则。如今的创业市场虽然商机无限，但对经验有限的初次创业者来说，并非"弯腰就能拾到地上的财富"。在这种情况下，学生创业者只有根据自身特点，扬长避短、从"小"做起，找准"立锥之地"，一步一个脚印，才能闯出一片真正适合自己的新天地。

2. 能力有限

学生创业者的管理能力不足，决定创业要从"小"做起。在个体小企业中，没有大企业管理层次多、管理人员多、分工过细造成的脱节现象，避免了由此产生的一些经营管理中的矛盾。因此，小企业的管理难度相对较小。这对于初次创业的学生来讲，具备一定的管理能

172

力就可以胜任。当然,在这个基础上,还要通过不断实践、总结,不断提升自己的综合管理能力,完善和规范企业的运作流程,逐步做大。

3. 资金短缺

学生创业者在资金上的缺乏决定创业要从"小"做起。一般而言,小企业所需的资金额和技术力量门槛较低、投入少、见效快,投资与见效的周期相对较短。作为学生创业者,可以通过较少的投资和小规模的企业积蓄金,丰富经验,熟悉市场,为将来谋求更大的发展奠定基础。

学生初次创业的成功几率一般只有20%~30%,很大程度上这更像是自身摸索和学习的一个阶段。所以,在这个阶段要量力而行,不要过多过大地投入,过多的投入很可能一开始就把事情放在了自己不能掌控的地步,使风险加大。

(二)小定位不等于小发展

比尔·盖茨的微软神话,使IT业、高科技行业成为学生眼中的创业"金山",以至于不少学生对从事服务业或技术含量较低的行业不屑一顾。其实,高科技创业项目往往一开始需要大笔启动资金,而且竞争激烈,创业风险和压力都非常大,初入职场的学生,如果空有一番雄心壮志,而自身能力不足,对创业的期望值又过高,一开始就起点过高,很容易导致"轰轰烈烈开场"却惨淡收场的结局。

那么,与高起点的大公司相比,小企业有什么优势?

1. 小企业个体性强

小企业多为私人个体经营的企业。作为小企业的经营者,不但是企业主,而且还直接参加一线生产,以员工身份出现,从生产到销售,从业务到管理,都要参与。由于个体小企业的管理难度不高,小企业经营者可以把更多的精力用于产品更新和销售上。

2. 小企业专业性强

小企业一般都是经营单一项目,创业者根据自己的专长开办企业,直接为用户服务。当发现已经营的项目或产品在供求上达到饱和时,可以立即根据市场的需求,迅速改进或改变自己的经营项目和产品。由于它专业性强,比较容易取得质量信誉,从而在社会上提高知名度,有利于保证企业的生存和发展。

3. 小企业灵活性强

小企业经营灵活,形式多样,应变能力较强,具有以新取胜的内在动力和保持市场活力的能力。小企业自身的发展贴近市场,进入市场比较容易,经营手段灵活多变,适应性强。小企业可以根据市场变化较快的特点调整其产品结构,改变生产方向,这一点提高了小企业在市场中的竞争力,有助其不断发展壮大。

以下是一个小企业大有作为的例证。

小企业,大作为

从中职学校机械专业毕业的王华,在一个机械加工厂打工2年,挣钱不多,但技术上长进不少。通过向银行贷款借了3.5万元与老乡合伙成立了自己的机械加工厂。3年后,挣回了本钱。王华尝到了创业的甜头,更增强了创业的信心,决定自己创业,于是,就成立了自己的五金厂。

建厂初期,通过银行贷款才使工厂运作起来。为节约成本,他处处精打细算。自己既是老板,又当工人,骑着自行车跑市场,上门送货。工厂在生存、发展中遇到的难题,面临的风险,经常让王华寝食难安。年轻的他要独自面对每一个环节、每一个步骤、每一笔生意。创业的过程是艰苦的,但凭着过人的毅力、艰苦奋斗的精神、虚心好学的态度,以及良好的人际关系与团队合作,经过十多年的奋斗,一步一个脚印走过来,终于收获了成功的喜悦——企业固定资产近千万,员工由办厂之初的 12 个人,发展到现在的 400 多人,产品远销欧美市场。

从上述案例可以看出,王华的创业经过了打工、合伙经营、个人经营三个阶段。他的创业经历再次告诉人们,在创业初期找准位置,通过不断的实践和努力完成经验和原始资本的积累。那么,在小企业中照样大有作为。

综上所述,初次创业的重点不在于办什么公司、做什么行业,关键在于规模大小的定位及怎么做?如果创业者能做到脚踏实地、面对社会现实、立足个人实际、把握事物发展规律,准确定位,从"小"做起,则成功指日可待。

(三)小投资不等于小回报

不管是已经创业成功的人士还是相关专家,都不赞成学生创业者在创业初期就投入自己所有的积蓄,甚至大笔举债。因为,过多的投入很可能一开始就把事情放在了自己不能掌控的地步,使风险加大。所在,应该选择一些低成本、低风险的小项目,放下架子去创业。

历史上,有不少企业家开始搞的都是很不起眼的小本生意,经过多年的奋斗,才逐步完成原始资本的积累,进而扩大公司规模。比如"麦当劳":1928 年,有一对叫麦当劳的年轻兄弟,在加利福尼亚开了一个小电影院,同时兼营一个小食店专卖汉堡包。说来也怪,汉堡包的生意比电影院的生意好得多。这种 15 美分一个的汉堡包看来不起眼,可年营业额竟高达 25 万美元,于是,麦当劳兄弟便干脆专营汉堡包,并成立了麦当劳公司。

学生创业普遍面临缺乏资金的困难,从小事做起,从求小利做起,不失为一条安全、稳妥的途径。投入小,风险就小,但积小利成大利,滚动发展,同样可以做成大事业。

无数成功案例证明,只要投资方向正确,企业的发展就如滚雪球般,一旦获得了起始的优势,雪球就会越滚越大,优势会越来越明显。阿里巴巴就是这样一个雪球——从1999 年以 50 万元人民币创业到 2005 年,短短七个年头,阿里巴巴成功地以一家并未上市的公司的 40% 股权为代价,换来 10 亿美元及雅虎中国全部资产。从最初寥寥无几的从事电子商务的小企业开始滚起,马云及其团队的雪球越滚越大,目前国内绝大多数开展电子商务的企业都成了阿里巴巴的客户,其服务的中国企业会员已超过了350 万家。

小企业是世界经济的支柱和增加就业的重要来源,对全球的创新、革命性进步和可持续发展起到至关重要的作用。

——**马云**

二、小企业运作 ABC

2011 年 7 月国家颁布的《中小企业划型标准规定》中规定,中小企业划分为中型、小型、微型三种类型,具体标准根据企业从业人员、营业收入、资产总额等指标,结合行业特点制定。本讲所说的小企业泛指小企业和微型企业。

（一）小企业的形式及定位

小企业是指劳动力、劳动手段或劳动对象在企业中集中程度较低,或者生产和交易数量规模较小的企业。小企业的组织形式也叫法律形态,主要有四种:个体工商户、个人独资企业、合伙制企业、有限责任公司。它们在责任、风险、税收义务及政府管理等方面有所不同,各有利弊。四种不同小企业形式主要的区别如表 14 - 1。

表 14 - 1　四种不同的小企业

企业形式	业主数量和注册资本	成立条件	经营特征	利润分配和债务责任
个体工商户	业主是一个人或家庭 无资本数量限制	成立条件简单,业主只要有相应的经营资金和经营场所就可以;个体工商户可以起字号	资产属于私人所有,自己既是所有者,又是劳动者和管理者	利润归个人或家庭所有。以其个人或家庭资产对企业债务承担无限责任
个人独资企业	业主是一人 无资本数量限制	投资人是一个自然人;有合法的企业名称;有投资人申报的出资;有固定的生产经营场所和必要的生产经营条件;有必要的从业人员	财产为投资人个人所有,业主既是投资者,又是经营管理者	利润归个人所有。投资人以其个人资产对企业债务承担无限责任
合伙企业	业主两人以上 无资本数量限制	有两个以上合伙人,都依法承担无限责任;有书面合伙协议;有合伙人的实际出资;有合伙企业的名称;有经营场所和从事合伙经营的必要条件	按照合伙协议,共同出资,合伙经营,共享收益,共担风险	合伙人按照协议分配利润,并共同对企业债务承担无限责任

企业形式	业主数量和注册资本	成立条件	经营特征	利润分配和债务责任
有限责任公司	由两人以上 50 人以下的股东组成注册资本因不同经营内容立出法定下限	股东符合法定人数;股东出资达到法定最低限额;股东共同制定公司章程;有公司的名称,建立符合有限责任公司要求的组织机构;有固定的生产经营场所和必要的生产经营条件	公司设立股东会、董事会和监事会,并由董事会聘请职业经理管理公司经营业务	股东按出资比例分配利润,并以出资额为限承担责任

选择一种企业的组织形式不是一件容易的事,要对企业的规模、行业类型及发展前景、业主或投资者的数量、创业资金的多少、创业者的观念等主要因素进行综合分析。不同的企业法律形态各有利弊,所以在选择自己企业的组织形态时,就要考虑到选择的组织形式对企业将产生的影响。

如果企业不打算借债,是否限制业主个人对企业债务所承担的责任就无关紧要,可以采用简单、经济的形式开办企业,如个体工商户或合伙企业就比较合适。

如果企业需要借大笔钱,企业负债比较高,那么限制业主对企业债务所承担的责任就很重要,选择有限责任公司的组织形式较为合适。

如果启动资金和技术不足,但有志同道合的朋友愿意一起干,可以选择合伙企业或有限责任公司的组织形式。

如果不喜欢与他人合作,怕麻烦或怕得罪人,就可以考虑个体工商户或个人独资企业。

下面案例中的主人公刘明就给自己的企业进行了一次很好的企业定位。

刘明的企业定位

刘明开办企业的构思是经营旅游纪念品,以家庭经营为基础,所以决定选择个体工商户这种组织形式。他们做出这个决定主要出于以下几个方面的考虑:

第一,法律对个体工商户没有最低资金额的限制,注册手续比较简单。他想办的企业启动资金只需要几千元。而建立一家生产性的有限责任公司,注册资金则至少需要 30 万元人民币,注册费用很高,他不可能铺这么大的摊子。

第二,从风险角度看,他的知识、经验、技能和精力足以开好一个家庭规模的小企业。他做事谨慎,想一步一步地摸索。如果一开始还没有把握就拉别的合伙人或股东的资金进来,会带来过重的心理负担。

第三,从决策的角度看,开办企业千头万绪,必须有人说了算。他与家人一起好商量,决策快。如果有几个人合伙人或股东在一起商量,人多嘴杂,不仅烦琐,还容易得罪人。

第四,从纳税角度看,个体工商户的经营利润也就是业主的收入,企业不交所得税,由业主按国家规定交个人所得税。

第五,他相信,有 2~3 年的时间,他们就能够积累足够的资金和管理经验来扩大企业。到那时可以雇佣能人参与或者请能人入伙,但决策权还是掌握在自己手里。

从这个案例可以看出,刘明在给自己企业定位、选择组织形态时是非常慎重的,因为这不仅涉及企业发展的问题,还涉及法律的问题。假如他盲目定位为合伙企业,虽然能获得一些资金或人力的支持,但一旦经营出现问题,所有合伙人必须承担无限连带责任,必然会引来很大的法律纠纷。

如果要开办的是一家规模较大或结构比较复杂的企业,最好聘请专业律师或者有这方面经验的专家来帮助进行企业定位。

（二）透过"双流"看企业运作

企业组织形式的确定相当于给自己的企业定调,接下来就要了解企业是如何运作的,了解在创业过程中创业者需要面对哪些具体的事务。

1. 企业运作中的"双流"

从动态的角度看,企业是一个个人或一个群体,以赢利为目的而进行的商品生产和交换活动。一个企业既要从市场上采购商品(产品或服务),又要在市场上向顾客出售其生产加工的商品(产品或服务)。这些经营活动形成商品流和现金流,合称"双流"(图 14-1)。

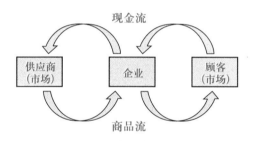

图 14-1　商品流和现金流

企业从供应商那里购买商品(原材料、商品等),向顾客销售成品的商品活动流,人们称之为商品流。企业从顾客那里获得销售款,向供应商支付原材料、设备等费用,这些资金支付和资金流入的资金活动流,人们称之为现金流。

创业的目的是赢得利润,成功的创业者会尽量让流入的资金多于流出的资金。一个经营成功的企业,可以连续多年通过有效的经营循环,不间断地进行企业运营活动,如采购、生产、销售等。至于如何更好地控制现金流与商品流的平衡,使企业的经营形成良性循环,本书将会在本项目第 4 讲详细讲解如何进行资金预算。

2. 企业运作流程

由于企业的类型不同,它们的日常业务活动也有差异。例如:

（1）零售商店的日常工作主要是采购、存货、销售、记账和管好店员。

（2）服务行业的日常工作是招揽生意,完成服务任务;管理职员,使他们的工作保质保量,有成效;另外还要采购材料,控制成本和为新业务定价。

（3）制造企业的日常业务则比较复杂:接订单、核实自己的生产能力、安排车间生产、采购原材料、调配设备、生产质量监控、成本控制、产品销售等。

以制造企业为例,采购、生产、销售是企业运作的基本流程(图 14－2)。首先要从供应商那里采购原材料或设备,然后要组织人力进行生产,最后把生产出来的成品销售给消费者或批发商。在企业运作过程中,还涉及人力资源管理(人员管理)、财务管理(记账算账)、成本管理等工作。

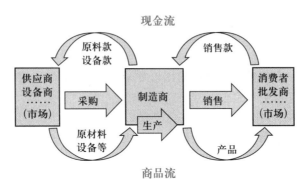

图 14－2 制造企业的现金流和商品流

（三）图解企业内部架构

企业的日常运营事务繁杂,并不是以一人之力所能完成的。为了更好地管理企业事务,创业者需要组建相应的团队来聚集更多人力共同完成企业的各种工作。如何来组织团队成员,共同完成企业的经营目标呢?这就需要为企业搭建一个系统的"框架",即企业组织结构及相关岗位职责。

1. 企业组织结构图

企业组织结构是企业组织内部各个有机构成要素相互作用的联系方式或形式,以求有效、合理地把成员组织起来,为实现共同目标而协同努力。

图 14－3 是某小型制造业的组织结构图,通过这个组织结构图,人们可以清晰地看到该企业的分工、分组、层级关系及相关岗位的配置。

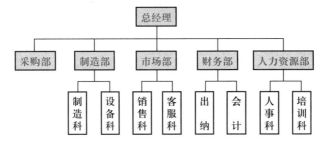

图 14－3 小型制造业组织结构示意

从企业内部的组织形式来看,对于大多数规模较小的企业,尤其是微型企业,完全可以采取简便有效的直线制,特别要求组织层次要小,管理职能划分不必过于严格,从而提高管理的效率和效益。完善的公司组织结构作为现代企业制度的核心,不仅是现代企业制度的重要框架,而且也是增强企业竞争力和提高企业经营绩效的必要条件。

2. 各部门岗位职责

组织结构体现了企业的基本岗位配置,而企业要想聚合众人之力,做到人尽其才,将团队力量发挥到最大值,必须要做到组织严谨、分工恰当、人员各司其职。为此,企业需要有明确的岗位职责分工,使各岗位的工作有章可循。以下介绍几种常见的岗位职责:

（1）总经理岗位职责。主持企业的全面工作,保证企业经营目标的实现;组织指挥企业的日常管理工作,监督各项工作的实施情况;协调内部关系,决定组织体制和人员招聘;与工商、税务等单位打交道。

（2）采购部经理岗位职责。根据产品的类型、特性、质量要求等信息,拟订和执行采购计划;与原材料供应商建立良好的合作关系,保障原材料的供应;改进采购的工作流程和标准,以达到存货周转的目标。

（3）制造部经理岗位职责。根据生产进度制订生产计划表,在每日生产安排中进行合理调配,并监督计划的实施,定期向上级汇报生产任务完成情况;生产过程中各环节的质量控制及质量问题的处理及品质的改变,组织、分析、解决生产工艺问题;根据生产规模的大小对设备进行规划管理,制订出设备使用计划。

（4）市场部经理岗位职责。组织编制年度营销等计划;组织研究、拟订公司营销、市场开发方面的发展规划;组织拟订营销业务管理的各种规定、制度和内部机构设置;组织市场调查,收集市场销售信息、新技术产品开发信息、用户反馈信息等;组织开展市场统计分析和预测工作。

（5）财务部经理岗位职责。总管公司的会计、报表、预算工作;负责制订公司利润计划、资本投资、财务规划、开支预算或成本标准;组织公司有关部门开展经济活动分析,组织编制公司财务计划、成本计划,努力降低成本,增收节支,提高效益。

（6）人力资源部经理岗位职责。负责公司人员招聘及面试工作;负责公司内部人员调配工作;全面负责公司劳动工资工作;负责执行国家劳动工资法律、法规,制定公司劳动工资管理制度,制定公司医疗保险、养老保险、待业保险、住房公积金等制度;指导培训科开展员工培训工作。

岗位职责规定了某一特定领域里要做的工作,员工将确切知道企业需要他们做什么工作,另外,总经理也可以用其作为衡量员工工作绩效的标准。

经营企业,是许多环节的共同运作,差一个念头,就决定整个失败。

——松下幸之助

三、重视制度建设,让企业健康发展

"优胜劣汰"是现代企业的竞争之源,如何在激烈的竞争中求生存、谋发展,是当今所有企业不得不去面对、去解决的问题。对于初创的企业来讲,考虑如何"活"下来尤为重要。这就需要重视企业的制度建设,唯其如此,才能保证企业健康发展。

（一）制度建设的重要性

企业必须结合实际所处的社会环境建立起完善的管理制度,只有夯实企业生存和发展的基础,才有可能在激烈的竞争中捍卫和拓展企业生存和发展的空间,才能持续的生存、稳定的发展。否则,就算企业凭借机遇和激情取得了辉煌的成就,也不过是昙花一现。

（二）制度建设的内容

企业制度是关于企业组织、运营、管理等一系列行为的规范和模式的总称。讲管理、重管理、向管理要质量、向管理要效益，甚至向管理要"时间"的口号在企业中随处可见。简单来讲，就是做好了，有什么激励，做坏了，有什么惩罚……企业的主要事务工作都有制度规定，这就叫企业制度。企业制度诉诸文字就是制度文件。制度文件应包含五个基本内容：目的、工作内容与要求、部门职责分工、工作流程、监督与考核。

理解企业制度，可以从人、财、物三方面的管理角度上来审视。

对人的制度：就是员工从招聘、入职、培训、调岗、晋升、离职等所有的工作环节都有规范的文字界定。

对财的制度：就是钱财从投入到使用再到增值一系列过程都有控制，并且文字描述清晰准确。

对物的制度：就是物品物料从入库、出库、加工、组装、检验、包装、销售、送货都有制度规定，不因为人员更替而改变。

（三）如何做好企业管理制度建设

企业的制度要根据企业的组织架构、流程和文化等来建立。制度的制定和执行也要遵守精确而有效益的原则，过于烦琐的制度就是浪费。所以，做好企业制度建设，主要有以下几个方面：

1. 组织架构设计

一般包括管理层次的划分、部门的划分、职权的划分。管理层级和管理幅度需要恰当和平衡。具体的架构设计，需考虑企业实际情况、人员的管理能力、普通员工的素质、沟通的效率。如果是家族企业，还要考虑经营权和所有权的恰当分离。

2. 工作流程设计

在确定组织架构的基础上，确定部门工作职责和工作活动，按照时间逻辑确定顺序及流向。流程设计必须编制成文，发给相关人员学习。中小企业工作流程一般包括销售流程、汇报流程、财务预算报销流程、进出货流程、生产工艺流程、品质管理控制流程等。设计的原则是：职责明确，效率优先，沟通环节少，发现问题可以追溯，便于操作。

3. 员工绩效考核制度

中小企业的考核制度比较模糊，在一些销售型的公司，采用纯粹的奖金提成制度，弊端显而易见，它将员工的努力化成了简单的金钱制度，不利于评估员工的整体工作成果，也不能有效地将企业目标和员工职业规划有机的结合。绩效考核制度做好了，将是企业的核心竞争力，将能提高企业整体运营水平。

当然，再好的制度如果没有严格的执行，那也只是一个花架子。所以制度建设出台后，务必让每位企业成员全面理解制度的细则，并且要始终一贯，严格执行。还有，任何制度，不能朝令夕改，作为业主或管理人员，更应做好榜样，始终坚持统一的标准和工作作风。

制度好可以使坏人无法任意横行，制度不好可以使好人无法充分做好事，甚至会走向反面。

——邓小平

创办小企业

以组为单位创办一个制造帽子的小企业。

『分享收获』

1. 请各组讨论应该选择哪一种企业形式。

2. 为本企业制定一个组织结构,以及明确具体的岗位职责。

企业名称:＿＿＿＿＿＿＿＿＿＿＿＿。

企业形式:＿＿＿＿＿＿＿＿＿＿＿＿。

企业组织结构:

企业岗位职责及分工:

岗位	姓名	职责

『共勉录』

　　一个有效率的企业要组织严谨,职责分明,所有员工都知道自己必须做什么以及用什么标准做,建立岗位责任制,管理就会科学有序,企业才能得到健康发展。

『堂上演练』 模拟创业

1. 模拟说明

如图 14－4 所示,各组扮演生产帽子的制造商,教师扮演银行、帽子原材料供应商、帽子收购店,模拟过程包括银行借贷、企业计划、采购、生产、销售、记账等企业运作环节。按各组的运营过程进行综合评定,评出优秀制造商。

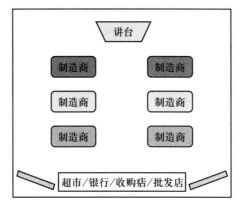

图 14－4　模拟创业示意图

2. 制作帽子说明

用 A6(A4 的四分之一)的空白纸做产品的原材料,按图 14－5 所示做成帽子,要求不易被摔烂。

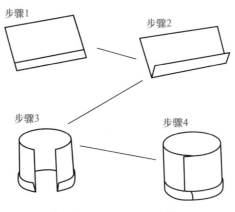

图 14－5　帽子制作步骤

3. 企业周期表

整个模拟过程都要按照企业周期示意图从月初到月底的各项工作内容来执行,周期为1 个月,周期表(表 14－2)由总经理填写。

表 14－2　企业周期表

	星期一	星期二	星期三	星期四	星期五	星期六	星期日
	采购 帽子原材料 40元/顶	制造 按要求制作 帽子	销售 帽子卖给收购 商80元/顶	借款/还款 月初贷160元 月底还200元	制订计划 准备做多少 帽子	资金汇报 向教师报告 资金情况	休息日
第1周				1 从银行借款 160元	2 计划：_____	3	4
第2周	5 _____顶 金额_____	6	7 _____顶 金额_____	8	9 计划：_____	10	11
第3周	12 _____顶 金额_____	13	14 _____顶 金额_____	15	16 计划：_____	17	18
第4周	19 _____顶 金额_____	20	21 _____顶 金额_____	22	23 计划：_____	24	25
第5周	26 _____顶 金额_____	27 交房租100元	28 _____顶 金额_____	29 向银行还款 200元	30　销售总计：顶数_____金额_____ 成本支出：_____ 本月总收入：＿＿＿＿＿		

4．记账簿说明

由会计员填写记账簿,用于记录企业收支项目。如表 14－3。

表 14－3　企业收支项目

日期	摘要	发票号	现金			银行存款			销售收入	材料成本	其他费用
			流入	流出	结余	存入	取出	结余			
1	贷款		160		160						
3	购物			30	130						30
3	储蓄			10	120	10		10			
5	购材料			120	0					120	
7	销售		240		240				240		
	合计		400	160	240	10		10	240	120	30

5．模拟货币说明

游戏过程中用到的现金均用模拟货币进行流通。由 1 元、10 元、20 元、50 元、100 元、500 元六种面值的货币组成。（教师自行制作）

6．周期活动说明

星期一：采购员从原材料供应商购买原材料（A6 空白纸），40 元/张。

星期二：各组技术员制作帽子，注意制作标准。

星期三：销售员向收购店出售帽子。收购店对帽子进行质量检查（尺寸合格，不易撑烂），合格产品 80 元/顶，不合格产品直接销毁。

星期四：可以到银行借款/还款，第 1 天借出 160 元，29 日还 200 元。

星期五：总经理制订下周生产计划。

星期六：会计员向教师汇报资金情况。

星期日：休息日，期间不准说话。

7．游戏结果评价

按以下三个标准（表 14 - 4）评价团队成绩：① 利润高；② 账目清楚；③ 团队合作好。

表 14 - 4　模拟货币流通评价表

组别	利润	账目清楚	团队合作	总分
第一组				
第二组				
第三组				
第四组				
第五组				
第六组				

8．交流分享

各组做海报进行分享，总结成功经验或失败教训。

演练目的：通过创业模拟游戏，让同学们体验企业经营的一般流程，了解企业中各种岗位的相关职责，学会如何根据生产能力和资金制订经营计划。

『课后拓展』　企业调研

以小组为单位，到企业进行调研，了解企业组织结构，并完成调研表格（表 14 - 5）。如联系企业有困难，可以找学校就业处协助联系企业。

表 14 - 5　企业调研表

企业名称：		企业类型	
所属行业：		企业规模	

经营范围	
组织结构图	

拓展目的：到企业进行现场调研，拓宽同学们的视野，对现实中的企业经营过程及组织结构有更深刻的认识。

 能力延伸

一、中小企业划型标准规定

2011 年 7 月 4 日，国家颁布的《中小企业划型标准规定》，规定如下：

1. 根据《中华人民共和国中小企业促进法》和《国务院关于进一步促进中小企业发展的若干意见》（国发〔2009〕36 号），制定本规定。

2. 中小企业划分为中型、小型、微型三种类型，具体标准根据企业从业人员、营业收入、资产总额等指标，结合行业特点制定。

3. 本规定适用的行业包括：农、林、牧、渔业，工业（包括采矿业，制造业，电力、热力、燃气及水生产和供应业），建筑业，批发业，零售业，交通运输业（不含铁路运输业），仓储业，邮政业，住宿业，餐饮业，信息传输业（包括电信、互联网和相关服务），软件和信息技术服务业，房地产开发经营，物业管理，租赁和商务服务业，其他未列明行业（包括科学研究和技术

服务业,水利、环境和公共设施管理业,居民服务、修理和其他服务业,社会工作,文化、体育和娱乐业等)。

4. 各行业划型标准为

(1)农、林、牧、渔业。营业收入 20 000 万元以下的为中小微型企业。其中,营业收入 500 万元及以上的为中型企业,营业收入 50 万元及以上的为小型企业,营业收入 50 万元以下的为微型企业。

(2)工业。从业人员 1 000 人以下或营业收入 40 000 万元以下的为中小微型企业。其中,从业人员 300 人及以上,且营业收入 2 000 万元及以上的为中型企业;从业人员 20 人及以上,且营业收入 300 万元及以上的为小型企业;从业人员 20 人以下或营业收入 300 万元以下的为微型企业。

(3)建筑业。营业收入 80 000 万元以下或资产总额 80 000 万元以下的为中小微型企业。其中,营业收入 6 000 万元及以上,且资产总额 5 000 万元及以上的为中型企业;营业收入 300 万元及以上,且资产总额 300 万元及以上的为小型企业;营业收入 300 万元以下或资产总额 300 万元以下的为微型企业。

(4)批发业。从业人员 200 人以下或营业收入 40 000 万元以下的为中小微型企业。其中,从业人员 20 人及以上,且营业收入 5 000 万元及以上的为中型企业;从业人员 5 人及以上,且营业收入 1 000 万元及以上的为小型企业;从业人员 5 人以下或营业收入 1 000 万元以下的为微型企业。

(5)零售业。从业人员 300 人以下或营业收入 20 000 万元以下的为中小微型企业。其中,从业人员 50 人及以上,且营业收入 500 万元及以上的为中型企业;从业人员 10 人及以上,且营业收入 100 万元及以上的为小型企业;从业人员 10 人以下或营业收入 100 万元以下的为微型企业。

(6)交通运输业。从业人员 1 000 人以下或营业收入 30 000 万元以下的为中小微型企业。其中,从业人员 300 人及以上,且营业收入 3 000 万元及以上的为中型企业;从业人员 20 人及以上,且营业收入 200 万元及以上的为小型企业;从业人员 20 人以下或营业收入 200 万元以下的为微型企业。

(7)仓储业。从业人员 200 人以下或营业收入 30 000 万元以下的为中小微型企业。其中,从业人员 100 人及以上,且营业收入 1 000 万元及以上的为中型企业;从业人员 20 人及以上,且营业收入 100 万元及以上的为小型企业;从业人员 20 人以下或营业收入 100 万元以下的为微型企业。

(8)邮政业。从业人员 1 000 人以下或营业收入 30 000 万元以下的为中小微型企业。其中,从业人员 300 人及以上,且营业收入 2 000 万元及以上的为中型企业;从业人员 20 人及以上,且营业收入 100 万元及以上的为小型企业;从业人员 20 人以下或营业收入 100 万元以下的为微型企业。

(9)住宿业。从业人员 300 人以下或营业收入 10 000 万元以下的为中小微型企业。其中,从业人员 100 人及以上,且营业收入 2 000 万元及以上的为中型企业;从业人员 10 人及以上,且营业收入 100 万元及以上的为小型企业;从业人员 10 人以下或营业收入 100 万元以下的为微型企业。

（10）餐饮业。从业人员 300 人以下或营业收入 10 000 万元以下的为中小微型企业。其中，从业人员 100 人及以上，且营业收入 2 000 万元及以上的为中型企业；从业人员 10 人及以上，且营业收入 100 万元及以上的为小型企业；从业人员 10 人以下或营业收入 100 万元以下的为微型企业。

（11）信息传输业。从业人员 2 000 人以下或营业收入 100 000 万元以下的为中小微型企业。其中，从业人员 100 人及以上，且营业收入 1 000 万元及以上的为中型企业；从业人员 10 人及以上，且营业收入 100 万元及以上的为小型企业；从业人员 10 人以下或营业收入 100 万元以下的为微型企业。

（12）软件和信息技术服务业。从业人员 300 人以下或营业收入 10 000 万元以下的为中小微型企业。其中，从业人员 100 人及以上，且营业收入 1 000 万元及以上的为中型企业；从业人员 10 人及以上，且营业收入 50 万元及以上的为小型企业；从业人员 10 人以下或营业收入 50 万元以下的为微型企业。

（13）房地产开发经营。营业收入 200 000 万元以下或资产总额 10 000 万元以下的为中小微型企业。其中，营业收入 1 000 万元及以上，且资产总额 5 000 万元及以上的为中型企业；营业收入 100 万元及以上，且资产总额 2 000 万元及以上的为小型企业；营业收入 100 万元以下或资产总额 2 000 万元以下的为微型企业。

（14）物业管理。从业人员 1 000 人以下或营业收入 5 000 万元以下的为中小微型企业。其中，从业人员 300 人及以上，且营业收入 1 000 万元及以上的为中型企业；从业人员 100 人及以上，且营业收入 500 万元及以上的为小型企业；从业人员 100 人以下或营业收入 500 万元以下的为微型企业。

（15）租赁和商务服务业。从业人员 300 人以下或资产总额 120 000 万元以下的为中小微型企业。其中，从业人员 100 人及以上，且资产总额 8 000 万元及以上的为中型企业；从业人员 10 人及以上，且资产总额 100 万元及以上的为小型企业；从业人员 10 人以下或资产总额 100 万元以下的为微型企业。

（16）其他未列明行业。从业人员 300 人以下的为中小微型企业。其中，从业人员 100 人及以上的为中型企业；从业人员 10 人及以上的为小型企业；从业人员 10 人以下的为微型企业。

5. 企业类型的划分以统计部门的统计数据为依据。

6. 本规定适用于在中华人民共和国境内依法设立的各类所有制和各种组织形式的企业。个体工商户和本规定以外的行业，参照本规定进行划型。

7. 本规定的中型企业标准上限即为大型企业标准的下限，国家统计部门据此制定大中小微型企业的统计分类。国务院有关部门据此进行相关数据分析，不得制定与本规定不一致的企业划型标准。

8. 本规定由工业和信息化部、国家统计局会同有关部门根据《国民经济行业分类》修订情况和企业发展变化情况适时修订。

9. 本规定由工业和信息化部、国家统计局会同有关部门负责解释。

10. 本规定自发布之日起执行，原国家经贸委、原国家计委、财政部和国家统计局 2003 年颁布的《中小企业标准暂行规定》同时废止。

二、上海市公司注册登记开办流程图(2013 年) (图 14 −6)

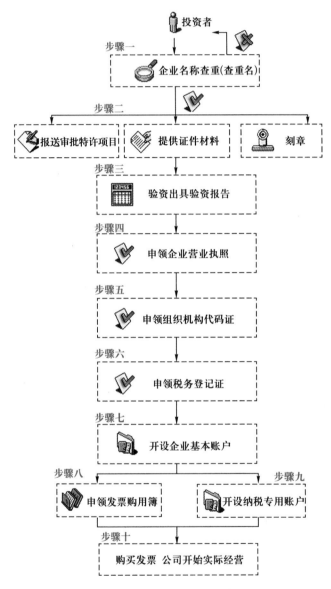

图 14 − 6 上海市公司注册登记开办流程图

第15讲　探析市场，把握机会

训练课堂　创业点亮人生。

训练项目　市场评估能力训练。

训练目标　通过训练，初步了解市场供求关系；识记市场营销著名的4C理论与4P方法；理解评估市场应遵循的原则；掌握为产品或服务确定销售价格的方法；学会做市场调研及制订营销计划。

温州老板的投资失误

　　温州有家私营小企业的老板，看到别人因生产某种塑料产品赚到了钱，便不由得也心急火燎起来，他筹集了资金，决定要尽快投资上马这一项目。就在这时，他手下的一名技术员劝告他说："老板，你只要将开工时间推迟4个月，我们就能安装调试好一套目前最先进的设备来生产，而且产品将比现有设备生产的产品要好得多，相信会比较畅销。"但真诚的劝告并没有改变老板的主意，反而让老板听了很不高兴，说："推迟开工4个月？你知道推迟开工4个月意味着什么吗？我们将白白丢掉上百万元的利润。"不出那位技术人员所料，工厂开工没几个月，就因为配套技术陈旧、产品科技含量太低而使产品陷入滞销状态。这位老板不得不重新投入巨资对才开工没多久的工厂进行技术改造更新。

『**心动问题**』

1. 案例中温州老板投资失败的原因是什么？

2. 这个案例的投资行为带给创业者什么启发？

『**感悟真谛**』

　　创业者在投资初期，易受眼前利益驱动，而忽视长远利益。急功近利的短期行为，虽然能够使企业一时获利，却丧失了长远发展的后劲。创业投资是一项系统工程，创业者要对市场要进行系统的评估，做好市场调查及营销计划，切不可杀鸡取卵、涸泽而渔。

　　知己知彼，百战不殆；不知彼而知己，一胜一负；不知彼，不知己，每战必殆。

——孙武

知 识 准 备

如何向顾客提供他们需要的产品或服务,如何向顾客传递有关产品或服务的信息,吸引他们购买产品或服务? 这些都是创业者在做投资决策前必须了解的。本讲将围绕"市场与创业"的关系,学习如何开展市场调查,在市场中寻找创业依据,识别潜在的顾客;学习如何把握市场信息带来的机遇,制定切合实际的市场营销计划。

一、看清供求关系,寻找创业依据

任何事物的产生都要具备一定的条件,创办一家企业的前提条件是什么? 一般认为,首先要考虑自己生产的产品或提供的服务能不能在市场上被顾客接受,能不能与竞争对手相媲美并占领一定的市场份额。这就需要创业者在市场上寻找以"顾客需求"为出发点的创业依据。只有通过市场调查,了解顾客和竞争对手的相关信息,看清市场需求和供给关系,才能把握机会,并制定出符合实际的市场营销方案。

(一)研究市场供求关系

市场供求关系是指在商品经济条件下,商品供给和需求之间的相互联系、相互制约的关系,同时也是生产和消费之间的关系在市场上的反映。了解市场供求关系能帮助创业者更理性地判断投资时机,为制订营销计划提供可靠依据。供求关系一般有三种状态,分别如下:

1. 供不应求

是指一定时间内,市场上生产部门生产的商品,也就是提供给人们消费的商品总额,小于(落后)人们在这段时间内满足物质资料生活所需要产品的总额。在这种情况下,需求大于供给,这时候市场就成了卖方市场,卖方处于有利的地位,商品的价格往往高于它的价值,即众所周知的"物以稀为贵"。

2. 供大于求

指一定时间内,市场上生产部门生产的商品,也就是提供给人们消费的商品总额,大于(超出)人们在这段时间内满足物质资料生活所需要产品的总额。这使得市场上供给大于需求,这时候的市场成了买方市场,买方处于主动地位。

3. 供求均衡

是指在一定时间内,商品的供给与人们的需求达到了理想的对等状态,即供给刚好满足需求。这种平衡只是一种趋势,只是相对的平衡,这需要在严格的假定条件下才能实现。在这种情况下,买方和卖方处于对等关系,双方的关系是相对和谐、稳定的。

从上面三种状态来看,如果市场某种产品或服务处于供不应求的状态,那将是不错的投资时机。但也还需要对市场进行各方面的预测,看清楚这种状态能持续多长时间。

(二)调查"求"方——了解顾客

顾客是上帝、是企业生存的根本。对企业提供的产品或服务感到满意的顾客会向自己的朋友和其他人宣传该企业并成为回头客;反之,如果创业者不能以合理的价格向顾客提供他们需要的产品或服务,他们就会到别处去购买。

1．了解顾客的意义

充分了解顾客并让顾客满意，是创业者需要考虑的第一要素。唯有让顾客满意，企业才能得以存活，顾客满意创业才有成功的基础条件。顾客满意就意味着会给企业带来更多的销售额和更高的利润。所以，市场调查的第一步，就要先从收集顾客信息开始。

2．必要的顾客信息有哪些

顾客的信息是创业计划最根本的依据，可以从以下几个方面进行了解：

➤ 分析公司的产品或服务的销售对象。顾客是男人还是女人？是老人还是小孩？其他企业也可能成为你的潜在顾客。把所有可能成为本企业顾客的对象记录下来。

➤ 顾客想要什么产品或服务？每个产品或服务的哪方面最重要？规格？颜色？质量？还是价格？

➤ 顾客愿意为每种产品或每项服务付多少钱？

➤ 顾客在哪儿？他们一般在什么地方和什么时间购物？

➤ 他们多长时间购一次物，每年？每月？还是每天？

➤ 他们购买的数量是多少？

➤ 顾客数量在增加吗？能保持稳定吗？

➤ 为什么顾客购买某种特定的产品或服务？

➤ 他们是否在寻找有特色的产品或服务？

3．收集顾客信息的方法

市场调查的方法很多，职场上常用的顾客需求调查有以下几种：

（1）情况推测。凭创业者或专家的行业经验进行预测。

（2）利用行业渠道获取信息。可以从业内人士那里了解本行业市场大小方面的有用信息，可以从销售商那里了解某一产品的市场份额以及顾客的需求和意见，也可以通过阅读行业指南、报纸、商业报刊和杂志来了解你需要的信息。

（3）抽样调查。与尽可能多地与潜在顾客交流，看一看到底有多少人想买企业的产品。

市场调查就像一个侦探故事，不断在寻找破案的线索。也许创业者会发现自己的新企业没有多少顾客，这可能就意味着需要再构思另一个不同的创业想法了。

（三）调查"供"方——了解竞争对手

所谓"知彼知己，百战百胜"。对市场进行调查，仅仅了解顾客的信息还不够，还需要了解竞争对手的情况。因为，创业者大都要与提供相同或相似产品或类似服务的企业竞争。这些同类企业将互为竞争对手。通过了解竞争对手的情况和他们做生意的方法，可以帮助创业者去琢磨怎样使企业构思变成现实。

具体可以通过以下几方面来了解竞争对手的情况：

他们的产品或服务的价格怎样？

他们提供的商品或服务的质量如何？

他们如何推销商品或服务？

他们提供什么样的额外服务？

他们的设备先进吗？

他们做广告吗？

他们怎样分销产品或服务？

他们的优势和劣势是什么？

当创业者把通过调查收集到的信息，进行归类、分析与处理后，接着思考并回答下列两个问题：

成功的企业有相似的运作方式吗？

成功的企业有相同的价格政策、服务、销售或生产方法吗？

通过研究市场供求关系，调查与了解顾客的必要信息，分析与比较竞争对手的相关信息，一份富于针对性、可行性的营销计划将是"胸有成竹"的事情。

二、把握市场信息，制订营销计划

通过市场调查，创业者掌握了顾客需求和竞争对手的相关信息，为推进下一步的工作即制定市场营销计划提供了有力的依据。关于营销计划，我们先看看下面的成功案例。

把梳子卖给和尚

某公司创业之初，为了选拔真正有效能的人才，要求每位应聘者必须经过一道测试：以比赛的方式推销100把奇妙的梳子，并且把它们卖给一个特别指定的人群：和尚。

几乎所有的人都表示怀疑：把梳子卖给和尚？这怎么可能呢？许多人都打了退堂鼓，但是甲、乙、丙三个人勇敢地接受了挑战……

一个星期的期限到了，三人回公司汇报各自销售实践成果，甲先生仅仅只卖出一把，乙先生卖出10把，丙先生居然卖出了100把。

同样的条件，为什么结果会有这么大的差异呢？公司请他们谈谈各自的销售经过。

甲讲述了历尽的辛苦，他跑了三座寺院，游说和尚应当买把梳子，无甚效果，还惨遭和尚的责骂，但仍然不屈不挠，终于感动了一个小和尚，买了一把梳子。

乙去了一座名山古寺，由于山高风大，把前来进香的善男信女的头发都吹乱了。乙先生找到住持，说："蓬头垢面对佛是不敬的，应在每座香案前放把木梳，供善男信女梳头。"住持认为有理。那庙共有10座香案，于是买下10把梳子。

丙来到一座颇负盛名、香火极旺的深山宝刹，对方丈说："凡来进香者，多有一颗虔诚之心，尤其对于积德行善之人宝刹应有回赠，保佑平安吉祥，鼓励多行善事。我有一批梳子，您的书法超群，远近闻名，可刻上'积善梳'三字，然后作为赠品。"方丈听罢大喜，立刻买下100把梳子。

这个案例的成功在于，丙与顾客（方丈）进行了充分的沟通交流，并对目标人群（香客）进行分析研究，站在顾客的利益角度，大胆创新，有效策划，开发了一种新的市场需求，并成功地把梳子销售给和尚。

"丙"给人最大的启示是，在做营销计划的时候，分两个阶段：一是通过4C理论进行顾客分析，二是使用4P方法结合竞争对手的营销策略制定本企业的营销计划。

（一）分析阶段——4C理论

4C理论是美国营销大师劳特朋所创。4C理论是以顾客（Customer）为中心进行营销，应关注并满足客户在成本(Cost)、便利(Convenience)方面的需求,加强与顾客的沟通(Communication),简称4C理论。

通过4C理论对市场调查所获取的信息进行分析,应该从下面几点入手:

1. 满足顾客的需求

即从顾客的需求出发去设计产品或服务。这里需要明确两点,一是顾客的需求并不完全合理;二是满足顾客真正的需求来自品质和功能,外在只是附属。

2. 以顾客能接受的成本去定价

即从顾客能够接受的心理价位去定价,先了解顾客满足需要愿意付出多少成本,而不是忙于给产品定价。

3. 本着方便购买的原则进行渠道规划

即从顾客的角度反向设计渠道,首先考虑顾客购物等交易过程如何给顾客方便,而不是先考虑销售渠道的选择和策略,目的是为了缩短销售的过程。

4. 变单向促销为双向沟通

即把单一的促销行为变为整合传播推广,其本质在于寻找顾客更易接受的促销方式,通过互动、沟通等方式,将企业内外营销不断进行整合,把顾客和企业双方的利益无形地结合在一起。

下面是某快餐店总结出来的、在办公楼卖盒饭的4C理论:

(1)顾客需求:这片儿上班族多,中午饭问题得解决,必须便宜实惠管饱;

(2)成本控制:上班族一般并不富有,大部分的午餐消费水平在5~10元。

(3)便利:在办公楼上班,中午休息时间只有1个小时,所以吃饭时间不多。

(4)沟通:上班族一般比较爱面子,饭盒外观要过得去,而且不能只有素菜。

(二)制订营销计划——4P方法

通过4C理论对调研信息的分析,创业者就可以借助4P方法制定产品或服务的营销计划。

4P方法,即从市场营销的四个方面:产品(Product)、价格(Price)、地点/渠道(Place)和促销(Promotion)着手制定市场营销计划。为了寻求一定的市场反应,企业要对这些要素进行有效的组合,从而满足市场需求,获得最大利润。

(1)产品:注重开发的功能,要求产品有独特的卖点,把顾客的需求放在第一位,进而开发产品或服务的功能。

(2)价格:根据不同的市场定位及顾客可接受的成本价位,制定不同的价格策略,同时,也要注重品牌的含金量。

(3)地点或渠道:有些制造企业虽然不直接面对顾客,但也要非常清楚顾客的购买渠道,所以在注重经销商的培育和销售网络建立的同时,也要注重对销售渠道的规范管理。

(4)促销:企业注重销售行为的改变来刺激顾客,以短期的行为(如让利,买一送一,营销现场气氛等等)促成消费的增长,吸引其他品牌的顾客或引导提前消费来促进销售的增长。

图15-1展示了4C如何向4P进行转变:

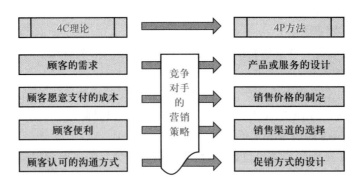

图 15 - 1   4C 理论与 4P 方法的转换

在 4C 理论分析的基础上,参考竞争对手的营销策略,创业者就可以制定出本企业产品或服务的营销计划,如表 15 - 1。

表 15 - 1   4P 营销计划工具

4C 理论	供求双方	调研信息	4P 方法
顾客 Customer	顾客的需求		产品(Product):
	竞争对手 的做法		
成本 Cost	顾客成本		价格(Price):
	竞争对手 的定价		
便利 Convenience	顾客购物方式		地点或渠道(Place):
	竞争对手的 销售渠道		
沟通 Communication	顾客接受的 促销方式		促销(Promotion):
	竞争对手的 促销方式		

下面借助以上某快餐店的例子再来学习,他们是如何使用 4P 方法确定营销计划的。

➤ 产品:饭量要大、菜可以少一点,但要干净,得有卖相;

➤ 价格:定价 7 元一盒,除去 3 元成本,加上 1 元送货成本,可以赚 3 元。

➤ 地点或渠道:拖车到办公楼下去守着卖,一下楼就到,还可以在饭盒上加个小菜单或名片,以后还可以电话订餐。

➤ 促销:饭盒设计要美观,饭、菜要分开,免费送汤。

名将盖非徒以勇敢著也。胸罗武库,学具韬岭,运筹帷幄之中,决胜千里之外。

——清·百一居士

为产品定价的两种方法

在制订营销计划中,确定销售价格是重点,也是难点。给产品定价的目标主要有两个,一是获取利润目标,二是占有市场目标。获取利润目标是指企业在一定时期内综合考虑各种因素后,以总收入减去总成本的差额为基点,确定单位商品的价格,以取得利润的一种定价目标。占有市场目标是指在制定商品价格之前,认真研究竞争对手的营销策略,根据企业自身实力,用适当的方式与对手抗衡,以便占领市场或保护既得市场。

制定价格主要有两种方法,一是成本加价法,二是竞争价格法。

(一)成本加价法

将制作产品或提供服务的所有费用累加起来,就是成本价格,然后在这个基础上加一个利润百分点得出销售价格,这就是成本加价法。

对于一个新企业来说,预测成本不是一件容易的事。因为有很多成本往往会被忽略掉,所以,最好的方法是参照一下同类企业,了解一下该企业算入了哪些成本。

一件产品的成本并不仅仅由原材料组成,企业方方面面的支出都要算在成本上,表15-2列举的是一般企业常见的成本项目:

表 15-2 一般企业常见成本项目

原材料费	工资和福利	律师费和会计事务
办公文具	宣传广告费	燃料费
租金(房租、设备租金等)	维修费	折旧费
水、电、燃气费	银行收费	电话费/网络费
保险费	营业执照费	……

其中,需要说明一下的是折旧费。这是一种特殊成本,不像其他成本一样非常清晰明了,折旧是由于固定资产不断贬值而产生的一种成本,例如设备、工具和车辆等。它虽然不是企业的现金支出,但仍然是一种成本。计算折旧费一般要参考固定资产的使用年限来进行折旧,比如企业的一台价值1 800元的设备使用年限5年,那么就可以计算出年折旧率是20%,进而可以计算出月折旧费=1 800元÷60个月=30元/月。在大多数小企业里,能够折旧的物品为数不多。根据我国的税法,以下表15-3折旧率适用于大多数小企业。

表 15 － 3　固定资产折旧率

固定资产类型	每年折旧率
工具和设备	20%
机动车辆	10%
办公家具	20%
店铺	5%
工厂建筑	20%
土地	无

下面举一个说明成本加价法计算方法的例子。

工艺品的成本定价法

方明是某生产某工艺品的企业负责技术和生产的经理,他要预测出产品的单位成本,并确定销售价格。他花了大量时间到集市调查各种原材料的价格,并设计和制作一些样品来确定每件工艺品的工时和材料消耗,并根据目前使用的工具和设备的月折旧费是 65 元。最后得出一个月生产 1 200 件工艺品的总成本如下(表 15 － 4):

表 15 － 4　某工艺品成本价格表

项目	成本价格(元)
朱砂泥	400
羊毛和其他纤维材料	60
彩绘原料	120
市场营销和促销	50
工资	600
折旧及开办费摊销	65
保险费	20
维修费	30
电费、电话费	20

试计算一下,如果企业要按成本加利润 32% 的办法制销售价格的话,每件工艺品不含增值税的出厂价格应该是多少?

计算方法:

(1) 计算工艺品的单位成本 = 当月总成本/工艺品数量

(2) 不含税的出厂单价 = 成本价格(1 + 利润百分点)

根据上面的方法,我们算出,每件工艺品的销售价格是 1.5 元。

(二）竞争价格法

通过对竞争对手同类产品的调研,参考他们的定价标准,然后结合自己的成本定出一个销售价格,这就是竞争价格法。

实际上可以同时用成本和竞争比较这两种方法来制定价格。一方面,创业者要严格核算产品成本,保证定价高于成本。另一方面,要应随时观察竞争者的价格,并与之比较,以保持商品的价格有竞争力。

在使用竞争价格法之前,一定要对市场同类产品的价格进行详细的调研,这需要与零售商的充分沟通,了解到某件商品的进货价格及销售价格。同时,创业者在确定价格的时候就要考虑零售商的毛利,让对方觉得相比之下,卖本企业的产品毛利空间大一点,那么他们就会更积极地进行推销。

竞争价格法案例

继续前面成本定价的案例,该企业的市场部经理李泉在进行市场调查时了解到,类似产品绝大部分的零售价在 2～5 元之间。零售价在 2 元多一点比较容易进入市场。如果零售商一件卖 2 元,以批发价格 1.6 元（比成本定价法定的售价稍高一点）计算,每件工艺品的毛利 = $(2 - 1.6) \div 2 = 20\%$,如果卖贵一点则毛利更大。

不管是哪种定价方法,创业者必须清楚的是,市场是经常会变化的,尤其是当一个新企业进入市场时,竞争对手的反应是很激烈的,他们也许会压低价格,使新企业难以立足,所以,创业者要经常对市场进行调研,随时进行价格调整,更不要以为把计划做得完备就可以高枕无忧了,而要随时有应对风险的意识。

探寻市场规律

表 15 - 5 是某小镇的帽子零售商在一个月内不同时间点、不同数量的帽子销售价格表。

表 15 - 5　某小镇帽子销售价格表 1

时间＼数量	1	2	3	4	5	6	7	8	9	10	11	12
第一周	—	140	138	136	134	132	130	127	124	121	118	103
第二周	138	136	134	132	130	127	124	121	118	115	111	94
第三周	—	—	—	—	—	140	138	136	134	132	130	118
第四周	—	—	—	140	138	136	134	132	130	127	124	111

『分享收获』

1. 仔细阅读,看看通过这份表格可以发现哪些市场规律?

2. 小组讨论5分钟,然后以海报形式在班级呈现。

『共勉录』

没有调查研究,就没有发言权。创办一家企业,要本着对个人负责、对社会负责、对市场负责的态度,因为态度决定高度。但同时,创业者还须牢记,高度是建立在市场供求关系的基础上的。

能力训练

『堂上演练』 创业模拟游戏——市场供求

1. 游戏说明

这是一个模拟企业经营、市场交易的创业游戏。其中两组同学扮演帽子零售商,其他四组同学扮演帽子制造商,老师扮演银行、帽子原材料供应商、帽子收购商的角色。帽子的制作方法参考前一讲的说明。

2. 游戏背景

小镇的市民是每月17日领工资的,所以第四周到第五周多一点的时间里该城有更多的钱,而在发薪日之前的一周里,该市的人确实没钱了。这说明,第三周对帽子的需求量最低。表15-6列出的是帽子在一个月内不同的时间点、不同数量的销售价格。这个表格可以作为零售商制订销售计划的参考价格。

表15-6 某小镇帽子销售价格表2

数量 时间	1	2	3	4	5	6	7	8	9	10	11	12
第二周 月中	—	140	138	136	134	132	130	127	124	121	118	103
第三周 发薪前	138	136	134	132	130	127	124	121	118	115	111	94
第四周 发薪日						140	138	136	134	132	130	118
第五周 发薪后		140	138	136	134	132	130	127	124			111

3. 企业周期表

（1）制造商的企业周期图（图15-2）

（2）零售商的企业周期图（图15-3）

4. 帽子收购说明

（1）帽子收购商每周向制造商只收购最多3顶帽子,价格为80元/顶。

（2）制造商没卖出去的帽子,可以由原材料供应商进行回收,但回收价格为20元/顶。

星期一	星期二	星期三	星期四	星期五	星期六	星期日
采购 帽子原材料 40元/顶	制造 按要求制作 帽子	销售 可卖给收购商 或零售商	收款/还款 月初贷200元 月底还250元	交易谈判 制定计划	支付工资 每周支付 工资110元	休息日
第1周		初始资金 100元		1 从银行借款 200元	2 计划：_____	3 工资110元	4
第2周	5 _____顶 金额_____	6	7 _____顶　金额_____ _____顶　金额_____	8 收货款：_____	9 计划：_____	10 工资110元	11
第3周	12 _____顶 金额_____	13	14 _____顶　金额_____ _____顶　金额_____	15 收货款：_____	16 计划：_____	17 工资110元	18
第4周	19 _____顶 金额_____	20	21 _____顶　金额_____ _____顶　金额_____	22 收货款：_____	23 计划：_____	24 工资110元	25
第5周	26 _____顶 金额_____	27 交房租100元	28 _____顶　金额_____ _____顶　金额_____	29 收货款：_____ 向银行还款 250元	30　销售总计：顶数_____金额_____ 成本支出：_____ 本月总收入：_____		

图 15－2　制造商企业周期图

星期一	星期二	星期三	星期四	星期五	星期六	星期日
市场调查	市场调查	收购 按合同向制造商 收购帽子	销售帽子 收款/还款	公布销量及 单价交易谈判	支付工资 每周支付 工资110元	休息日
第1周		初始资金100元		1 从银行借款 200元	2 销量：_____ 单价：_____	3 工资110元	4
第2周	5	6	7 _____顶　金额_____ _____顶　金额_____	8 还款：_____	9 销量：_____ 单价：_____	10 工资110元	11
第3周	12	13	14 _____顶　金额_____ _____顶　金额_____	15 还款：_____	16 销量：_____ 单价：_____	17 工资110元	18
第4周	19	20	21 _____顶　金额_____ _____顶　金额_____	22 还款：_____	23 销量：_____ 单价：_____	24 工资110元	25
第5周	26	27 交房租100元	28 _____顶　金额_____ _____顶　金额_____	29 还款：_____ 向银行还款 250元	30　销售总计：顶数_____金额_____ 成本支出：_____ 本月总收入：_____		

图 15－3　零售商企业周期图

5．交易谈判说明

交易谈判在星期五进行，由制造商安排营销员与零售商的采购员进行交易谈判，谈判结束后要签订交易合同。

合同样本如下：

交 易 合 同

经双方一致商定，制造商要在本月＿＿＿日销售＿＿＿顶帽子给零售商，销售单价为＿＿＿元，合计销售额为：＿＿＿＿＿元。零售商要在第二天把销售额支付给制造商。如未按合同执行，违约方将以销售额的30%赔偿给对方。

制造商签名：＿＿＿＿＿＿＿　　零售商签名：＿＿＿＿＿＿＿

6．游戏结果评价

按利润、账目、团队合作评价团队成绩见表15－7。

表15－7　团队成绩评分表

组别	利润	账目	团队合作	总分
第一组				
第二组				
第三组				
第四组				
第五组				
第六组				

7．交流分享：

各组做海报进行分享，总结成功经验或失败教训。

演练目的：通过创业模拟，让同学们体验新企业进入市场的经营流程，认识到研究和了解市场信息对企业经营的重要性，同时掌握一定的交易谈判技巧。

『课后拓展』 制定营销计划

回顾在本项目第1讲"能力训练"中做的创业构思，为自己构思的产品或服务进行市场调研，并根据调研结果制订营销计划。（完成表15－8）

表 15 – 8 4P营销计划工具

4C 理论	供求双方	调研信息	4P 方法
顾客 Customer	顾客的需求		产品（Product）：
	竞争对手 的做法		
成本 Cost	顾客成本		价格（Price）：
	竞争对手 的定价		
便利 Convenience	顾客购物方式		地点或渠道（Place）：
	竞争对手的 销售渠道		
沟通 Communication	顾客接受的 促销方式		促销（Promotion）：
	竞争对手的 促销方式		

拓展目的：通过进行课外市场调查，获取真实有价值的市场信息，并使用 4C 理论和 4P 方法制订相应的营销计划。

 能力延伸

卖梳子后记

前面我们讲了“丙”成功地在一个星期内把 100 把梳子卖给和尚，公司认为丙先生有过人的智慧，决定聘请他为市场部主管。

这时挑战者——丁，找到公司领导说，卖给和尚 100 把梳子算什么？我可以让和尚源源不断地买我的梳子。

1. 市场分析及策划

他还是找到了那个住持，问他：您这边每天大概能赠出多少把梳子呢？

住持回答：差不多 10 多把。

他继续问：您觉得这与您所获得的香火钱相比是不是也是成本呢？

住持回答：是的，虽然是赠，但是也是钱啊。佛门本来就没有什么钱。

他又问：你有没有想过收费呢？

— 201 —

住持回答:怎么收费?

他说:到您这来的人有达官贵人,也有平民百姓。总之是什么样的人都有吧。您可以在梳子上下点工夫,让您的梳子与普通梳子有一些区别,您可以准备一些梳子,做成"开光梳",只卖有缘人。然后把您的梳子命名为"智慧梳""姻缘梳""健康梳""功名梳",卖给不同需求的人。这样一方面您的收入增加了,另一方面您的寺庙的档次也就体现出来了。

这个住持一听,觉得有道理。

2. 市场活动,提升形象

丁请了记者宣传寺院,并举行了一个盛大的"开光"仪式,当天就卖出了1 000把梳子。

营销谈判技巧

在了解市场供求与正确评估市场的基础上,创业者还要学习一些营销谈判的技巧,以实现企业利润的最大化。

营销谈判是指交易双方为了各自的经济利益在一起进行磋商,反复调整各自提出的条件,最终达成一项双方满意的协议过程。营销谈判中双方都应遵循一定的原则,包括:平等自愿原则、等价互利原则、合作竞争原则以及有限度的弹性原则等。

营销谈判的方法既有共性,即买卖双方都可以运用;又有个性,即在不同的营销环境中,针对不同的营销目标和不同的谈判对手,营销谈判的方法不同。卖方企业可利用的谈判方法有以下几种:

(1)顺从或满足对方的要求。如果产品购买方提出的条件并不苛刻,在卖方预期的要求之内,就可以满足对方;如果营销环境有利于购买方,如卖方竞争比较激烈,产品出现过剩,卖方企业也可采取这种谈判方法。要注意的是,顺从对方的要求,并不意味着全盘接受对方的条件,某些退让是有限度的。

(2)使对方顺从或满足自己的要求。如果营销环境对产品卖方有利,如供应垄断、短缺产品或买方竞争比较激烈,卖方企业可采用这种谈判方法。

(3)双方同时顺从和满足对方的要求。当谈判内容很多时,卖方企业可在满足对方某些要求的同时提出某些条件。在营销环境稳定、产品供求双方均有一定选择余地时,这种谈判方法比较常见。

(4)双方降低自己的条件而满足对方要求。在营销谈判中,"讨价还价"是一种常见现象,只有降低自己在某些方面的要求,对方才会相应降低其原先的要求,以此求得谈判中经济利益的相对平衡。

在同一谈判中,营销企业可以选择并交替使用不同的谈判技巧。但是,在某一特定的谈判对手面前,要取得有利的谈判结果,营销企业还应当掌握以下一些谈判技巧:

(1)我方有利型谈判技巧。

①规定最后期限策略。即谈判一方向对方提出达成协议的最后期限,超过这一期限,提出者将退出谈判。

②不开先例策略。即不随意接受对方的交易条件,尤其是价格等条款。所谓"先例"是指在过去的交易中从来没有答应过的某些交易条件。卖方在运用这一谈判策略时,对所提出的交易条件要反复斟酌,说明不开先例的事实与理由,使买方确信。

③ 价格陷阱。即利用商品价格的变化以及人们对其普遍存在的心理,把谈判对手的注意力吸引到价格问题上来,使其忽略对其他重要条款的讨价还价,从而争取谈判的主动。

(2) 互利型谈判技巧。

① 休会策略。在谈判进行到一定阶段或遇到某些障碍时,谈判双方或一方提出休会一段时间,使双方有机会恢复体力和调整对策,推动谈判顺利进行。

② 非正式接触。谈判人员有意识地同对手非正式接触,一起娱乐游玩,以便增加双方的了解与友谊,促进谈判顺利进行。

③ 开诚布公。谈判中,谈判人员祖露自己的真实思想,往往会促使双方通力合作,使双方在诚恳、坦率的气氛中达成协议。

④ 润滑策略。谈判人员在相互交往中,通过馈赠一些小礼品以表示友好和联络感情。

(3) 我方不利型的谈判技巧。

① 疲惫战术。通过许多回合的拉锯战,使双方感到疲劳生厌,以此逐渐消磨其锐气,把我方在谈判中的不利局面扭转过来。

② 先斩后奏策略。即先成交,后谈判。实力较弱的一方通过向对手提出一些附加利益,促使协议达成。

以上介绍的几种营销谈判技巧是一些常用的策略。有经验的谈判人员在实际活动中能随机应变,综合运用各种谈判技巧。因此,要在谈判中取得主动并获得成功,必须在实践中体会、磨炼。

第16讲　预测资金,启动创业

训练课堂　创业点亮人生。

训练项目　资金预测能力。

训练目标　通过训练,了解资金预测及创业计划书的相关知识;认识创业计划书的重要意义;掌握创业启动资金预测及制定利润计划的方法;学会如何撰写创业计划书。

案例故事

刚起航的船,为啥搁浅了

刚从中职毕业的夏小飞,在一个偶然的机会与同学小梁聊天时,得知小梁家在江苏吴江,父母都做化纤面料生意。小梁还说,吴江是中国化纤面料的重要生产基地,许多上海的客户都到那里进货。小飞心里不由一动,"如果在上海做化纤面料的中介生意,一定能赚钱。"两人谈得投机,便开始规划起创业的具体细节来:小飞扎根上海,寻找客户、承接订单;

小梁长驻吴江,负责解决供货渠道问题。

他们在世贸商城找到了一个30平方米的展厅,房租按甲级写字楼的标准收,每月4 100多元,加上电费、电话费和日常开支,月支出在八、九千元上下。前期固定资产投资和小装修需要两万元。小飞把自己仅有的5 000元都拿了出来,大部分投资靠小梁家里支援。

匆匆忙忙地过了一个多月,小飞察觉到事情有些不对劲。"每天都有客户来咨询,要求提供样品或报价。但他们拿了我们的资料和报价后就绝少再有回音。"眼看着客户们都像悬在半空中的气球,看得见摸不着,没一个落地签订单的,小飞着急起来。后来,朋友帮他们分析了原因:化纤面料这个行业情况很复杂,发展到现在,国内外厂商和供应商之间的关系相对稳定。因此,产品质量好、价格低未必能争取到客户。"我们是小公司,人家没跟我们长时间打过交道,对我们监控产品质量或大规模供货的实力不够信任。"小飞细想后,也看出了某些原委。许多客户向他们咨询,并非真有订货意向。拿到他们的报价资料,如果比原来供货商价格低,就有理由要求降价,如果低不了很多,一般不会轻易改变合作关系。

就这样,刚起航的船,没行多久就触礁搁浅了。

『心动问题』

1. 案例中小飞创业失败的原因是什么?

2. 这个案例说明创业之前,在资金方面应该做哪些准备工作?

『感悟真谛』

不打没准备的仗,不管做什么事情,都应该做好事前计划。创业更是如此,因为创业需要投入大量的资金,倾注大量的精力,如果没做好资金预测就盲目投资,不仅会造成物质上的损失,对创业者身心与精神上也是很大的打击。

很多企业不是拿不到钱而死去,而是拿到钱不知道怎么花而死掉。

——周鸿祎

知识准备

通过前面的创业模拟训练,大家了解了企业运作流程以及市场评估的方法,本讲内容将学习如何进行资金的预测以及如何将创业构思转换成具体可行的创业方案,其中,资金预测包含启动资金的预测和制订利润计划。

一、预测启动资金

如果把创业看成是一场战争,那么创业团队就是公司的将士,而资金则是公司的粮草。自古有语"兵马未动,粮草先行",如果没有做好资金计划,再优秀的团队也只能面临失败。

（一）启动资金的含义

开办企业之前,创业者有必要预算一下会有哪些开支,就像盖房子一样,要预算土地、钢筋水泥等材料、人工等费用,不然盖到一半发现资金不足,那么前期的资金投入就会没有价值了。

1. 什么是启动资金

启动资金从概念上讲就是开办企业必须购买的物资和必要的其他开支的总和。从办理营业执照起,就开始不断支付各种支出,比如,开办企业的场地费用、购买办公家具和设备、购买机器、原材料和商品库存、营业执照和许可证、开业前广告和促销、工资、水电费、通讯费等。

2. 启动资金的类型

启动资金的支出一般可分为以下三类:

（1）固定资产投资。固定资产是指企业使用期限超过 1 年的房屋、建筑物、机器、机械、运输工具以及其他与生产、经营有关的设备、器具、工具等。一般指企业购买的价值较高、使用寿命长的东西。有的企业用很少投资就能开办,而有的却需要大量的投资才能启动。明智的做法是把必要的投资降到最低限度,让企业少担些风险。

（2）开办费。每个企业开办时总会有一些投资,比如办证费、验资费、技术（专利）转让费、加盟费等,这些都称为开办费。

（3）流动资金。指企业日常运转所需要支出的资金。包括购买并存储原材料或成品、促销费用、员工工资、房屋或设备的租金、保险等。

下面再来看看下列各项属于固定资产投资、开办费还是流动资金支出。

购买运输车辆。

生产工艺品的彩绘原料。

书店中存放的书籍和杂志。

做企业账目需要使用的计算机。

连锁店的加盟费

员工的工资支出。

办理营业执照的费用开支

运输车辆属于企业使用期限超过 1 年的运输工具,所以它属于固定资产投资;生产工艺品的彩绘原料属于原材料,所以它属于流动资金支出;书店中存放的书籍和杂志属于店主购买回的成品,也属于流动资金;做企业账目需要使用的一台计算机是固定资产投资;连锁店的加盟费、办理营业执照的费用开支均属于开办费;员工的工资支出属于流动资金。

（二）预测启动资金的意义

在创业企业之前进行启动资金预测非常重要,其意义有以下几点:

（1）通过预测决定创业规模。在办企业前,对企业规模要有一个大概的预计,通过启动资金的预测,再对比自己能筹集到的资金,如果差距太大了,那就要缩小创业规模再重新预测,如果差距不大,那就可以考虑通过贷款或适当减少固定资产的投入。

（2）降低经营风险。通过对整体的启动资金预测,创业者可以分清楚各项支出的必要性和重要性,这样就可以分出哪些是必不可少的,哪些是可以后期再添置的,这样,除了必不可少的东西非买不可外,尽量减少投资,以降低经营风险。

（3）保证企业正常运转。在企业未取得收入之前,必须要有充足的流动资金,以维持企业的正常运转,如果流动资金周转不灵,很可能就会导致破产,通过流动资金的预测,可以让创业者预先做好流动资金的储备,以备不时之需。

（三）如何进行启动资金预测

了解了启动资金包含哪些项目后,下面就要开始进行启动资金的预测,在预测过程中,各项的支出必须符合"必须、必要、合理、最低"的原则,一般有以下几个步骤:

（1）预测固定资产。办企业或开公司,都需要有适用的场地和建筑,也许是用来开工厂的整个建筑,也许只是一个工作间,也许只需要租一个铺面,这里要根据自己企业的需要进行预测,如果资金比较紧张,可以考虑租用场地。另外,就是设备方面,这里的设备是指企业需要的所有的机器、工具、车辆、办公家具等,除了要清楚需要什么设备外,也要选择好设备类型,比如打印机,贵的可能要一两万,便宜的只需要几百元,要结合自己的资金来确定。

（2）预测开办费。这里要考虑企业注册需要的开支,如果是注册有限责任公司,需要考虑注册资金,如果是特许经营,就要考虑加盟费等。在这一环节,尤其要进行多方咨询,了解清楚具体有哪些开支。

（3）预测流动资金。企业并不是一开张就会有销售收入的,制造商在销售之前必须先把产品生产出来;服务企业在开始提供服务之前要购买材料和用品;零售商和批发商在卖货之前也必须先存货。所以,在开张之前一般要准备好 3~6 个月的流动资金,包括购买原材料的开支、工人的工资、租金等费用。

（4）把以上开支一一列出来,并结合市场价格进行预算。

为更好地了解如何进行启动资金预测,下面结合一个案例来进行阐述。

陈华需要投入多少资金

陈华在县城创业做钢门的生意,需要买一部电焊机 3 250 元,一个手动电钻 250 元,一台切割机 450 元,一个氧气瓶 800 元,一个乙炔瓶 1 000 元,以及电缆和一些手动工具共 3 000 元。他还需要租一个店铺,大约每月花 700 元。他预计的费用如下:

电焊工每月工资 1 200 元,助手每月工资 500 元。

一个月全日制工作,可以制造 15 扇钢门。

一扇钢门的材料成本是 900 元,氧气瓶和乙炔瓶灌气费共 100 元,可焊 5 扇门。

企业的其他费用为:保险 300 元/年,电费 350 元/月,电话费 100 元/月,登记注册费 50 元,办公费用 600 元/月,广告费 100 元/月,设备折旧 146 元/月,维护费 60 元/月,陈华的工资（他将担任销售员和经理）1 500 元/月。

请列出陈华的以上支出中,哪些是属于投资,哪些是属于流动资产?假设陈华在开业前需要准备制造 5 扇门的原料,按三个月的常规支出,计算一下陈立华开办企业总共需要多少钱（表 16-1）?

表 16 - 1　三个月常规支出时办企业费用

投资(固定资产 + 开办费)	流动资产(三个月)
前期投资资金:　　　　　　　元	三个月流动资金:　　　　　　元
启动资金总计:　　　　　　　元	

陈华创业启动资金及使用情况如下:

设开业前已获 5 扇门原材料:900 × 5 = 4 500 元

水电费 350 × 3 = 1 050 元　　　　　　　工　　　资:3 200 × 3 = 9 600 元

电话费 100 × 3 = 300 元　　　　　　　　广　　　告:100 × 3 = 300 元

办公费 600 × 3 = 1 800 元　　　　　　　保险金:(一年)300 元

租　　金 700 × 3 = 2 100 元　　　　　　注册费:50 元

维修费 60 × 3 = 180 元　　　　　　灌气费(焊 5 扇门)100 × 3 × 3 = 900 元

工具设备:8 750 元　　　　　　　　　合计:38 030 元

通过上面的计算,可以算出陈华创业需要投入 38 030 元启动资金。

　　在现在这个年代,创业者拿到资金往往是刚刚开始,并不是像过去已经到了一个新的
台阶。

——计越

二、制订利润计划

　　没有人会想着创业不挣钱,但是创业之初,更重要的是要想着怎样才能使企业能维持下

去,所以要对销售及成本进行预测,做好这点就能预测出能争取到多少利润,进而考虑是否需要添置设备或增加员工,使自己的企业能逐步壮大。

所以,下面要学习的是如何预测销售收入和制订利润计划。

(一)预测销售收入

收入来自销售,没有好的销售就不可能有利润,大多数人往往过高估计自己的销售额。因此,在预测自己的销售额时不要过分乐观,应保守一点,留点余地。做销售预测绝不是一件容易的事,必须通过市场调查来做出销售决定。进行销售预测一般分以下步骤:

列出企业将推出的所有产品,或所有服务项目。

通过市场调查,预测第一年里每个月的产品销售数量。

用销售价格乘以月销售量来计算每项产品的月销售额。

下面来看看电脑维修的销售预测案例:

销售预测实例

近年来随着计算机的普及,几乎每户家庭都买了计算机,不过维修成了问题。从技校毕业、又在电脑维修站工作过1年的周海决定办一个专门维修计算机的小店。他对邻近的几个小区做了市场调查,结果如下:

邻近3个社区至少有2 000台计算机,而且数量还在迅速增加。

每年每台计算机的维护、维修约0.5~1次,平均维修价格约100元/台。

小区内现有的两家计算机维修店正在努力提高技术水平,未来的竞争一定很激烈。

周海认为,自己的专业技术比现有修理店的都要好。他相信最多经过一年,他将能获得附近3个小区60%的市场份额。

如果来为周海前12个月的收入做一次预测,步骤如下:

(1)计算3个社区维修需求量:

市场维修需求量 = 计算机台数 × 平均维修台数 = 2 000 × 0.75 = 1 500 次

每个月维修量:1 500 台 ÷ 12 = 125 台

(2)设定一年后市场占有份额60%,那么小区现有三家维修店,周海的市场份额按预测规则估算,小梁的前三个月只能低于现有的两家,第四个月后要逐渐超过现有两家。前三个月约占市场份额的20%,第四个月后约占市场份额的30%~50%以上。

(3)计算机维修量 = 市场维修需求量 × 占有率

(4)如果按平均每台计算机的维修价格为100元计算的话,收入预测如下(表16-2):

表 16 - 2 销 售 预 测

时间	1	2	3	4	5	6	7	8	9	10	11	12
份额	20%	20%	20%	30%	30%	30%	30%	40%	40%	50%	50%	60%
次数	25	25	25	37.5	37.5	37.5	37.5	50	50	62.5	62.5	75
销售收入	2 500	2 500	2 500	3 750	3 750	3 750	3 750	5 000	5 000	6 250	6 250	7 500

再强调一下,销售预测,是创业计划的一部分,也是最困难和最重要的一部分。要想做好销售预测,必须要有真实、有价值的市场信息做基础,这需要付出大量的精力进行市场调查来获取。

(二)如何制订利润计划

企业的运转要靠现金的维持,如果现金流断掉,或者说入不敷出,那企业就如断了线的风筝,哪怕是再有前景的企业,如果现金流出现问题,那么也会很快面临倒闭。一般来说,资金的收支情况也最能反映企业实际运转的情况。有很多平时很少管理公司的老总,每天去公司最先要看的就是资金报表,只要通过资金报表,他们就能了解到公司的大致情况。所以,制订利润计划,这不仅能帮助创业者计算企业是否有利润,也能给日后的管理或决策提供有力的参考。

利润计划就是在某个周期内每个月的销售收入预测减去企业经营成本。简单来说就是计划在未来各个月要赚多少钱。

再看前面讲的小梁计算机维修店的例子,根据小梁的预测,他每个月的固定支出是1 500元,每台计算机的平均维修成本是50元,那么就可以得出小梁在一年内各个月的利润计划如下(表16 - 3):

表16 - 3 每月利润计划表

时间	1	2	3	4	5	6	7	8	9	10	11	12
次数	25	25	25	37.5	37.5	37.5	37.5	50	50	62.5	62.5	75
销售收入	2 500	2 500	2 500	3 750	3 750	3 750	3 750	5 000	5 000	6 250	6 250	7 500
成本	2 750	2 750	2 750	3 375	3 375	3 375	3 375	4 000	4 000	4 625	4 625	5 250
利润	-250	-250	-250	375	375	375	375	1 000	1 000	1 625	1 625	2 250

由此也不难看出,如果按这个计划,小梁前面三个月都是要亏钱的;再从整体的利润来看,即使小梁能赢得60%的市场份额,每个月也只能赚2 250元;如果这时有其他竞争者加入,那么企业要发展壮大也比较困难。所以,不能只靠维修计算机,在业务上还要拓展,比如,可以销售一些计算机周边产品,提供上门维修服务等业务。

三、勾勒蓝图——创业计划书

创业构思就像是设计师描绘的某个建筑的大体框架,只能大概看出未来建成的模样,就像将建筑构思变成建筑工程师能看懂并开始建造施工的设计图,创业者也需要把创业构思变成创业计划书。实际上,在前面的课程里所讲到的企业运作流程、市场供求、资金预测等内容,都是为设计这份创业蓝图所做的铺垫。

(一)创业计划书的意义

有些企业构思可能听起来很棒,但是当把所有的细节和数据罗列下来并加以分析,就会发现结局注定失败无疑。然而不少人通常会觉得只是做小生意,为什么还要写创业计划书?但这些人是否想把生意做大呢?如果生意做大了,拿上一份好的计划书去找投资人,融资希望也会大很多呢?

　　创业计划书是创业者计划创立业务的书面概要,它详细描述了企业的方方面面。准备一份创业计划将帮助创业者认真思考和评价创业构思中的优势和劣势。更重要的是,创业计划使创业者有机会在创业构思成为现实之前在纸上进行测试。制订创业计划之后发现自己构思中的不完善及时做出调整和修订,总比开办企业之后倒闭要好得多。

　　下例就是一份简单的创业计划书

化妆品公司创业计划书

　　(某职业学校的创业小组表述了他们的创业打算:开办一家化妆品公司,以下是公司计划)

　　公司名称:素颜彩妆有限公司

　　主要产品:护肤品、化妆品、美容系列产品

　　组织机构:董事长、总经理、企划部、财务部、销售部、人事部

　　广告语:"让每一个人绽放耀眼光彩!"

　　创业动因:随着人们生活的改善,人们越来越追求生活的精致、注重皮肤的保养及美容、彩妆等消费,护肤品、化妆品在人们日常生活中的消费比重越来越大,市场前景很好、市场潜力很大。

　　该小组的创业创意虽然还很不周详,但已初步具备了创业计划的雏形,通过针对性的指导,他们可以写出更详实可行的创业计划书。

　　(二)创业计划书的内容

　　写创业计划书的时候千万不能胡编乱造,也切忌想当然。假如想开个水果店,不妨先到水果店里去打工三个月,弄明白从哪里进货、卖不出去的货物怎么处理等操作上的细节问题。"实践出真知",有了实践才能得到可靠的数据及合理的分析。通过实践才能考验这个企业构思是否有成功的可能,是否具有生命力。企业构思只是"作品",在成为"产品"前还要先通过实践去完善。

　　创业计划书的内容主要有以下几点:

　　◇ 概要。概要高度概括创业计划各部分内容的要点,勾画出企业的轮廓。概要的内容要全面,条理要清楚,它是新企业给人的第一印象。这部分尽管是在最后写成,却要放在创业计划的首页。

　　◇ 企业构思。企业构思概括描述企业,重点说明要推出的产品或提供的服务,以及顾客群体。

　　◇ 市场评估。任何生意都是通过满足顾客需求而获取利润。对市场的大小,未来的前景,以及顾客、竞争对手都要进行调查和了解。市场营销计划说明针对什么特定顾客群的需求来确定产品的市场定位,详细介绍产品或服务的特点、价格、营业地点、销售渠道和促销方式。

　　◇ 企业组织。这部分描述如何组建新企业,包括企业的法律形态、组织结构、员工及业主的职责。

◇ 资金预测。任何企业的目的都是赢利。创业计划的这个部分就是要通过测算销售额、成本和利润来反映企业的效益和启动资金的需要量。

◇ 附件。一般来讲，提供的信息越详尽，获取帮助的机会就越大。所以诸如申请哪种营业执照、产品或服务目录、价格表、岗位责任和工作定额等均附在创业计划后面。

一份创业计划汇总了一个创业者所需要的全部信息，这是一份非常重要的文件，详尽的创业计划书还可以帮助我们获得更多的投资者的帮助。

（三）创业计划书的编写步骤

准备创业方案是一个展望项目的未来前景、仔细探索其中的合理思路、确认实施项目所需的各种必要资源、再寻求所需支持的过程。需要注意的是，并非任何创业方案都要完全包括上述大纲中的全部内容。创业内容不同，相互之间差异很大。

编写创业计划书可以分为五个阶段：经验学习，创业构思，市场调研，资金预测，起草创业计划书全文。

在完成后还要进行检查，回答以下几个问题：

（1）创业计划书是否显示出自己具有管理公司的能力？

（2）创业计划书是否显示出已进行过完整的市场分析？

（3）创业计划书是否显示有足够的资金？

（4）如果想通过创业计划书寻找投资者或合作伙伴，这份创业计划书能否打消他们对产品或服务的疑虑？

不谋全局者不足以谋一域，不谋万世者不足以谋一时。

——孙武

制订销售计划和成本计划

仔细阅读前面例题里有关陈华的钢门企业的成本信息和表 16-4 介绍的销售收入预测。

表 16-4 销售收入预测表

月份 / 项目	6	7	8	9	10	11	12
销售数量（个）	1	2	4	6	8	10	
平均单价（元）	1 800	1 800	1 800	1 800	1 800	1 800	
月销售额（元）	1 800	3 600	7 200	10 800	14 400	18 000	

『分享收获』

1. 完成陈华 6~12 月份的销售和成本计划，即利润计划表（表 16-5）。

表 16 – 5　销售和成本计划表

月份 项目金额(元)	6	7	8	9	10	11	12
销售收入							
原材料(列出项目)							
(1)							
(2)							
(3)							
工资							
营销							
公用事业费							
维修费							
折旧费							
贷款利息							
保险费							
登记注册费							
银行收费							
总成本							
利润(税前)							

2. 小组分享:制订这份销售和成本计划对陈华的意义。

『共勉录』

如果把企业的发展看成是风筝,那么企业的现金流就像系在风筝上的线,现金流控制得好,那么风筝就能越飞越高。当然,飞得越高风险也会越大。所以,作为创业者,一定要拿稳自己手中的线。

『堂上演练』　设计创业计划书的框架

用思维导图设计一份创业计划书的大体框架(图 16 – 1)。

演练目的:掌握创业计划书的内容,并能根据自己的创业构思以及前面所学的知识设计相关的细节内容。

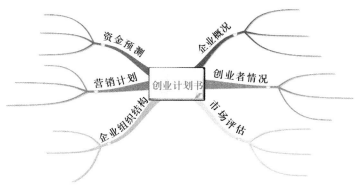

图 16 - 1　创业计划思维导图框架示意

『**课后拓展**』　制作创业计划书(表 16 - 6)

制作一份完整的创业计划书,班级评出一、二、三等奖,获奖者有望获得"丰厚"的创业基金。

表 16 - 6　创业计划书

企业名称:＿＿＿＿＿＿＿＿＿＿＿＿＿＿＿＿＿

创业者姓名:＿＿＿＿＿＿＿＿＿＿＿＿＿＿＿

日期:＿＿＿＿＿＿＿＿＿＿＿＿＿＿＿＿＿＿＿

一、企业概况

主要经营范围:

企业类型:

□生产制造　　□零售　　□批发　　□服务　　□农业　　□新型产业
□传统产业　　□其他

二、创业计划作者的个人情况

以往的相关经验(包括时间):

教育背景,所学习的相关课程(包括时间)

三、市场评估

目标顾客描述:

市场容量或本企业预计市场占有率:

市场容量的变化趋势:

竞争对手的主要优势:

竞争对手的主要劣势:

本企业相对于竞争对手的主要优势：

本企业相对于竞争对手的主要劣势：

四、企业组织结构

企业将登记注册成：

□ 个体工商户   □ 有限责任公司
□ 个人独资企业   □ 其他
□ 合伙企业

拟议的企业名称：

企业的员工（请附企业组织结构图和员工工作描述书）：

职务	职责

五、营销计划

产品：

价格：

地点：

促销：

六、固定资产

1. 工具和设备

根据预测的销售量,假设达到100%的生产能力,企业需要购买以下设备:

名称	数量	单价	总费用(元)

供应商名称	地址	电话或传真

2. 交通工具

根据交通及营销活动的需要,拟购置以下交通工具:

名称	数量	单价	总费用(元)

供应商名称	地址	电话或传真

3. 办公家具和设备

办公室需要以下设备:

名称	数量	单价	总费用(元)

供应商名称	地址	电话或传真

4. 固定资产和折旧概要

项目	价值(元)	年折旧(元)
工具和设备		
交通工具		
办公家具和设备		
店铺		
厂房		
土地		
合计		

七、流动资金（月）

1. 原材料和包装

项目	数量	单价	总费用（元）

供应商名称	地址	电话或传真

2. 其他经营费用（不包括折旧费和贷款利息）

项目	费用（元）	备注
业主的工资		
雇员工资		
租金		
营销费用		
公用事业费		
维修费		
保险费		
登记注册费		
其他		
合计		

八、销售收入预测(12个月)

销售情况 月份 销售产品		1	2	3	4	5	6	7	8	9	10	11	12	总计
1)	销售数量													
	平均单价													
	月销售额													
2)	销售数量													
	平均单价													
	月销售额													
3)	销售数量													
	平均单价													
	月销售额													
4)	销售数量													
	平均单价													
	月销售额													
5)	销售数量													
	平均单价													
	月销售额													
6)	销售数量													
	平均单价													
	月销售额													
7)	销售数量													
	平均单价													
	月销售额													
8)	销售数量													
	平均单价													
	月销售额													
合计	销售总量													
	总收入													

九、利润计划

	月份 金额 项目	1	2	3	4	5	6	7	8	9	10	11	12	总计
销售	含流转税销售收入													
	流转税(增值税等)													
	销售净收入													
成本	业主工资													
	员工工资													
	租金													
	营销费用													
	公用事业费													
	维修费													
	折旧费													
	贷款利息													
	保险费													
	登记注册费													
	原材料(列出项目)													
	(1)													
	(2)													
	(3)													
	(4)													
	(5)													
	(6)													
	总成本													
	利润													
税费	企业所得税													
	个人所得税													
	其他													
	净收入(税后)													

拓展目的:掌握创业计划书的编写格式,通过自己的调研,获取真实可靠的信息,挖掘创业机会,从而制订详尽的创业计划书。

 能力延伸

一、资产负债表

资产负债表是重要的财务报表,最重要功用在于表现企业的经营状况。就程序言,资产负债表为簿记记账程序的末端,是集合了登录分录、过账及试算调整后的最后结果与报表。就性质言,资产负债表则是表现企业体或公司资产、负债与股东权益的对比关系,确切反映公司营运状况。

就报表基本组成而言,资产负债表主要包含了报表左边算式的资产部分,与右边算式的负债与股东权益部分。而作业前端,如果完全依照会计原则记载,并经由正确的分录或转账试算过程后,必然会使资产负债表的左右边算式的总金额完全相同。而这个算式终其言就是资产金额总计 = 负债金额合计 + 股东权益金额合计。

资产负债表根据资产、负债、所有者权益(或股东权益,下同)之间的关系,按照一定的分类标准和顺序,把企业一定日期的资产、负债和所有者权益各项予以适当排列。它反映的是企业资产、负债、所有者权益的总体规模和结构,即:资产有多少;资产中,流动资产、固定资产各有多少;流动资产中,货币资金有多少,应收账款有多少,存货有多少等等。所有者权益有多少;所有者权益中,实收资本(或股本,下同)有多少,资本公积有多少,盈余公积有多少,未分配利润有多少等等。

在资产负债表中,企业通常按资产、负债、所有者权益分类分项反映。也就是说,资产按流动性大小进行列示,具体分为流动资产、长期投资、固定资产、无形资产及其他资产;负债也按流动性大小进行列示,具体分为流动负债、长期负债等;所有者权益则按实收资本、资本公积、盈余公积、未分配利润等项目分项列示。

银行、保险公司和非银行金融机构由于在经营内容上不同于一般的工商企业,导致其资产、负债、所有者权益的构成项目也不同于一般的工商企业,具有特殊性。但是,在资产负债表上列示时,对于资产而言,通常也按流动性大小进行列示,具体分为流动资产、长期投资、固定资产、无形资产及其他资产;对于负债而言,也按流动性大小列示,具体分为流动负债、长期负债等;对于所有者权益而言,也是按实收资本、资本公积、盈余公积、未分配利润等项目分项列示。

1. 资产

资产负债表中的资产反映由过去的交易、事项形成并由企业在某一特定日期所拥有或控制的、预期会给企业带来经济利益的资源。资产应当按照流动资产和非流动资产两大类别在资产负债表中列示,在流动资产和非流动资产类别下进一步按性质分项列示。

流动资产是预计在一个正常营业周期中变现、出售或耗用,或者主要为交易目的而持有,或者预计在资产负债表日起一年内(含一年)变现的资产,或者自资产负债表日起一年内交换其他资产或清偿负债的能力不受限制的现金或现金等价物。

资产负债表中列示的流动资产项目通常包括:货币资金、交易性金融资产、应收票据、应

收账款、预付款项、应收利息、应收股利、其他应收款、存货和一年内到期的非流动资产等。

非流动资产是流动资产以外的资产。资产负债表中列示的非流动资产项目通常包括：长期股权投资、固定资产、在建工程、工程物资、固定资产清理、无形资产、开发支出、长期待摊费用以及其他非流动资产等。

2. 负债

资产负债表中的负债反映在某一特定日期企业所承担的、预期会导致经济利益流出企业的现时义务。负债应当按照流动负债和非流动负债在资产负债表中进行列示，在流动负债和非流动负债类别下再进一步按性质分项列示。

流动负债是预计在一个正常营业周期中清偿，或者主要为交易目的而持有，或者自资产负债表日起一年内（含一年）到期应予以清偿，或者企业无权自主地将清偿推迟至资产负债表日后一年以上的负债。资产负债表中列示的流动负债项目通常包括短期借款、应付票据、应付账款、预收款项、应付职工薪酬、应交税费、应付利息、应付股利、其他应付款、一年内到期的非流动负债等。

非流动负债是流动负债以外的负债。非流动负债项目通常包括长期借款、应付债券和其他非流动负债等。

3. 所有者权益

资产负债表中的所有者权益是企业资产扣除负债后的剩余权益，反映企业在某一特定日期股东（投资者）拥有的净资产的总额，它一般按照实收资本、资本公积、盈余公积和未分配利润分项列示。

二、税收知识

税（又称税赋、税金、税收、赋税、税捐、捐税、租税）指政府依照法律规定，对个人或组织无偿征收实物或货币的总称。各国各地区税法不同，税收制度也不同，分类也不同，概念不尽一样。税的中文称呼，在中国各个朝代、各个中文地区对税的称呼也有差异。税制即指税收制度，由纳税人、课税对象、税目、税率、纳税环节、纳税期限、计税依据、减免税和违章处理等要素构成；税种指税的种类，差异表现为纳税人和课税对象的不同，税种总合构成"税制"。

税收所具有的基本特征：强制性、无偿性和依法征税所具有的固定性。税收的特征反映了税收区别于其他财政收入形式，从中也可以理解税收为什么能成为财政收入的最主要形式。

（一）税收的强制性

税收的强制性是指税收参与社会物品的分配是依据国家的政治权力，而不是财产权利，即和生产资料的占有没有关系。税收的强制性具体表现在税收是以国家法律的形式规定的，而税收法律作为国家法律的组成部分，对不同的所有者都是普遍适用的，任何单位和个人都必须遵守，不依法纳税者要受到法律的制裁。税收的强制性说明，依法纳税是人们不应回避的法律义务。我国宪法就明确规定，我国公民"有依法纳税的义务"。正因为税收具有强制性的特点，所以它是国家取得财政收入的最普遍、最可靠的一种形式。

（二）税收的无偿性

税收的无偿性是就具体的征税过程来说的,表现为国家征税后税款即为国家所有,并不存在对纳税人的偿还问题。

税收的无偿性是相对的。对具体的纳税人来说,纳税后并未获得任何报酬。从这个意义上说,税收不具有偿还性或返还性。但若从财政活动的整体来看问题,税收是对政府提供公共物品和服务成本的补偿,这里又反映出有偿性的一面。特别在社会主义条件下,税收具有马克思所说的"从一个处于私人地位的生产者身上扣除的一切,又会直接或间接地用来为处于私人地位的生产者谋福利"的性质,即"取之于民、用之于民"。当然,就某一具体的纳税人来说,他所缴纳的税款与他从公共物品或劳务的消费中所得到的利益并不一定是对称的。

（三）税收的固定性

税收的固定性是指课税对象及每一单位课税对象的征收比例或征收数额是相对固定的,而且是以法律形式事先规定的,只能按预定标准征收,而不能无限度地征收。纳税人取得了应纳税的收入或发生了应纳税的行为,也必须按预定标准如数缴纳,而不能改变这个标准。同样,对税收的固定性也不能绝对化,以为标准确定后永远不能改变。随着社会经济条件的变化,具体的征税标准是可以改变的。比如,国家可以修订税法,调高或调低税率等,但这只是变动征收标准,而不是取消征收标准。所以,这与税收的固定性不矛盾。

税收具有的三个特征是互相联系、缺一不可的,同时具备这三个特征的才叫税收。税收的强制性决定了征收的无偿性,而无偿性同纳税人的经济利益关系极大,因而要求征收的固定性,这样对纳税人来说比较容易接受,对国家来说可以保证收入的稳定。税收的特征是税收区别于其他财政收入形式,如上缴利润、国债收入、罚没收入等的基本标志。税收的特征反映了不同社会形态下税收的共性。

税收的"三性"集中体现了税收的权威性。维护和强化税收的权威性,是我国当前税收征管中一个极为重要的问题。

项目一

[1] 多尼米克·奥布莱恩.我最想要的记忆魔法师.北京:新世界出版社,2011

[2] 罗辉.打开智慧的魔盒.北京:清华大学出版社,2011

[3] (德)奥利弗·盖泽哈特.记忆能力超乎你的想象.南京:凤凰出版社,2011

[4] 钟道隆.记忆的窍门.北京:清华大学出版社,2010

[5] 陈龙海,韩庭卫.思维创新游戏.深圳:海天出版社,2007

[6] 黄剑峰,苏芮生.图谋职场,北京:电子工业出版社,2010

[7] 外山滋比古.思考的整理术.北京:北京科学技术出版社,2010

[8] 爱德华·德·博诺.六顶思考帽.太原:山西人民出版社,2008

项目二

[1] 佐藤允一.问题解决术.杨明月,译.北京:中国人民大学出版社,2010

[2] 大前研一、斋藤现一.问题解决力.李颖秋,译.北京:中国工商联合出版社,2010

[3] 岸田裕司.高德拉特问题解决法.包立志,董珍珍,译.北京:中国人民大学出版社,2010

[4] 盖伊·黑尔.领导者之剑.杜豪,译.北京:机械工业出版社,2006

[5] 巴巴拉·明托.金字塔原理.王德忠,张珣,译.北京:民主与建设出版社,2002

[6] 徐明达.创新型QC小组活动指南.北京:机械工业出版社,2012

[7] 周冰.QC手法运用实务.厦门:厦门大学出版社,2012

[8] 拉塞尔.麦肯锡卓越工作方法.金雨,译.北京:机械工业出版社,2004

[9] 武建忠.决策方法.北京:中国时代经济出版社,2008

[10] 柯云路.曲别针的一万种用途.郑州:河南文艺出版社,2007

[11] 何淑涛.方法总比问题多.郑州:河南人民出版社,2009

[12] 盖伊·黑尔.领导者之剑.杜豪,译. 北京:机械工业出版社,2006

[13] 渡边健介.世界最简单解决问题的方法.姜媛媛,译.海口:南海出版社,2008

[14] 朱瑶翠,张文鉴.企业管理中的网络计划技术.上海:上海人民出版社,1982

［15］邢文英.QC 小组基础教材.北京:中国社会出版社,2008

项目三

［1］Graham Roberts – Phelps.客户服务培训游戏.派力,译.北京:企业管理出版社,2011

［2］诹访良武.顾客买的是服务.派力,译.北京:企业管理出版社,2011

［3］保罗·蒂姆.客服圣经.丰祖军,张朝霞,译.北京:中国人民大学出版社,2009

［4］柏唯良.细节营销.朱宇,译.北京:机械工业出版社,2011

［5］耶林.客服的奥秘:当代美国客户服务业全景纪实.派力,译.北京:企业管理出版社,2011

［6］覃曦.服务制胜:让客户满意的 45 个服务法则.北京:中国财富出版社,2011

［7］畠山芳雄.服务的品质是什么.包永花,方木森,译.北京:东方出版社,2011

［8］李顺军,杨铁锋.海底捞店长日记.北京:化学工业出版社,2013

［9］迈克尔·坎宁安.客户关系管理.北京:华夏出版社,2004

［10］北城恪太郎.顾客购买的是服务.深圳:企业管理出版社,2011

项目四

［1］尚志平.就业指导与创业教育.北京:高等教育出版社,2010

［2］国际劳工组织北京局.创办你的企业.北京:中国劳动社会保障出版社,2003

主要参考文献

学习卡账号使用说明

一、注册/登录

访问 http://abook.hep.com.cn/sve,点击"注册",在注册页面输入用户名、密码及常用的邮箱进行注册。已注册的用户直接输入用户名和密码登录即可进入"我的课程"页面。

二、课程绑定

点击"我的课程"页面右上方"绑定课程",正确输入教材封底防伪标签上的 20 位密码,点击"确定"完成课程绑定。

三、访问课程

在"正在学习"列表中选择已绑定的课程,点击"进入课程"即可浏览或下载与本书配套的课程资源。刚绑定的课程请在"申请学习"列表中选择相应课程并点击"进入课程"。如有账号问题,请发邮件至:4a_admin_zz@pub.hep.cn。

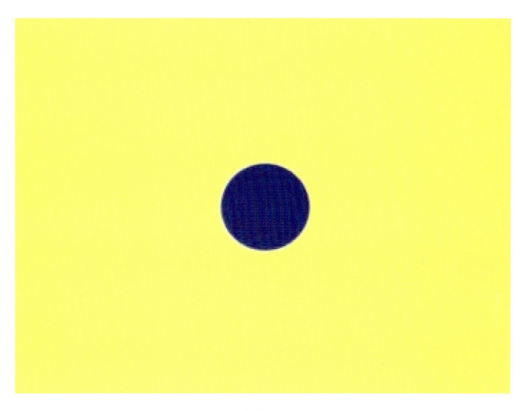

黄卡训练